Wir produzieren Flüchtlinge Band 1
Herausgegeben vom Rüstungsinformationsbüro Baden-Württemberg e. V. (RIB)

Tobias Pflüger, Martin Jung

Krieg in Jugoslawien

Seine Ursachen
Offene Grenzen für Waffen - aber nicht für Flüchtlinge
Pazifistische Handlungsperspektiven

Mit einem Vorwort von Wilfried Telkämper MdEP

2. aktualisierte und erweiterte Auflage 1994

Martin
Jung
Verlag
Tübingen

Impressum.

> Die Deutsche Bibliothek - CIP-Einheitsaufnahme
>
> **Pflüger, Tobias:**
> Krieg in Jugoslawien : seine Ursachen ; offene Grenzen für Waffen - aber nicht für Flüchtlinge ; pazifistische Handlungsperspektiven / Tobias Pflüger ; Martin Jung. Mit einem Vorw. von Wilfried Telkämper. - 2., aktualisierte und erw. Aufl. - Tübingen : Jung, 1994
> (Wir produzieren Flüchtlinge ; Bd. 1)
> ISBN 3-9803269-3-4
> NE: Jung, Martin:; GT

Verlag:
Martin Jung Verlag
Postfach 210421
72027 Tübingen

Druck:
Campus Druck; Kusterdingen.

Papier:
chlorfrei, säurefrei (alterungsbeständig)

Redaktionsschluß: 22.08.1994

Gebundener Preis: DM 19.80, SFr 19.80, ÖS 155

© Copyright 1994 by Martin Jung Verlag Tübingen.
Alle Rechte vorbehalten.

Von Tobias Pflüger und Martin Jung sind die Kapitel 3.2, 5, 6.1
Von Martin Jung sind die Kapitel 1, 2, 3.1, 3.3, 4, 6.2 und die Karten.

Vielen Dank an alle, die uns bei der Arbeit an diesem Buch geholfen haben.

Titelseite: Slobodan Milošević und Franjo Tudman. Die Republikpräsidenten Serbiens und Kroatiens einigten sich bereits im Frühjahr 1991 auf die Aufteilung Bosnien-Hercegovinas. (Photo: dpa)

Inhalt.

Einleitung. 5

Vorwort von Wilfried Telkämper. 7

1. Geschichtliche Ursachen des Krieges.
1.1. Der erste Jugoslawische Staat. 12
1.2. Der Ustaša-Staat (1941-1945). 16
1.3. Jugoslawien unter Tito. 21
1.4. Das Wiedererstehen des Nationalismus. 23

2. Die Konfliktparteien.
2.1. Der Kosovo. 32
2.2. Die Vojvodina. 33
2.3. Slowenien. 34
2.4. Kroatien. 37
2.5. Serbien. 42
2.6. Montenegro. 45
2.7. Bosnien-Hercegovina. 46
2.8. Makedonien. 59
2.9. Die "Friedensstifter". 62

3. Anatomie des Krieges.
3.1. Kriegsverbrecher und Kriegsgewinnler. 73
3.2. Söldner auf allen Seiten. 83
3.3. Der Nationalismus der jugoslawischen "Völker". 89

4. Woher kommen die Waffen?
4.1. Die Jugoslawische Volksarmee vor 1991. 103
4.2. Die Waffen Sloweniens und Makedoniens. 104
4.3. Die Waffen der kroatischen Truppen. 105
4.4. Die Waffen der serbischen Truppen. 109
4.5. Die Waffen der bosnisch-moslemischen Truppen. 112
4.6. Waffenexporte aus den Nachfolgestaaten Jugoslawiens. 116

5. Die Lage der Flüchtlinge.
5.1. Flüchtlinge im Kriegsgebiet. 118
5.2. Asylanträge: "Offensichtlich unbegründet". 120
5.3. Der Zusammenhang zwischen Waffenlieferung und Flucht. 131

6. Pazifistische Handlungsperspektiven.
6.1. Militäreinsatz - die Patentlösung? 135
6.2. Pazifistisch intervenieren. 165

Was kommt nach dem Krieg? 173

Literatur. 177

Register. 190

Karten:
Südosteuropa nach 1815 13
"Ehemaliges Jugoslawien" 1943 20
Wirtschaft 30
Jugoslawien im März 1994 31
Bosnien-Hercegovina: "ethnische Mehrheiten" 54
Der Vance-Owen-Plan 55
Jugoslawien 1954-1991 98
Minderheiten 99
Jugoslawien: "ethnische Mehrheiten" 100
Jugoslawien "rassenkundlich" 101
Dialekte und Sprachen 102

Zur Aussprache der jugoslawischen Namen:

č und ć ungefähr wie tsch, ć etwas weicher
dž und đ ungefähr wie dsch, đ etwas weicher
š und ž ungefähr wie sch, ž stimmhafter
c wie z
h liegt in der Aussprache zwischen h und stimmhaften ch
r stark gerollt, stimmhaft
v wie im englischen
z wie ß
lj wie ll im französischen (Taille)
nj wie gn im französischen (Champagner)
Das xh in albanischen Namen entspricht dem jugoslawischen dž.

Einleitung.

Sie halten die zweite, vollständig überarbeitete und aktualisierte Auflage des Buches "Krieg in Jugoslawien" in Händen. Viele von uns hatten gehofft, daß der Krieg in Jugoslawien, einem Land, in dem schon so manche von uns Urlaub gemacht hatten, bald zu Ende gehen würde. Dem ist nicht so. Wir wollen mit dem vorliegenden Buch eine historische und politische Beschreibung und Analyse des Jugoslawienkrieges vorlegen. Wichtig ist uns dabei, aufzuzeigen, daß auch wir hier in Deutschland etwas mit diesem Krieg zu tun haben.

Viele Menschen wurden durch den Krieg in Jugoslawien ihrer Familienangehörigen, ihrer Freunde, ihrer Heimat und vieles mehr beraubt. Viele mußten fliehen vor marodierenden Banden oder den militärischen Truppen des "Gegners". Nur wenige der Fliehenden kamen in "sicheres" Ausland, z. B. Deutschland.

Zugleich sehen wir, daß in diesem Krieg auch mit Waffen und Rüstungsgütern gekämpft und getötet wird, die aus Deutschland stammen. Die Menschen fliehen zu uns auch aufgrund des Einsatzes von deutschen Kriegswaffen,[1] werden hier aber sehr ungern und völlig unzureichend aufgenommen. Wir haben festgestellt, daß für Waffen die Grenzen fast immer offen sind, aber für Menschen, die vor der Wirkung dieser Waffen fliehen, sind die Grenzen meistens geschlossen. Deshalb der Untertitel des Buches: "Offene Grenzen für Waffen - aber nicht für Flüchtlinge". Es besteht ein Zusammenhang zwischen Kriegswaffenexport und Flucht.

Diesen Zusammenhang zwischen Kriegswaffenexport und Flucht will das Rüstungs-Informationsbüro Baden-Württemberg (RIB) e. V.[2] als Herausgeber dieser Reihe "Wir produzieren Flüchtlinge" deutlich machen. Als nächstes erscheint ein Buch zum Thema Kurdistan.

Tobias Pflüger war bereits vor dem Krieg mehrmals in Jugoslawien. Im April 1993 war er bei einem humanitären Hilfstransport des internationalen Friedensdienstes Tübingen dabei, der über Zadar, Split nach Bosnien-Hercegovina mit Mostar, Jablanica, Zenica, Tuzla und Gradačac führte. Im Juli 1993 besuchten Tobias Pflüger und Martin Jung

---

[1] Das entsprechende "Kontrollgesetz" heißt Kriegswaffenkontrollgesetz. Daher wird hier der Begriff Kriegswaffen benutzt.

[2] Postfach 5261, 79019 Freiburg, tel+fax (07665)-51868. Die Tübinger Außenstelle, bei der die "Jugoslawien-AG" von RIB angesiedelt ist und über die auch die Autoren erreichbar sind, hat folgende Adresse: RIB Außenstelle Tübingen, Postfach 210404, 72027 Tübingen, tel+fax (07071)-49154.

mit einer Delegation des Landesverbandes von Bündnis 90/Die Grünen[3] Baden-Württemberg viele verschiedene politische Gruppen in Serbien, in der Vojvodina, in Kroatien und Slowenien, die der dortigen Opposition oder/und der Friedensbewegung angehören. Erfahrungen dieser Reisen haben wir in das Buch einfließen lassen.

Zur Entstehung des Buches ist zu sagen, daß einige Kapitel, die in der inzwischen vergriffenen 1. Auflage von Tobias Pflüger stammten, für die vorliegende 2. Auflage von Martin Jung neu geschrieben wurden. Hierbei flossen die Rechercheergebnisse von Tobias Pflüger mit ein.

Häufig ist - wenn von diesem Krieg berichtet wird, von den Serben, den Kroaten und den Moslems die Rede. Wir haben uns angewöhnt zu unterscheiden zwischen den militärischen Truppen, den gewählten oder selbsternannten "Regierungen" und der Bevölkerung. Die ganzen Bevölkerungen verantwortlich zu machen für mordende Militärs oder im Zick-Zack verhandelnde "Regierungen", ist nicht korrekt. Die Bevölkerung Jugoslawiens und insbesondere Bosnien-Hercegovinas ist darüberhinaus gar nicht so klar diesen Kategorien (Serben, Kroaten, Moslems) zuordenbar. Sehr viele Menschen haben alle Gruppen in ihrer Verwandtschaft. Außerdem bleibt unklar bzw. unübersichtlich, aufgrund welcher Kriterien die Menschen in in jeweiligen Schubladen gesteckt werden. Eine Differenzierung tut not.

Auch wenn beispielsweise bewaffnete bosnisch-serbische Verbände mit größeren militärischen Aktionen und Vertreibungen von (meist muslimischen) Menschen in Bosnien-Hercegovina begonnen haben, und die Mehrzahl der Massaker auf das Konto dieser Truppen gehen, ist die Kriegsschuldfrage nicht einfach zu lösen. Dazu gehören insbesondere außenpolitische Einflußnahmen sowie "innerjugoslawische" bzw. "innerbosnische" Mobilmachungen, Streitigkeiten und politische Provokationen.

Wir sind der Meinung und dazu wollen wir aufrufen, daß den Menschen, die vom Krieg betroffen sind, geholfen werden muß. Die nichtnationalistische Opposition und die Friedensbewegung können Unterstützung brauchen. Aber auch ganz direkte humanitäre Hilfe ist nötig. Deshalb ist am Ende des Buches ein Kapitel (6.2.) mit Möglichkeiten zum konkretes Handeln. Wir wünschen viel Engagement beim Lesen.

Tobias Pflüger, Tübingen, den 22.08.1994.

---

[3] Dieser Partei gehören wir beide inzwischen nicht mehr an. Zumindest beim baden-württemberger Bündnis 90/Die Grünen steht die dort vorherrschende Mehrheit nicht mehr hinter der Arbeit für Frieden, gegen Militär und Rüstung, sondern ist der militärischen (Un-)Logik auf den Leim gegangen. Ein ähnlicher Trend, aber bisher ohne Mehrheit, zeichnet sich auch bundesweit bei Bündnis 90/Die Grünen ab. Dieser Anpassungstrend wird auch in anderen politischen Bereichen deutlich. Auch der Vorsitzende des Zentralrates der Juden in Deutschland Ignatz Bubis stellt fest, daß sich in der gesamten Gesellschaft "von den Grünen bis zur CSU" ein Rechtstrend feststellen läßt. vgl. die tageszeitung; 13.05.1994.

Vorwort von Wilfried Telkämper MdEP.

Kann es militärische Lösungen geben?

Krieg ist abscheulich. Krieg herrscht im ehemaligen Jugoslawien. Grausam ist das Gemetzel, grausam sind die Vergewaltigungen, unmenschlich ist die Ideologie einer ethnischen Gesellschaftsordnug. Vor wenigen Jahren konnte mensch an deutschen Mauern Parolen lesen wie: "Stell dir vor, es ist Krieg und keiner geht hin." Einige der damals friedensbewegten und gewaltfreien Menschen fordern heute aufgrund einer vermeintlich neuen Situation ein militärisches Eingreifen der NATO in Ex-Jugoslawien.

Ist die Situation wirklich so neu? Krieg ist Krieg. Mörderisch war er im Alten Testament oder Sparta, gemetzelt wurde im Dreißigjährigen Krieg, fabrikmäßig hingerichtet unter den Nazis, geschlachtet in Vietnam, und - vergewaltigt wurde wohl in jedem Krieg, vielleicht nicht so systematisch, aber sicher genauso zerstörerisch für die betroffenen Frauen und Kinder, eine Folter, immer mit dem Ziel der Demütigung der besiegten Gruppen und Völker im Kontext patriarchaler Strukturen.

Jugoslawische Zustände finden wir seit 15 oder 20 Jahren in Guatemala, Kambodscha, dem Libanon usw. Schreckt uns plötzlich die geographische Nähe auf oder sind es die unter die Haut gehenden Bilder und Reportagen, die uns allabendlich in die Wohnstuben flimmern? Was ist der prinzipielle Unterschied zu den gegenwärtigen Zuständen in Afghanistan, wo seit Jahren und bis heute Tausende getötet werden, die Bilder aber kaum in unsere Wohnstuben dringen? Was unterscheidet die Jugoslawienfrage von dem langjährigen Zuschauen der Weltöffentlichkeit angesichts des bereits erwähnten Menschenschlachtens in Kambodscha, der dekadenlangen Massaker in Guatemala, des Terrors in Kolumbien, der gewaltsamen Okkupation der Westsahara durch die Marokkaner direkt vor der europäischen Haustür oder der Massaker der Indonesier in Ost-Timor, formal einem Kolonialgebiet der EU?

Stell dir vor, es ist Krieg und keiner geht nicht nur nicht hin, sondern liefert auch keine Waffen, keinen Treibstoff, keine Logistik. Die Diskussion über die Kriegsursachen gibt es in der BRD so gut wie nicht, wobei doch der Wohlstand der Industriestaaten auch auf den florierenden Waffengeschäften beruht.

Durch die Entschärfung des Ost-West-Konfliktes ist die Aufrechterhaltung eines militärischen Gleichgewichtes auf höchster Bedrohungsebene (atomare Bedrohung) keine Basis mehr für Militärideologen und militaristische Theorien. Damit ist auch für die ehemalige Friedensbewegung, die Alt-Linke, für Grüne und Bürgerbewegte - kurz für das antiinterventionistische Spektrum der BRD - das Grundmotiv für ihren Antimilitarismus (oder: Pazifismus) zerfallen. Angesichts der Regionalkonflikte des auseinandergebrochenen Ostblocks - besonders des Jugoslawienkrieges - wird die Möglichkeit regionaler militärischer Interventionen von diesem ehemals pazifistischem Spektrum immer mehr als "friedensschaffende Maßnahme" diskutiert, mehr noch: lauthals gefordert! Ich halte die Forderung nach militärischem Einschreiten für falsch. Dennoch gehe ich nicht davon aus, daß viele der ehemaligen Kriegs- und RüstungsgegnerInnen heute Militaristen und Kriegstreiber geworden sind. Wir alle stehen vor einer Situation der Rat- und Hilflosigkeit, die moralisch unerträglich ist und auch beendet werden muß! Eine breite und sachlich geführte Diskussion ist notwendig.

Deutlich wurde dies an den heftigen Diskussionen innerhalb der deutschen Friedensbewegung und der Partei Bündnis 90/Die Grünen. Mehr oder wenig eindeutig setzten sich einige führende VertreterInnen der Partei öffentlich für militärische Einsätze in Bosnien ein, sei es zum Schutz humanitärer Hilfsgütertransporte, zur gewaltsamen Befreiung von Lagern oder zum Schutz der unter UN-Schutz gestellten Gebiete. Die heftigen innerparteilichen Auseinandersetzungen nahmen an Intensität zu, nachdem unterschiedliche Parteigremien widersprüchliche Beschlüsse gefaßt hatten, so daß schließlich im Oktober 1993 ein Sonderparteitag einberufen werden mußte, um zu einer einheitlichen Linie zu gelangen. Mit überwältigender Mehrheit (ca. 90% der Stimmen) wurde nach kontroverser Debatte die antimilitaristische und gewaltfreie Grundlinie von Bündnis 90/Die Grünen bestätigt und militärischen Einsätzen oder Aktionen eine unmißverständliche Absage erteilt. Diese Positionen wurden Ende Februar 1994 auf einem weiteren Parteitag bestätigt und im Bundestagswahlprogramm der Bündnisgrünen aufgenommen.

In der gegenwärtigen Auseinandersetzung werden Politikfelder miteinander verquickt, die aber zunächst m. E. getrennt betrachtet werden müssen: Die Zukunft Ex-Jugoslawiens verbunden mit einem sicheren Frieden, möglicherweise im Zusammenhang mit der EU- oder einer neuen Gesamteuropäischen Politik betrachtet, sollte strikt getrennt werden von einer Auseinandersetzung über unser Verhältnis zur Gewaltfrage prinzipiell oder der Rolle der UNO.

In Ex-Jugoslawien ist die Zeit für eine militärische Lösung abgelaufen.

Schon einmal hat ein Schuß in Sarajewo einen Weltkrieg ausgelöst. Jeder hätte eine solche Folgewirkung in der damaligen Zeitgeschichte für unvorstellbar gehalten. Heute in Bosnien polizeiliche Eingriffe von militärischen trennen zu wollen ist illusionär. Nicht umsonst warnen Militärstrategen von General Schmückle über den Generalinspekteur der Bundeswehr, General Naumann, bis hin zu Admiral Schmähling vor den Folgen - insbesondere für die Zivilbevölkerung - eines militärischen Eingreifens und der Aussichtslosigkeit eines internationalen Krieges, der zweifelsohne durch sogenannte Polizeiaktionen ausgelöst werden kann. Damit soll der Grundfrage, ob es einen gerechten Krieg gibt oder nicht, die sich hier stellt, keineswegs ausgewichen werden. Allerdings scheint in Ex-Jugoslawien keine Möglichkeit gegeben zu sein, den terrorisierenden Banden militärisch beikommen zu können, ohne daß alles schlimmer wird. Eine militärische Intervention wird den Konflikt nicht schneller lösen als nichtmilitärische Maßnahmen.

Bezüglich einer Lösung durch militärische Gewalt könnte eine ganz andere Frage gestellt werden. Wäre die Eskalation von Gewalt in Ex-Jugoslawien durch einen gezielten Schlag gegen die Arsenale der schweren Waffen zu verhindern gewesen? Und wenn ja, was heißt das dann in Bezug auf das Baltikum, wo zunehmend Spannungen wegen der Nationalitätenfrage aufkommen, oder womöglich für andere Regionen Osteuropas? Schließlich wußten der Westen und Rußland um das äußerst starke jugoslawische Waffenpotential und kannten die Lagerorte. Ich denke, daß es prinzipiell moralisch gerechtfertigt ist, Waffenlager zu zerschlagen. Es bleibt aber die Frage offen, wer gibt wem wann politisch das Recht dazu? Und - auch dazu sind entsprechende Waffenstärken notwendig; eine kriegerische Eskalation wäre unausweichlich geworden. Krieg ist keine Lösung. Ein effektiver Boykott hätte die Voraussetzungen für eine friedliche Lösung schaffen können. Hier haben die westlichen und europäischen Staaten versagt.

Nur ein gesamteuropäisches Engagement kann Frieden schaffen.

Anscheinend haben die EuropäerInnen noch nicht verstanden, daß ein Frieden nur durch eine gesamteuropäische Politik gesichert werden kann. Die Bundesrepublik Deutschland hat nicht nur die neuen Bundesländer, das EU- und EFTA-Europa hat auch sein Osteuropa erhalten, d. h. Europa ist eins und kann nur durch eine gemeinsame Perspektive überleben. Die EU hat wieder versagt. Auch wenn ein Boykott verkündet wurde, so war er doch nur halbherzig gemeint. Über Griechenland kam das für den Krieg notwendige Öl, über die Donau der militärische Nachschub. Hier halte ich eine Überlegung für angebracht, inwieweit große Kontingente von Blauhelmen, die keine militärischen Kampfeinheiten sind, an den Grenzen stationiert werden sollten, um den Boykott wirklich umzusetzen. Wieso haben die Anrainerstaaten nicht konsequenter gehandelt? Wieso haben die anderen EU-Mitgliedsländer Griechenland nicht zur Rechenschaft gezogen? Ist das Töten in Ex-Jugoslawien nicht auch ein Preis für die Aufrechterhaltung nationaler Egoismen unseres "zivilisierten" Westeuropas? Ein präventives Vorgehen der europäischen Staaten hätte eine Eskalation des Konfliktes verhindern können. Der westliche Teil Europas muß endlich verstehen, daß nur eine gesamteuropäische

Vision Zukunft hat und ein wie bisher betriebener westeuropäischer Zusammenschluß nach Maastricht neben allen internen Problemen solche Konflikte heraufbeschwört. Die Vision einer gesamteuropäischen Integration ist eine Alternative zu den aufkeimenden, insbesondere osteuropäischen, nationalen Bewegungen. Einem sich möglicherweise ähnlich entwickelnden Prozeß im Baltikum kann nur durch politische, wirtschaftliche und soziale Integrationsmodelle der reicheren Staaten vorgebeugt werden. Die KSZE ist hier ein Modell, das schnellstens weiterentwickelt werden müßte. Vor zwanzig Jahren war sie als illusionär verschrieen, niemand hatte damals an einen Abrüstungserfolg geglaubt. Die EuropäerInnen müssen ihre neuen Probleme und Konflikte selber lösen. Die KSZE könnte zur Befriedung des serbisch-bosnischen Konfliktes ein wichtiges Instrument sein. Um auch gegen weitere Konflikte in Europa gewappnet zu sein, bedarf es eines eigenen europäischen Forums. Die KSZE bietet sich hier als Modell an. Die bestehenden und noch anstehenden Konflikte müssen m. E. möglichst regional, hier eben europäisch, gelöst werden. Der Ruf nach der UNO oder einer Weltbrigade ist die verzweifelte Reaktion auf die Tatsache, dem Gemetzel der Freischärlerbanden wütend und ohnmächtig zuschauen zu müssen, dies stellt auf Dauer aber keine Lösung dar.

Frieden durch Boykott entspricht dem Ansatz, den die EU z. B. gegenüber den AKP-Staaten mit der Forderung nach einer Zusammenarbeit nur unter der Prämisse der Demokratisierung explizit vertritt.

KSZE, UNO oder was?

Da ein solcher Boykott realiter umgesetzt und kontrolliert werden muß, stellt sich hier die Frage, wie solche Maßnahmen organisiert werden sollen. Es gibt bestimmte Situationen, die sehr wohl ein internationales Vorgehen erfordern. Kontrollierende internationale Truppen wie zur Gewährung eines friedlichen Wahlablaufs in Namibia haben ihre Berechtigung, nicht aber eine Weltpolizeitruppe, die nach gegenwärtigem Muster nichts anderes als eine verkappte Eingreiftruppe der neuen Kreuzritter sein wird, und was die ausrichten kann, haben wir alle am Beispiel des Golfkrieges hinreichend erfahren.

Zwischen Polizei und Militär gibt es einen strukturellen Unterschied: Für das Militär ist der Sieg das Ziel ihres Eingreifens, für die Polizei ist der Erhalt eines gesellschaftlichen status quo das Ziel. Insofern hat sie zunächst keine militärische, sondern eine zivile Orientierung. In diesem Sinne können internationale Polizeiaktionen zur Befriedung oder Boykottüberwachung vertretbar sein. Mit der Reform der UNO wird es zweifellos eine Kontroverse über das Machtpotential der blaubehelmten Truppe geben. Wird sie lediglich eine Polizeitruppe, z. B. zur Überwachung eines Embargos, oder eine internationale Eingreiftruppe sein?

Im Gegensatz zur aktuellen UNO-Situation, wo ganze Truppenteile bestehender Armeen eingesetzt werden, könnten internationale Polizei-Verbände, ad hoc oder dauerhaft ist zu diskutieren, zusammengestellt werden. Mit der Aufstellung solcher Verbände könnte eine Abrüstungskampagne verbunden werden. Bei der Zusammenstellung einer internationalen blaubehelmten Polizeitruppe müssen gleichzeitig die nationalen Waffenarsenale aufgelöst werden. Für die BRD würde das eine Auflösung der Bundeswehr bedeuten. Große Armeen unter UNO-Kontrolle sind sicherlich der falsche Weg. Aber vielleicht ergeben sich auch andere internationale Strukturen, wie der oben erwähnte KSZE-Zusammenhang. Warum sollte eine gesamteuropäische Friedensstruktur nicht möglich sein? Wir müssen uns auf jeden Fall Gedanken machen und Strukturen entwickeln, wie eine Weltsicherheitsordnung aussehen könnte. Die bundesdeutsche Linke hat es bisher abgelehnt, sich Gedanken über eine internationale Ordnung zu machen. Diese Zeit ist vorbei. Zudem macht eine Auseinandersetzung über die Ausübung von Gewalt Sinn. Es soll kein Wasser auf die Mühlen der Kriegstreiber geleitet werden. Aber Volksbewegungen wie z. B. die NDF in den Phillippinen, die zum allseits begrüßten Sturz des Diktators Marcos beitrugen und ebenso gegen die Machenschaften unter der folgenden Präsidentin Aquino vorgingen, der Kampf der SandinistInnen in Nicaragua oder der FMLN in El Salvador, der KurdInnen im Irak und in der Türkei haben ihre Berechtigung. Die legitime Gewalt der Volksbewegungen unterscheidet sich strukturell von einem rein ethnisch begründeten territorialen Verdrängungskampf. Den Befreiungsbewegungen geht es um die Schaffung sozialer Gerechtigkeit und Machtpartizipation.

Nach dem Ende des Kalten Krieges müssen wir die Verfaßtheit internationaler Organisationen wie der UNO mit dem Weltsicherheitsrat völlig neu überdenken. Für die Schaffung einer solidarischen Weltordnung bedarf es neuer Strukturen. Während die Gewaltdebatte angesichts der Diskussion über militärische Einsätze in Bosnien erneut und in großer Heftigkeit aufgebrochen ist, steckt die Diskussion über eine Neustrukturierung der internationalen Organisationen noch in den Kinderschuhen. Gewiß darf diese Debatte das Problem nicht allein auf institutionelle Fragestellungen beschränken, denn die Strukturen internationaler Organisationen und kollektiver Sicherheitssysteme sind immer wieder nur Spiegelbild weltpolitischer Machtstrukturen. Veränderungen werden deshalb letztlich nur möglich sein, wenn somit auch über Kriegsursachen nachgedacht und über zivile Konfliktregelungsmechanismen im Rahmen des internationalen Machtgefüges diskutiert wird. Dieses Buch leistet dazu einen wesentlichen Beitrag.

für die Neuauflage überarbeitet, Freiburg, im August 1994
Wilfried Telkämper

1. Geschichtliche Ursachen des Krieges.

1.1. Der erste Jugoslawische Staat.

Die Balkanhalbinsel wurde im 6. Jahrhundert von den Südslawen besiedelt. Nach der Unterwerfung der Kroaten durch die Franken im Jahre 803 wurden diese zum Katholizismus bekehrt. Die Serben, zunächst auch unter katholischem Einfluß, schlossen sich zwischen 871 und 875 der Ostkirche an. Zwischen dem 9. und 11. Jahrhundert war Bosnien in kroatischer, die Hercegovina in serbischer Hand; auch Ungarn und Makedonien eroberten dort zeitweise Gebiete. In Bosnien, das bis dahin sowohl vom Katholizismus wie von der Ostkirche beeinflußt worden war, setzten sich am Ende des 12. Jahrhunderts die Bogomilen durch, eine aus Bulgarien kommende weltverneinend-asketische Sekte.[1]

Serbien gehörte seit dem 28.06.1389, dem Tag der verlorenen Schlacht im Kosovo, zum Osmanischen Reich. Bosnien wurde 1463 von den Türken besetzt, die Bevölkerung nahm zum großen Teil den moslemischen Glauben an.[2] Kroatien und Ungarn fielen 1526 an die Habsburger. In der Folgezeit setzten starke Migrationsbewegungen ein. Am Ende des 17. Jahrhundert wanderten Serben wegen des Österreichisch-Türkischen Krieges (1683-1699) aus dem Kosovo in die heutige Vojvodina. Später kamen albanische Hirten in den Kosovo. Nach zwei Aufständen 1804-1813 und 1815 erlangten die Serben eine Autonomie innerhalb des Osmanischen Reiches. Nach dem Türkisch-Russischen Krieg (1877-1878) entstanden die Fürstentümer Serbien und Montenegro, die Habsburger besetzten Bosnien-Hercegovina. In den letzten Jahren des 19. Jahrhunderts setzte sich in Kroatien nach langen Auseinandersetzungen

---

[1] vgl. Obolensky 1948. Bogomilen gab es auch in Serbien; dort wurden sie aber unter König Stefan Nemanja verfolgt und verschwanden bald.

[2] Der allgemein anerkannten These, daß insbesondere die Bogomilen sowie der Adel zum Islam übergetreten sind, stellt Džaja seine These entgegen, nach der die heutigen Moslems im wesentlichen Nachfahren kroatischer Bauern sowie zugewanderter Walachen sind. Es gelingt ihm zwar, zu zeigen, daß die Bogomilen-Theorie Schwächen hat, seine Gegenthese ist jedoch keineswegs plausibler. vgl. Džaja 1984 und die Rezensionen hierzu: Spuler 1986, Donia 1986. Es handelt sich möglicherweise um einen Versuch des kroatischen Wissenschaftlers, eine wissenschaftliche Grundlage für kroatische Ansprüche an moslemisch bewohnten Gebieten zu liefern. Entsprechendes gibt es auch von serbischer Seite. Für den Übertritt der Anhänger der bosnischen Kirche zum Islam spricht, daß die Lehrinhalte dieser Sekte denen des Islam teilweise ähnlich sind. vgl. Balić 1991; 92, 95.

Südosteuropa nach 1815

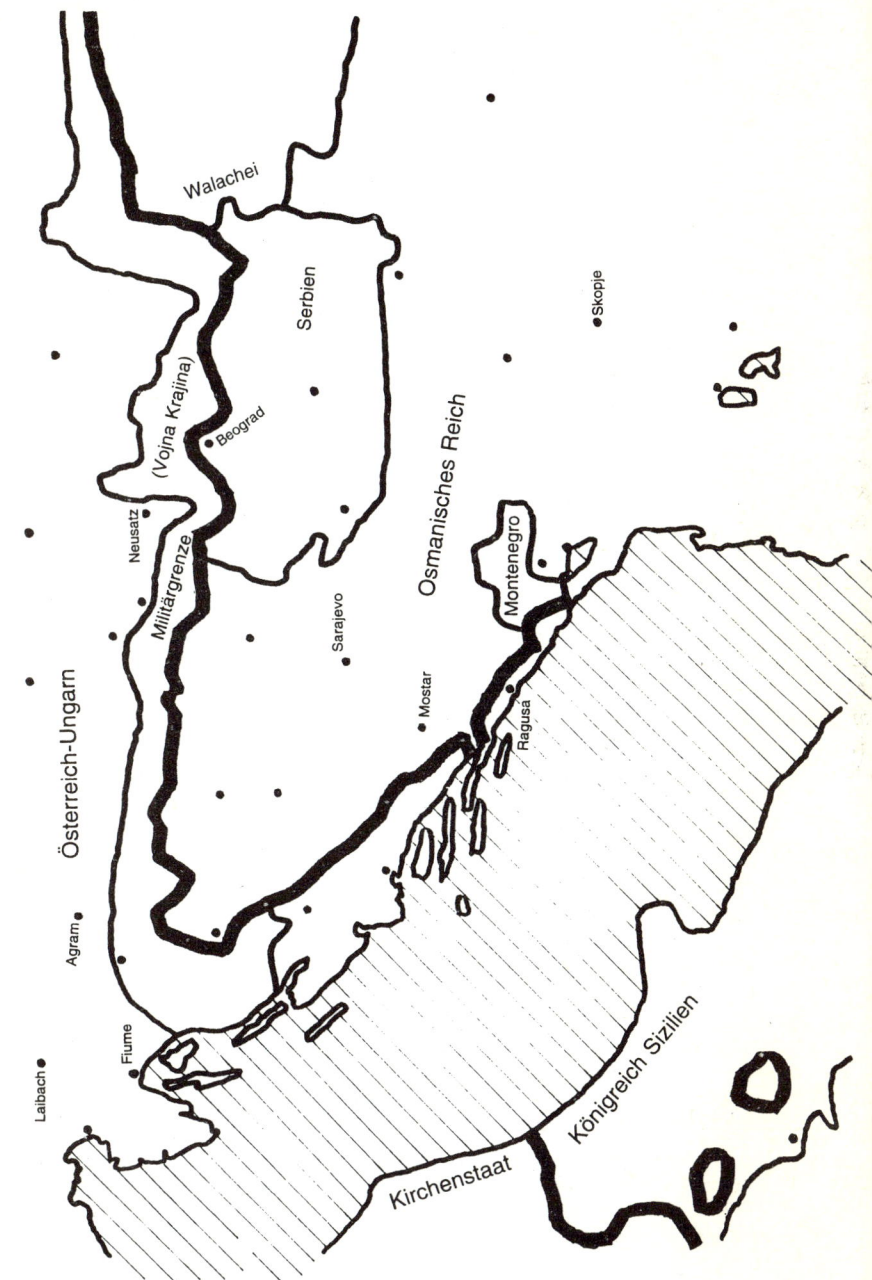

allmählich die um 1830 entstandene Illyrische Bewegung[3] (Jugoslawismus), deren Ziel ein gemeinsamer Staat aller Südslawen (Serben, Kroaten, Slowenen und Bulgaren[4]) war, gegen den von der antiserbischen Rechtspartei von Ante Starčević getragenen Kroatozentrismus durch. Im Jahre 1905 bildete sich eine kroatisch-serbische Koalition (anfangs auch unter Beteiligung der ungarischen Opposition). Die Tivoli-Resolution der slowenischen Sozialdemokraten, 1909 von Etbin Kristan verfaßt, zielte auf eine völlige kulturelle Vereinigung der vier südslawischen Völker ab, einschließlich einer einheitlichen südslawischen Schriftsprache.[5] Der Präsident der slowenischen Kulturvereinigung, Fran Ilešič, sprach sich ebenfalls dafür aus, da die Aufspaltung der Südslawen in vier Völker nicht selbstverschuldet, sondern Ergebnis des Einflusses der Besatzer sei. Eine politische Vereinigung der Südslawen spielte nur eine untergeordnete Rolle, da mit dem Zusammenbruch der Habsburg-Monarchie zu diesem Zeitpunkt noch nicht gerechnet werden konnte. Nachdem die Türkei 1912/13 vom Balkan verdrängt wurde, fielen Kosovo-Metohija und ein Teil Makedoniens an Serbien.

Das Attentat von Sarajevo, bei dem am 28.06.1914[6] der österreichische Thronfolger Franz Ferdinand und seine Frau getötet wurden, gab den äußeren Anlaß zum Beginn des österreichisch-serbischen Krieges, der sich durch die jeweiligen Militärbündnisse innerhalb weniger Tage zum Weltkrieg ausweitete. Die eigentliche Ursache des Krieges war jedoch die Befürchtung Österreichs, die serbisch-kroatische Zusammenarbeit könne die Machtstellung der Habsburger Monarchie gefährden. Der Krieg verlief zunächst für Österreich wenig erfolgreich. Im September 1915 trat Bulgarien in den Krieg gegen Serbien ein, um Makedonien zu erobern. Eine Offensive der Österreicher, Deutschen und Bulgaren zwang die Serbische Armee im Oktober 1915 zur Flucht an die Westküste, wo sie auf Schiffen der verbündeten Staaten nach Korfu gebracht wurde. Etwa ein Jahr später griff die Serbische Armee von Griechenland aus wieder in den Krieg ein. Serbien und Montenegro hatten im Ersten Weltkrieg 1.31 Millionen Opfer zu beklagen; davon waren 70% Zivilisten.

Am 30.05.1915 hatten südslawische Emigranten in London den "Südslawischen Ausschuß" gebildet, dessen Vorsitzender der ehemalige dalmatinische Landtagsabgeordnete Ante Trumbić war. Dieser hatte

---

[3] wichtige Vertreter dieser Bewegung waren Ljudevit Gaj, Janko Drašković und der Bischof von Đakovo, Josip Jurai Štrosmajer

[4] Die übrigen Völker sind spätere Erfindungen. Die Montenegriner galten als Serben, die Makedonen wurden als Serben oder Bulgaren, die Moslems als Serben oder Kroaten angesehen.

[5] vgl. Rogel 1977; 76f. Schon der slowenische Dichter Stanko Vraz hatte diese Forderung in den Jahren nach 1830 erhoben. vgl. Rogel 1977; 82f.

[6] Ob der Thronfolger seinen Besuch aus Provokation oder aus Gedankenlosigkeit auf den den Serben wichtigen Vidov dan (St. Veitstag), den Jahrestag der "Kosovo-Tragödie", gelegt hatte, ist nicht bekannt. vgl. Sundhaussen 1982; 29.

bereits im Januar 1913 mit kroatischen Politikern vereinbart, sich im Falle eines Krieges vom Ausland her für die Vereinigung der Südslawen einzusetzen. Der serbische Ministerpräsident Nikola Pašić, dessen Ziel lediglich eine Vergrößerung Serbiens war, stand der Idee eines jugoslawischen Staates zunächst ablehnend gegenüber. Auf der Konferenz von Korfu (Juni/Juli 1917) einigten sich die serbische Regierung und der Südslawische Ausschuß auf die Gründung eines Königreichs der Serben, Kroaten und Slowenen.[7] Im Oktober 1918 konstituierte sich in Zagreb der "Nationalrat der Serben, Kroaten und Slowenen", der die Vereinigung der Südslawen zu einer Monarchie verkündete. Am 29.10.1918 übertrug der kroatische Landtag seine Kompetenzen dem Nationalrat und löste sich auf. Damit war der "Nationalstaat der Serben, Kroaten und Slowenen" beschlossen; die Zagreber Bevölkerung reagierte mit stürmischem Jubel, und die katholische Kirche hielt einen Dankgottesdienst für die Staatsgründung ab. Am 01.12.1918 proklamierte Prinzregent Alexander den neuen Staat.

Trumbić, inzwischen Außenminister, trat nach Kritik von Serben wegen seines mangelnden Durchsetzungsvermögens in den Verhandlungen um die Grenzziehung zu Albanien von seinem Amt zurück. Auch die Grenzziehung zu Österreich und Italien war für Jugoslawien nicht befriedigend. In der verfassungsgebenden Versammlung, die am 28.11.1920 gewählt wurde, stellte die Demokratische Partei (DS) mit 92 von 419 Sitzen die stärkste Fraktion. Die DS setzte sich für ein Zusammenwachsen zu einer jugoslawischen Nation ein. Alle anderen Parteien jedoch - außer den Kommunisten (KPJ, 59 Sitze) - waren mehr oder weniger nationalistische Regional- bzw. Religionsparteien:[8] am bedeutendsten waren die sozialdemokratische serbische "Radikale Partei" (NRS, 91 Sitze), die "Kroatische Bauernpartei" (HSS, später HRSS, 50 Sitze) und die Jugoslawische Muslimische Organisation (JMO, 24 Sitze). Die HSS boykottierte das Parlament in Beograd und gründete in Zagreb eine "kroatische Volksvertetung". Die zentralistische Verfassung wurde am 28.06.1921 mit den Stimmen der Serben und Moslems gegen die Kroaten und Kommunisten angenommen. Im August 1921 wurde das Attentat einer kommunistischen Terrororganisation, bei dem der Innenminister Drašković getötet wurde, zum Vorwand genommen, um die KPJ zu verbieten, so daß nach dem Parlamentsboykott der HSS die einzige bedeutende Oppositionspartei im Parlament wegfiel. Nach den Wahlen von 1923 kam es im Kosovo zu Ausschreitungen von Serben gegen Anhänger der erfolgreichen albanisch-muslimischen Partei "Dže-

---

[7] Pašić bestand darauf, daß die Serben im Staatsnamen vorkommen, Trumbić hatte "Jugoslavija" (serbokroatisch: Südslawien) vorgeschlagen.

[8] Selbst die DS, die programmatisch "jugoslawisch" war, fand trotz aller Bemühungen kaum nichtserbische Anhänger.

mijet". Im Jahre 1926 mußte der langjährige Ministerpräsident Nikola Pašić nach einem Korruptionsskandal zurücktreten. Flügelkämpfe innerhalb der NRS und der DS verstärkten die politische Instabilität. Innerhalb eines Jahres wechselten sich sechs Regierungen ab, immer öfter endeten die Parlamentssitzungen im Tumult. Am 20.06.1928 erschoß der NRS-Abgeordnete Puniša Račić während der Parlamentssitzung den Anführer der HRSS Stjepan Radić[9] und zwei weitere kroatische Abgeordnete. König Alexander setzte am 06.01.1929 die Verfassung außer Kraft und löste das Parlament auf. Am 03.10.1929 wurde der "Nationalstaat der Serben, Kroaten und Slowenen" in "Jugoslavija" umbenannt. Die illegal weiterexistierende KPJ trat im November 1928, unter massivem Druck der Komintern, für die Auflösung Jugoslawiens ein, kehrte aber 1934 wieder zu ihrer Position für ein föderalistisches Jugoslawien zurück.[10] Auf einem Staatsbesuch in Frankreich im Oktober 1934 fiel der König einem von der Ustaša und der makedonischen Nationalistenbewegung VMRO vorbereiteten Attentat zum Opfer. Der vom Prinzregenten Paul eingesetzte Ministerpräsident Stojadinović erreichte eine vorübergehende innenpolitische Entspannung. Unter dessen Nachfolger Cvetković kam im August 1939 die Einigung über eine weitgehend selbstverwaltetete Banschaft Kroatien zustande, deren Umsetzung jedoch durch den Beginn des Zweiten Weltkriegs scheiterte.

1.2. Der Ustaša-Staat (1941-1945).

Der Rechtsanwalt Ante Pavelić war bis zu seiner Emigration 1929 Sekretär der Rechtspartei. Er nahm dann Kontakte zu kroatischen Emigranten in Österreich und Ungarn und zur VMRO auf. Mit Unterstützung der italienischen Faschisten baute er die "Ustaša[11] - Kroatische Freiheitsbewegung" auf und errichtete ein Ausbildungslager in der Nähe von Brescia. Die italienische Regierung verweigerte die Auslieferung Pavelićs an Frankreich, wo dieser wegen Anstiftung des Mordes an König Alexander gesucht wurde. Anfang 1940 traf der italienische Außenminister Galeazzo Ciano mit Pavelić zusammen, um einen Umsturz in Kroatien vorzubereiten. Im Juni 1940 zog sich die italienische Regierung auf Drängen Deutschlands von diesen Plänen zurück. Am 25.03.1941 trat Jugoslawien dem "Dreimächtepakt" (Deutschland, Italien, Japan) bei, dem zuvor bereits Bulgarien, Rumänien, die Slowakei und Ungarn beigetreten waren. In Beograd und anderen Städten kam es zu Massenkundgebungen gegen den Beitritt. Zwei Tage später wurde die jugoslawische Regierung

---

[9] Radić erlag seinen Verletzungen am 08.08.1928.

[10] vgl. Brunner 1989; 156f.

[11] serbokroatisch: Aufständischer.

von serbischen Offizieren gestürzt. Daraufhin beschloß Hitler, den geplanten Angriff auf die Sowjetunion zunächst zu verschieben und stattdessen Jugoslawien anzugreifen. Am 06.04.1941 wurde Beograd bombardiert, während gleichzeitig die Wehrmacht von Süden her nach Jugoslawien eindrang. Eine deutsche Panzerdivision marschierte kampflos nach Zagreb ein. Um das unberechenbare Jugoslawien als Staat zu zerschlagen, bemühte sich die deutsche Wehrmacht um die schnelle Gründung eines kroatischen Staates. Da der HSS-Anführer Maček sich nicht dazu bereitfand und stattdessen der jugoslawischen Exilregierung unter Simović als stellvertretender Ministerpräsident beitrat, bot der Bevollmächtigte des deutschen Außenministers Ribbentrop, Edmund von Veesenmayer, dem Pavelić-Anhänger Slavko Kvaternik die Übernahme der Regierungsgewalt an. Pavelić kehrte aus dem Exil zurück und wurde Staatschef. Deutschland und Italien erkannten den "Unabhängigen Staat Kroatien", dessen Gebiet auch Bosnien-Hercegovina und den nördlichen Teil Serbiens beinhaltete, am 15.04.1941 diplomatisch an. Am 17.04.1941 wurde in Beograd die "bedingungslose Kapitulation" der jugoslawischen Streitkräfte unterzeichnet. Jugoslawien wurde unter den Angreifern Deutschland, Bulgarien, Italien und Ungarn aufgeteilt.

Von den ca. 6 Mio. Einwohnern des "Unabhängigen Staates Kroatien" waren ca. 51% Kroaten, 32% Serben, 11% Moslems, 2% Deutsche, 1% Ungarn, 0.3% Juden und 3% andere. Die Regierung entfernte die Nichtkroaten aus öffentlichen Ämtern, Presse und Rundfunk. Juden mußten den Stern tragen und wurden enteignet. Der Gebrauch der von den Serben benutzten kyrillischen Schrift wurde verboten. Der orthodoxen Kirche wurde die finanzielle Unterstützung entzogen, ihr Besitz der katholischen Kirche übereignet, die Kirchen zerstört oder als Stall o. ä. verwendet; ihre Mitglieder mußten eine blaue Armbinde mit einem P tragen.[12] Konzentrationslager wurden errichtet, deren Repertoire an Grausamkeiten dem deutscher KZs in nichts nachstand.[13] 750 000 Serben, 60 000 Juden, 26 000 Roma und einige tausend oppositionelle Kroaten wurden ermordet.[14] Eine eigene Außenpolitik hingegen betrieb

---

[12] für Pravoslavac, serbokroat.: Orthodoxer.

[13] Nikola Nikolić, ein Überlebender des KZ Jasenovac hat die dortigen Tötungsmethoden dokumentiert. vgl. Dedijer 1988; 145.

[14] vgl. Paris 1962; 9 u. 194. Die Zahl der ermordeten Serben wird von kroatischen Nationalisten bestritten, mit dem Hinweis, es handle sich um serbische Propaganda. Der deutsche "Sonderbevollmächtigte des Auswärtigen Amtes für den Südosten" (ab 1943) Neubacher, der wohl kaum ein Interesse haben dürfte, die Zahl zu hoch zu veranschlagen, schreibt in seinen Memoiren: "Das Pravoslavenrezept des Ustaschaführers und Poglavnik (Staatsführers) Kroatiens, Ante Pavelić, erinnert an Religionskriege blutigsten Andenkens: »Ein Drittel muß katholisch werden, ein Drittel muß das Land verlassen, ein Drittel muß sterben!« Der letzte Programmpunkt wurde durchgeführt. Wenn führende Ustascha-Männer behaupteten, daß eine Million pravoslavische Serben (einschließlich der Säuglinge, Kinder, Frauen und Greise) geschlachtet wurden, so ist das nach meiner Meinung eine ruhmredige Übertreibung. Auf

Pavelić nicht: "das mache Adolf Hitler und er [Pavelić] wolle nur sein Volk hochführen und den Beweis erbringen, daß Kroaten keine Slawen sind, sondern blut- und artmäßig sich letztlich zum Germanentum bekennen."[15]
Der Rückhalt der Ustaša in der Bevölkerung war nicht sehr hoch. Unterstützung erhielt die Ustaša jedoch insbesondere durch die Katholische Kirche. Franziskaner halfen bereits Jahre vor dem Einmarsch der Deutschen den Ustaše durch Propaganda und indem sie ihre Klöster für Zusammenkünfte der Ustaše zur Verfügung stellten. Ab 1941 arbeiteten Ustaša und Katholische Kirche bei der Zwangskatholisierung von 240 000 Serben eng zusammen. Erzbischof Stepinac hob lobend hervor, daß unter der Ustaša-Regierung die Zahl der Abtreibungen, die bisher zumeist von orthodoxen und jüdischen Ärzten vorgenommen worden seien, um zwei Drittel gesunken sei. Zahlreiche Franziskaner beteiligten sich direkt an den Massakern der Ustaša, der Franziskaner Miroslav Filipović brachte es zum stellvetetenden Lagerkommandanten. Papst Pius XII gab einer Gruppe von 206 Jung-Ustaše eine Privataudienz und schenkte jedem eine Medaille als Andenken. Die geplante Vernichtung der Moslems wurde nicht direkt durchgeführt; stattdessen nutzte Pavelić die bestehenden Ressentiments zwischen Moslems und Serben: indem er prominenten Moslems hohe Regierungsämter anbot, und sie dadurch zu Kollaborateuren machte, führte er in Ost-Bosnien einen Bürgerkrieg zwischen Moslems und Serben herbei.[16]

Der Widerstand gegen die Ustaša hatte zunächst aus den serbischen monarchistischen Četnici[17] unter Führung von Draža Mihailović bestanden. Als die Kommunisten unter Führung von Josip Broz Tito nach dem Angriff Hitlers auf die Sowjetunion im Juni 1941 in den Widerstand eintraten, bekämpften die Četnici die Kommunisten, und wurden dafür von Italien mit Geld und Waffen versorgt. Nach schweren Verlusten im Sommer 1943 gelang den Partisanen im September die Eroberung der Adriaküste um Split und mehrerer Inseln. Dadurch wurden Waffenlieferungen der Alliierten möglich.[18] Nach der Kapitulation Italiens war das

---

Grund der mir zugekommenen Berichte schätze ich die Zahl der wehrlos Abgeschlachteten auf dreiviertel Millionen." (Neubacher 1957; 31.) Bereits im August 1943 ging der kroatischstämmige deutsche Generaloberst Rendulić von der Zahl von 500 000 ermordeten Serben aus, erhielt jedoch von einem hochrangigen kroatischen Funktionär die Auskunft, dies sei Verleumdung, "es waren nicht mehr als 200 000." (Rendulić 1952; 161.) Selbst der deutsche Gesandte in Kroatien Glaise von Horstenau protestierte gegen das Vorgehen der Ustaše.

[15] Sundhaussen 1982; 114. (Nach einem Gesprächsprotokoll von Veesenmayer).

[16] vgl. Paris 1962; 88-115, 119ff, 167, Shelah 1989; 335, Dedijer 1988; 161ff.

[17] serbokroat.: četa=Kompanie, Heerschar. Die Četnici waren um 1900 entstanden und kämpften für die Befreiung der Serben vom Osmanischen Reich.

[18] Da hier nicht ausführlich auf die Geschichte der Partisanen eingegangen werden kann, verweisen wir auf Ðilas 1977 und MacLean 1957.

Ende des Ustaša-Staats absehbar. Ein von Außenminister Lorković und Verteidigungsminister Vokić organisierter Umsturzversuch gegen Pavelić im September 1944 schlug fehl. Am 05.05.1945 verließen Pavelić, Innenminister Artuković, mehr als tausend Kriegsverbrecher, der Bischof von Banja Luka, Garić, und der Erzbischof von Sarajevo, Šarić, der schon vor Kriegsbeginn Ustaša-Mitglied gewesen war, in einem großen Konvoj Zagreb, um sich nach Österreich abzusetzen. Pavelić und Artuković versteckten sich in den Klöstern Sankt Gilgen und Bad Ischl. Pavelić wurde von den britischen Besatzungstruppen festgenommen, aber aus ungeklärten Gründen wieder freigelassen. Er lebte bis 1948 in einem italienischen Kloster, gelangte dann mit Hilfe des Vatikans nach Argentinien, und lebte nach dem Sturz Perons in einem Franziskanerkloster in Spanien. Er starb am 26.12.1959 im Deutschen Krankenhaus in Madrid. Viele andere führende Köpfe der Ustaša wanderten in die USA aus. Erzbischof Stepinac wurde 1952 von Papst Pius XII zum Kardinal ernannt. Wegen seiner Kollaboration mit der Ustaša wurde er zu Zwangsarbeit verurteilt. Artuković gelangte über die Schweiz und Irland nach Los Angeles. Er wurde 1986 nach Jugoslawien ausgeliefert und dort zum Tode verurteilt; das Urteil wurde jedoch wegen des hohen Alters Artukovićs nicht vollstreckt.

In der kroatischen Literatur werden teilweise der Einsatz der katholischen Kirche, insbesondere des Bischofs Stepinac, der seit Januar 1942 oberster Militärgeistlicher war, noch im März 1945 seine Zustimmung zur Ustaša bekundete und Kriegsverbrechern in seinem Bischofssitz Zuflucht gewährte,[19] für die Ustaša,[20] teilweise sogar die Verbrechen der Ustaša insgesamt geleugnet.[21]

---

[19] vgl. Paris 1962; 204. Stepinacs Unterstützung der Ustaša war aber wohl weniger in einer Begeisterung für den Faschismus zu sehen, als vielmehr in der Ansicht, dieser sei immer noch besser als der Kommunismus. Ersteres finden wir jedoch z. B. beim Erzbischof von Sarajevo Ivan Šarić oder dem Theologieprofessor Ivan Guberina. vgl. Shelah 1989; 326f.

[20] z. B. Tudman 1986 (wohl wider besseres Wissen: Der heutige Ministerpräsident Kroatiens war Widerstandskämpfer und wurde später Historiker). Das von Stepinac-Verteidigern gerne angeführte amerikanische Werk Pattee 1953 disqualifiziert sich an zahlreichen Stellen selbst. Beispiele: "Dr. Ante Pavelić, der Anführer der Bewegung für ein freies und unabhängiges Kroatien, kam aus der Emigration zurück" (Pattee 1953; 40); "Am 28. Juni 1941, dem »Vidovdan«, einem serbischen Nationalfeiertag, revoltierten die in Kroatien lebenden Serben an zahlreichen Orten, indem sie wegen ihrer Feindschaft gegenüber einem freien, unabhängigen Staat Kroatien das wehrlose Volk schwer angriffen. Durch diese Aggression provoziert, antworteten die kroatischen Ustaše, indem sie viele in Kroatien lebende Serben töteten" (Pattee 1953; 42.)

[21] z. B. Omrčanin 1960, Omrčanin 1985; 68f. Ivo Omrčanin, Doktor der Theologie und der Rechte war Mitglied der Ustaša. Später wurde er Professor für Rechtswissenschaft am Assumption College, Worcester, Massachusetts, USA.

"Ehemaliges Jugoslawien" 1943

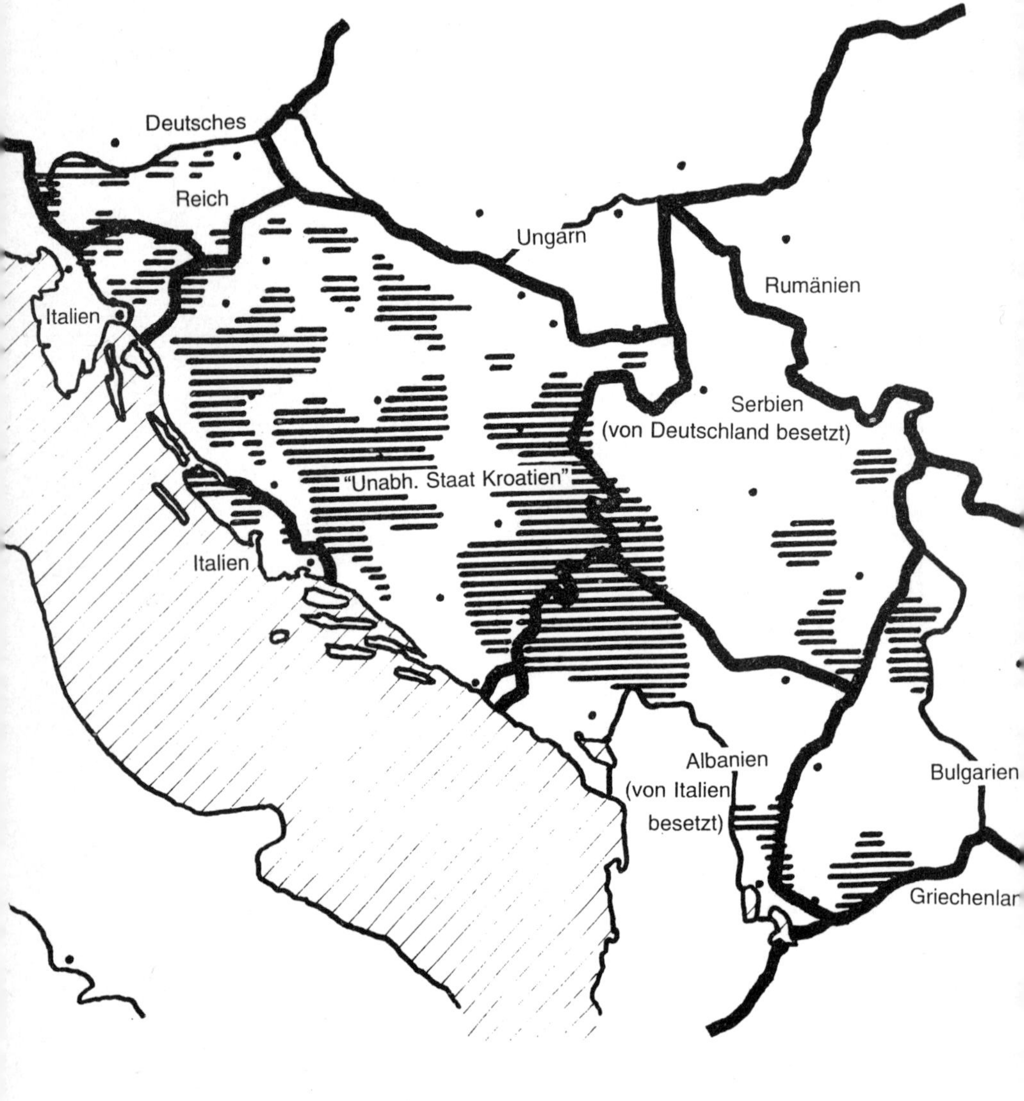

Gebiete unter Kontrolle der Partisanen

1.3. Jugoslawien unter Tito.

Bereits im November 1943 bildete sich in Jajce eine provisorische Regierung unter Präsidentschaft Titos. Der Exilregierung in London, die den Četnik-Führer Mihailović zum Kriegsminister gemacht hatte, wurden alle Befugnisse abgesprochen. Auf Drängen der britischen Regierung kam es später zu einer Verständigung zwischen Tito und der Exilregierung, die weitgehende Zugeständnisse machen mußte. Am 29.11.1945 wurde die Monarchie offiziell abgeschafft und die "Föderative Volksrepublik Jugoslawien" ausgerufen, die aus den Teilstaaten Serbien, Kroatien, Bosnien-Hercegovina, Makedonien und Montenegro bestand; innerhalb Serbiens gab es die autonomen Gebiete Vojvodina und Kosovo-Metohija. Zwischen 1945 und 1948 wurden alle Unternehmen verstaatlicht. Nachdem die von der KPJ geführte Volksfront bei den Wahlen zur Verfassungsgebenden Nationalversammlung am 11.11.1945 einen großen Erfolg errungen hatte, festigte sich das Einparteiensystem. Die jugoslawische KP wehrte sich jedoch erfolgreich gegen die Einmischungsversuche Stalins. Die vom bulgarischen Staatschef Dimitrov und Tito ausgehend geplante Bildung einer Osteuropäischen Föderation, der neben Bulgarien und Jugoslawien auch Albanien, Polen, Rumänien, Tschechoslowakei, Ungarn und eventuell Griechenland angehören sollten, kam auf Druck Stalins nicht zustande. Unzufrieden über die zu große Selbständigkeit der neuen "volksdemokratischen" Staaten, beschloß Stalin, ein Exempel zu statuieren. Jugoslawien wurde unter dem Vorwand ideologischer Abweichungen aus dem Kominform[22] ausgeschlossen und wirtschaftlich isoliert.[23] In anderen "Volksdemokratien" wurden führende Kommunisten als "Titoisten" verfolgt.[24] Das Ziel, die Selbständigkeit der neuen "Volksdemokratien" zu brechen, hatte Stalin erreicht. Jugoslawien hingegen erhielt wirtschaftliche und militärische Unterstützung von den USA, der BRD und anderen westlichen Staaten und führte marktwirtschaftliche Elemente in das Wirtschaftssystem ein. Dennoch ließ sich Jugoslawien nicht im Zuge der Blockbildung in den Westen herüberziehen. Auch Bestrebungen einiger jugoslawischer Kommunisten nach Stalins Tod 1953, eine Wiedereingliederung in den östlichen Block zu

---

[22] Kommunistisches Informationsbüro; Nachfolgeorganisation der Komintern.

[23] In der am 28.06.1948 (!) veröffentlichten Resolution der Kominform "Über die Fehler der KP Jugoslawiens" wurden dieser "bürgerlicher Nationalismus" und "Unterstützung der kapitalistischen Kräfte auf dem Dorf" ebenso vorgeworfen wie "Linksabweichungen". Stalin hatte erwartet, die "gesunden Kräfte" innerhalb der KPJ würden einen Sturz Titos herbeiführen. Diese Kominformisten stellten jedoch weniger als 20% der KPJ-Mitglieder. Zum sowjetisch-jugoslawischen Konflikt vgl. Dedijer 1970, Đilas 1983, Leonhard 1955; 504-517. Zu den Kominformisten innerhalb der KPJ vgl. Banac 1988. Die Kominform-Propaganda schlug sich in Büchern wie Jouvenel 1952 und Kjossef 1953 nieder.

[24] z. B. der ungarische Außenminister Rajk, der im September 1949 hingerichtet wurde.

vollziehen, setzten sich nicht durch. Die Beziehungen zur Sowjetunion verbesserten sich nur kurzzeitig; schon 1957 kam es wieder zu Spannungen, da Jugoslawien den Führungsanspruch der Sowjetunion über die "sozialistischen" Länder nicht anerkannte.

Der Parlamentspräsident Milovan Đilas wurde wegen seiner Kritik an dem schleppenden Vorankommen der Demokratisierung im Januar 1954 aus dem Zentralkomitee ausgeschlossen und 1956 verhaftet. 1956 nahm Tito Kontakte zu den Staatschefs von Indien (Nehru) und der aus Ägypten und Syrien gebildeten Vereinigten Arabischen Republik (Nasser) auf, aus denen 1961 die erste Gipfelkonferenz der blockfreien Staaten resultierte. Die 1963 verabschiedete neue Verfassung dehnte die seit 1953 in den Betrieben praktizierte Selbstverwaltung auf andere Bereiche der Gesellschaft aus.[25] Nach einem langen Machtkampf setzte sich 1964 auf dem VIII. Kongreß des Bundes der Kommunisten Jugoslawiens (BdKJ, wie sich die KPJ seit 1952 nannte) die von Kardelj geforderte Entstaatlichung der Wirtschaft gegen den reformfeindlichen Ranković-Flügel durch.[26] Die ab 1962 einsetzende Entspannung zwischen Jugoslawien und der Sowjetunion wurde durch die jugoslawische Kritik an der Niederschlagung des Prager Frühlings 1968 abermals gestoppt. Hingegen verbesserten sich die Beziehungen zu China und Rumänien.

Trotz der Bemühungen der Regierung, das wirtschaftliche Nord-Süd-Gefälle innerhalb des Landes auszugleichen, waren die Unterschiede zwischen den entwickelten Gebieten (Slowenien und Kroatien) und den unterentwickelten (z. B. Kosovo, dessen pro-Kopf-Bruttosozialprodukt 1977 nur 1/7 des slowenischen betrug) noch sehr stark. Ab Mitte der 60er Jahre setzte eine starke Abwanderung von Arbeitskräften aus den industriell entwickelten Gebieten ins westliche Ausland ein,[27] die ihrerseits eine Binnenwanderung aus den unterentwickelten in die entwickelten Gebiete Jugoslawiens nach sich zog. Gleichzeitig zog ein großer Teil der Landbevölkerung in die Städte. Kroatische Nationalisten protestierten gegen die Hilfen der Regierung für die unterentwickelten Gebiete, durch die Kroatien wirtschaftlich ausgebeutet werde. Statt den aufkommenden

---

[25] Da hier nicht näher auf die Selbstverwaltung eingegangen werden soll, verweisen wir auf zwei Dissertationen, nämlich Meier 1956, die wohl erste umfassende deutschsprachige Darstellung der Arbeiterselbstverwaltung (Viktor Meier ist Journalist bei der FAZ, früher bei der NZZ), und Herbert 1982.

[26] Innenminister Ranković, der 1955/56 eine brutale Unterdrückungskampagne gegen die Albaner im Kosovo organisiert hatte, wurde entmachtet und 1966 aus der Partei ausgeschlossen.

[27] vgl. hierzu Baučić 1975. Zwischen 1969 und 1972 wurden folgende Anteile der Bevölkerung in die BRD vermittelt: Kosovo 2.28%, Vojvodina 1.58%, Slowenien 0.87%, Kroatien 1.45%, Serbien 0.79%, Montenegro 1.21%, Bosnien-Hercegovina 2.00%, Makedonien 2.08%. Jugoslawien insgesamt 1.44%. vgl. die Tabellen Mihelić 1984; 292, 308.

Nationalismus[28] zu bekämpfen, setzte sich die kroatische Parteiführung unter Savka Dabčević-Kučar an die Spitze der nationalistischen Bewegung. Auf die Rivalitäten zwischen den Republiken und die Demonstrationen im Kosovo reagierte die Bundesregierung 1971 mit einer Föderalisierung[29] und der Schaffung eines paritätisch nach den Republiken besetzten Parteipräsidiums, das die bisherige Rolle des Staatspräsidenten übernahm, wobei Tito auf Lebenszeit zum Präsidenten des Parteipräsidiums ernannt wurde. Da sich der kroatische Nationalismus weiter verstärkte und Forderungen nach einer eigenen kroatischen Armee laut wurden, griff Tito ein und veranlaßte die kroatische Parteispitze zum Rücktritt. Besonders stark war der Nationalismus stets unter den ca. 1.5 Millionen Exil-Kroaten (hauptsächlich in Argentinien, Australien, Deutschland, Österreich, USA, Kanada und Schweden) vertreten. Mitte der siebziger Jahre häuften sich Anschläge nationalistischer Terroristen gegen jugoslawische Vertreter und Einrichtungen im Ausland.[30] 1974 wurde eine neue Verfassung angenommen, durch die die Selbstverwaltungen ausgebaut wurden und die den Provinzen Vojvodina und Kosovo einen republikähnlichen Status ("autonome Provinz") verlieh. Nach Titos Tod am 04.05.1980 trat nicht ein Nachfolger, sondern das 9köpfige Staatspräsidium bzw. dessen sich turnusmäßig abwechselnder Präsident an Titos Stelle.

1.4. Das Wiedererstehen des Nationalismus.

Anfang der 80er Jahre betrug die jährliche Inflationsrate fast 40% und die wirtschaftliche Lage wurde zunehmend schwieriger. Im März 1981 kam es in Priština, der Hauptstadt des Kosovo, zu nationalistischen Demonstrationen der albanischen Bevölkerungsmehrheit, bei denen elf Menschen getötet wurden. Die Beziehungen zwischen Jugoslawien und Albanien wurden dadurch zunehmend gespannt. Ein Jugoslawien-Besuch

---

[28] vgl. Neue Zürcher Zeitung; 12.08.1966; Bl. 3, Ramet 1992; 98-135.

[29] Der jugoslawische Föderalismus war sehr weitgehend und zeigte wesentliche Merkmale eines Staatenbundes (Konföderation). vgl. Beckmann-Petey 1990; 334ff. Von der Konzeption einer einheitlichen jugoslawischen Nation war die Regierung zwischen 1964 und 1971 abgekommen. Sie erhoffte sich dadurch eine Verringerung der nationalistischen Spannungen. vgl. Cuvalo 1990; 22f, Denitch 1976; 147.

[30] So wurde 1976 der Vizekonsul Zdovc in Frankfurt ermordet. Eine Auflistung der Terror-Aktivitäten von Exil-Jugoslawen ab 1960 findet sich in Bošković 1985; 354-371. In Deutschland operierten unter anderem die "Drina", ein militanter Teil des in Spanien von dem ehemaligen KZ-Leiter General Max Luburić gegründeten "Kroatischen Nationalen Widerstand" HNO. In Stuttgart existierte die Organisation "Kroatische Staatsbildende Bewegung" (HDP). vgl. Clissold 1979; 6, 11, Bošković 1985; 409. Der in Toronto residierende "Kroatische Nationalrat" (HNV), der 1974 von Exilkroaten gegründet wurde, unterhält in der BRD etwa 15 Ortsgruppen. Der baden-württembergische Verfassungsschutz schätzt den HNV als "extrem nationalistisch" ein. vgl. Siegler/Mägerle 1992.

von Papst Johannes Paul II aus Anlaß des 1300. Jubiläums der Christianisierung kam nicht zustande, da die kroatischen Bischöfe sich dem geplanten Besuch im Ustaša-KZ Jasenovac und der dortigen gemeinsamen Feier mit Vertretern der orthodoxen Kirche widersetzten.

Im November 1985 beschäftigte sich das ZK-Plenum des BdKJ mit dem Verhältnis der Teilrepubliken zur Föderation. Der Slowene Milan Kučan klagte über die Handlungsunfähigkeit der Bundesregierung, die dadurch entstand, daß der von der Verfassung geforderte Konsens selten zustande kam, und forderte, die Machtstellung der Teilrepubliken müsse verringert werden.

Anfang 1985 hatte die Regierung die Preiskontrolle aufgehoben. Die Inflation betrug 1986 etwa 100%. Im Februar 1987 verfügte die Regierung ein Einfrieren der Löhne. Durch diese Maßnahmen gelang es zwar, die hohe Staatsverschuldung etwas abzubauen; viele Arbeiter konnten ihre Familien jedoch nicht mehr mit ihrem regulären Lohn ernähren und waren gezwungen, nebenher schwarz zu arbeiten. Gleichzeitig gab es eine hohe Arbeitslosigkeit.

In Serbien entstanden im Jahre 1986 im Umfeld der Serbischen Akademie der Wissenschaften und Künste zwei Texte, die als theoretisches Fundament des serbischen Nationalismus der folgenden Jahre angesehen werden müssen: Die Petition der 212 Intellektuellen, die im Januar veröffentlicht wurde, brachte die Legende in Umlauf, die Albaner im Kosovo verübten einen Genozid an den dort lebenden Serben, und forderte "entschiedene Gegenmaßnahmen", um der "albanischen Aggression in Kosovo und Metohija" ein Ende zu setzen. Das Memorandum der Serbischen Akademie der Wissenschaften und Künste, das im September veröffentlicht wurde, und zu dessen Autoren die Schriftsteller Dobrica Ćosić und Antonije Isaković sowie der Philosoph Mihailo Marković zählen, beklagt die angebliche Unterdrückung und Ausbeutung der Serben in Jugoslawien."[31]

In der serbischen Parteiführung kam es 1987 zu einem Machtkampf zwischen dem als liberal geltenden Republikpräsidenten Ivan Stambolić und dessen politischem "Zögling", dem Parteichef Slobodan Milošević, der sich mit seinem nationalistischen Kurs schließlich durchsetzte. Seitdem "läßt sich [...] ein systematisches Aufputschen der serbischen Bevölkerung in der Kosovo-Frage feststellen."[32] Am 14.12.1987 wurde Stambolić nach seiner Kritik am serbischen Nationalismus durch General Petar Gračanin ersetzt.

Im Sommer 1988 gab es große Demonstrationen von Arbeitern gegen die Inflation von inzwischen rund 200% und Demonstrationen von serbischen Nationalisten in Vojvodina und Kosovo, die eine Einschrän-

---

[31] vgl. Križan 1992; 127ff.

[32] Meier 1987.

kung der Autonomie der beiden Provinzen forderten.

Die slowenische Parteiführung warf am 12.10.1988 dem serbischen Parteisekretär Milošević vor, er strebe ein zentralistisches Jugoslawien an und wolle den anderen Republiken sein Modell eines starken Staates und seine eigenen Vorstellungen von Demokratie und Sozialismus aufzwingen. In seinem Grundsatzreferat vor dem ZK-Plenum des BdKJ erklärte dessen Vorsitzender Šuvar, die Völkerschaften Jugoslawiens befaßten sich derzeit mit der Wiederbelebung von nationalen Antagonismen, die Hunderte von Jahren zurücklägen, doch zu ihrer Geschichte gehöre auch die gemeinsame Erfahrung der Revolution, die nicht kompromittiert werden dürfe. "Wir müssen heute wie nie zuvor Tito verteidigen und vor allem seine Politik fortsetzen." Milošević warf Šuvar vor, er betreibe eine anti-serbische Politik.

Am 30.12.1988 trat die Regierung von Ministerpräsident Branko Mikulić zurück, weil ihr Sparprogramm und der Budgetentwurf 1989 keine Mehrheit im Parlament gefunden hatte. Sein Nachfolger Ante Marković, ein kroatischer Wirtschaftsexperte, rief die Jugoslawen zur Einigkeit auf: "Ich habe keine Chance, wir haben keine Chance, wenn wir nicht alle zusammenarbeiten."

In Ljubljana gründete sich am 11.01.1989 mit der Demokratischen Slowenischen Allianz die erste von der KP unabhängige Partei. Nach einer zweitägigen Sitzung akzeptierte das ZK der slowenischen KP die Schaffung eines politischen Pluralismus. Am 13.04.1989 forderte BdKJ-Chef Šuvar einen Parteienpluralismus auch auf Bundesebene. Der BdK der Vojvodina und der BdK Bosnien-Hercegovinas forderten, die Bildung von Parteien auf nationaler oder religiöser Grundlage müsse verhindert werden, diese könnten "zwischennationalen Haß, Reibungen, Konflikte und Schlimmeres"[33] hervorrufen. In Bosnien-Hercegovina war durch Artikel 4 des Republikgesetzes die Bildung von Parteien, deren Namen religiöse Attribute enthielten, explizit verboten.

Slobodan Milošević wurde am 08.05.1989 mit großer Mehrheit zum Serbischen Republikpräsidenten gewählt.

Im Dezember 1989 beginnt ein innerjugoslawischer Handelskrieg. Serbien belegt slowenische und kroatische Waren mit Sondersteuern; Kroatien verlangt Sonderabgaben von Serben, die Ferienhäuser an der Adria besitzen; Slowenien stellt seine Zahlungen an den Republikenfinanzausgleich (FADURK) ein. Anfang 1990 führt die Regierung einen neuen Dinar im Wert von 10 000 alten Dinar ein, dessen überbewerteter Wechselkurs gegenüber westlichen Währungen die inzwischen 2000% betragende Inflation stoppen soll. Damit gelingt der seit März 1989 amtierenden Regierung unter Ante Marković innerhalb weniger Monate eine Senkung der Inflationsrate auf fast 0%. Die Kommunistische Partei, deren

---

[33] Politika; 21.05.1990. zit. n. Reuter 1990c; 365. vgl. Reuter 1990c; 361, 365.

Ante Marković, 1989 bis 1991 letzter Ministerpräsident Jugoslawiens. Seine Politik der wirtschaftlichen Reformen und der Demokratisierung Jugoslawiens wurde von den nationalistischen Republikpräsidenten torpediert. (Photo: AP)

14. Parteitag im Januar 1990 mit dem Auszug der slowenischen Delegierten geendet hatte, zerfällt Anfang 1991 in einzelne Republikorganisationen. Die Industrieproduktion sinkt, die Inflationsrate übersteigt wieder 100%. Serbien macht sich am 23.10.1990 vom jugoslawischen Wirtschafts- und Rechtssystem unabhängig, während Kroatien seine Zahlungen an den Bundeshaushalt aussetzt. Marković beschuldigt in einer Parlamentsrede die Republiken Slowenien, Serbien und Kroatien, seine Politik zu sabotieren. Auf Anordnung von Milošević unterbricht das Beograder Fernsehen die Übertragung der Rede.[34]

Ministerpräsident Ante Marković hatte am 29.07.1990 angekündigt, es werde noch im selben Jahr freie Wahlen auf Bundesebene geben. Am 08.08.1990 wurde das Mehrparteiensystem in der Verfassung verankert. Im Januar 1991 kommt es in Kroatien zu schweren Unruhen. Die Anordnung des Staatspräsidiums, die illegalen bewaffneten Verbände aufzulösen, wird von den Regierungen Sloweniens und Kroatiens zurückgewiesen. Auf dem Krisengipfel in Beograd am 14.02.1991 fordert der Präsident Sloweniens Milan Kučan, Jugoslawien müsse bis Ende Juni aufgelöst werden. Die schlechte Wirtschaftslage sei im Verein mit dem unterentwickelten Süden des Landes nicht zu meistern. Der Präsident von Bosnien-Hercegovina Alija Izetbegović hingegen meint, eine Berechnung der Kosten eines Austritts aus dem Bund werde die Euphorien dämpfen. Auch der slowenische Finanzminister Šešok beurteilt die Situation realistischer als Kučan und erklärt, Slowenien habe einfach nicht das Geld, um sich als selbständiger Staat zu konstituieren.[35] Slowenien und Kroatien erklären alle Bundesgesetze für auf ihrem Territorium ungültig.

Der Wirtschaftswissenschaftler Cvijan erhält in Serbien den neugeschaffenen Ministerposten im Ministerium für Serben außerhalb Serbiens.[36] Am 09. und 10.03.1991 finden in Beograd Protestdemonstrationen gegen Milošević und gegen das unter seiner Kontrolle befindliche Fernsehen RTV Beograd statt, an denen sich zehntausende beteiligen, größtenteils Anhänger der gemäßigt-nationalistischen Opposition um Drašković und Đinđić.[37] Nachdem der Versuch des Staatspräsidenten Jović, den Ausnahmezustand auszurufen, scheitert, erklärt der serbische Präsident Milošević am 16.03.1991, Serbien werde die Entscheidungen der Bundesregierung nicht weiter akzeptieren. Bei Gefechten zwischen kroati-

---

[34] vgl. FOF 1990; 984 B2. Neben den inneren Problemen trägt auch der Golfkrieg mit den gegen den Irak verhängten Sanktionen sowie den steigenden Rohölpreisen zur Verschlechterung der wirtschaftlichen Situation bei, da der Irak ein wichtiger Handelspartner Jugoslawiens war. Der Schaden für Jugoslawien beträgt mehr als eine Milliarde Dollar. Dennoch unterstützt Jugoslawien die Sanktionen in vollem Umfang. vgl. Reuter 1990b.

[35] vgl. Reuter 1991b.

[36] vgl. Zec 1991.

[37] vgl. Glenny 1993; 78-95.

schen Polizisten und Serben in der in Kroatien gelegenen, mehrheitlich serbisch bewohnten Stadt Borovo Selo kommen am 02.05.1991 15 Menschen ums Leben. Bei dem Fußballspiel Dynamo Zagreb - Roter Stern Beograd in Zagreb am 13.05.1991 kommt es zu schweren Ausschreitungen mit über 100 Verletzten.[38] Die turnusmäßige Übergabe des Staatspräsidentenamtes an den Kroaten Mesić kommt nicht zustande, da die serbischen Vertreter im Staatspräsidium gegen ihn stimmen und der Vertreter Montenegros nicht anwesend ist. Damit hat Jugoslawien keine Staatsführung mehr. Am 25.06.1991 beginnt mit der Ausrufung der Souveränität Sloweniens und Kroatiens der Zerfall Jugoslawiens - und der Krieg.

Am 20.12.1991 tritt Marković zurück, weil er den Bundeshaushalt für 1992, in dem der Etat der Volksarmee 81% des Haushaltes beansprucht, nicht mittragen will, und seine Vorstellungen nicht durchsetzen kann.

Daten zu Jugoslawien (wo nicht anders angegeben, Stand 1990). Die Vergleichsdaten der BRD beziehen sich auf die BRD in den Grenzen vor dem 03.10.1990.

Fläche: 255 804m² (BRD: 248 542); Einwohner: 23 271 000 (BRD: 61 020 000); Bevölkerungsdichte: 91E/m² (BRD: 246).
55% der Fläche werden landwirtschaftlich genutzt (BRD: 55); 29% der Erwerbstätigen arbeiten in der Landwirtschaft (BRD: 5.5); 20% der Bevölkerung leben in Großstädten (BRD: 32%); Analphabeten: 3.4% der Männer und 13.9% der Frauen.
Die Bevölkerung besteht aus: 36.3% Serben, 19.7% Kroaten, 8.9% Moslems, 7.8% Slowenen, 7.7% Albaner, 6.0% Makedonen, 5.4% Jugoslawen, 2.6% Montenegriner, 1.9% Ungarn, 0.7% Zigeuner, 0.5% Türken, 0.4% Slowaken, je 0.2% Rumänen und Bulgaren, je 0.1% Vlachen, Ruthenen, Tschechen, Italiener und Ukrainer.[39] Religionszugehörigkeit: Orthodoxe Kirche 40%, Katholische Kirche 34%, Islam 15%, keine 11%.
Bruttosozialprodukt/Person: 2480 US$ (BRD: 14460); Auslandsschulden/Person: 1470 US$ (BRD: 380).

---

[38] vgl. FOF 1991; 625 B3.

[39] nach der Tabelle in Ramet 1992; 20. (Stand 1981).

Wirtschaftliche Situation der Republiken und Provinzen 1988 und Arbeitslosigkeit 1986/1987.[40]

	Anteil Bevölk.	Anteil am BIP	Einkommen pro Kopf in US$	Arbeitslosigk.
Slowenien	8%	20%	5918	1.6%
Kroatien	20%	26%	3230	7.6%
Vojvodina	9%	11%	3061	14.4%
Serbien	25%	22%	2238	17.7%
Montenegro	3%	2%	1754	23.9%
Bosnien-Hercegovina	19%	12%	1573	23.3%
Makedonien	9%	5%	1499	26.8%
Kosovo	8%	2%	662	55.9%
Jugoslawien	100%	100%	2480	16.0%

---

[40] nach den Tabellen in Djeković-Sachs 1993; 27, Kaiser 1990; 272. BIP = Bruttoinlandsprodukt.

Wirtschaft

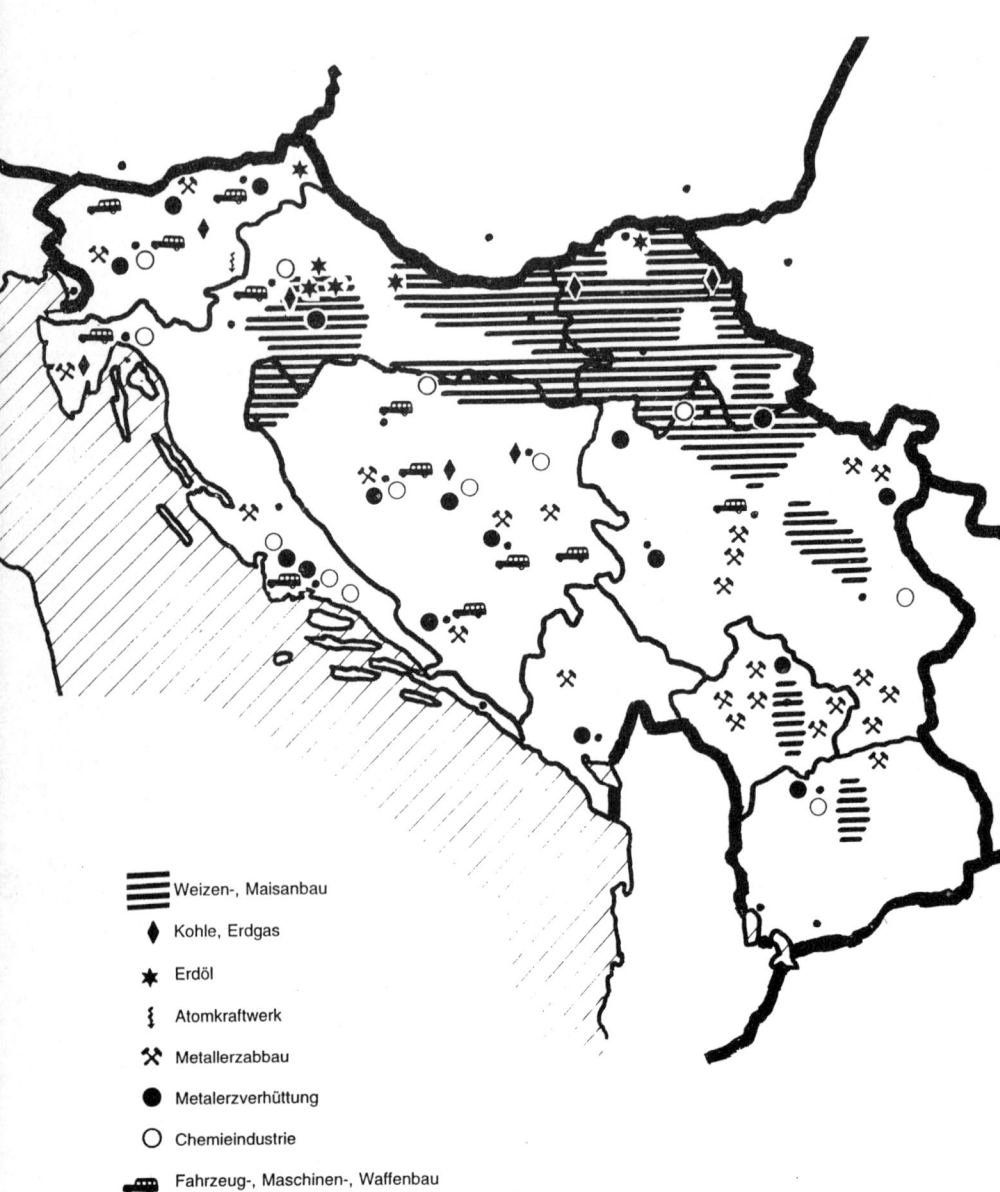

≡ Weizen-, Maisanbau
◆ Kohle, Erdgas
★ Erdöl
⁁ Atomkraftwerk
⚒ Metallerzabbau
● Metalerzverhüttung
○ Chemieindustrie
🚐 Fahrzeug-, Maschinen-, Waffenbau

Jugoslawien im März 1994

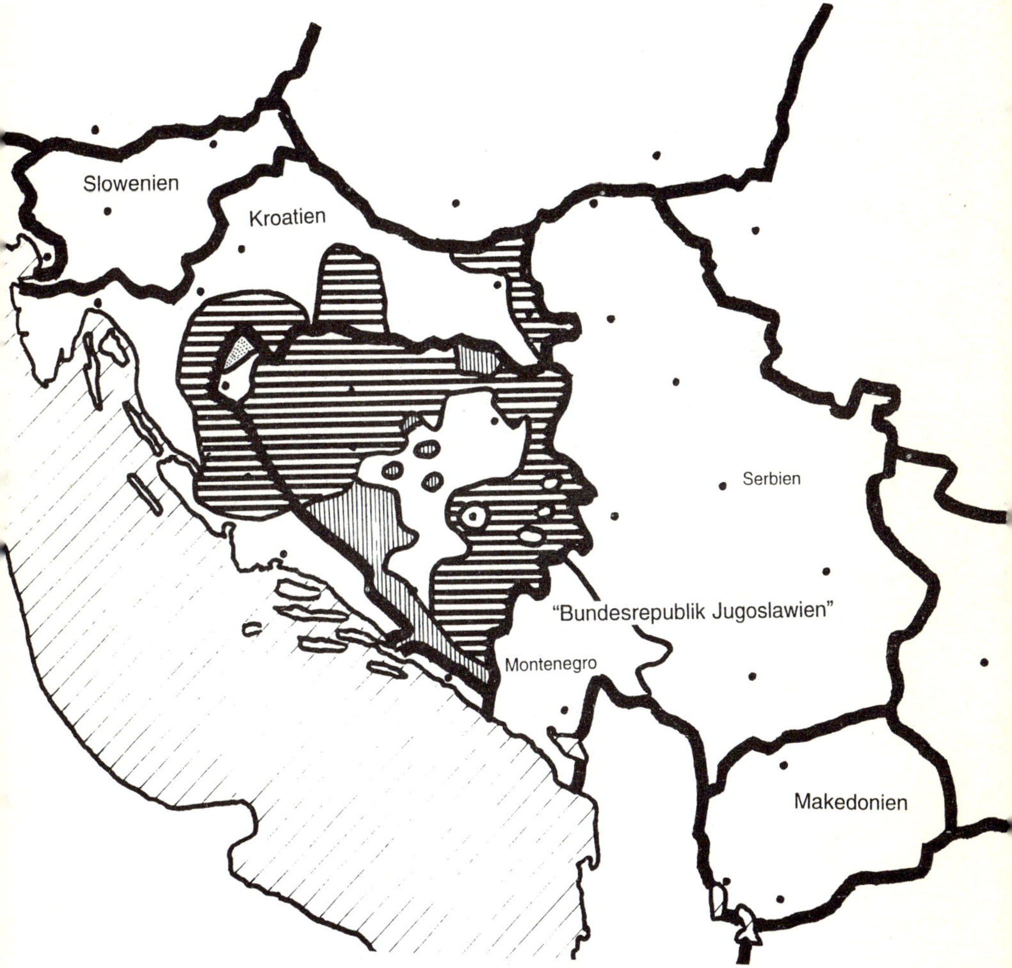

 "Autonome Provinz Westbosnien" unter Kontrolle von Fikret Abdić
Gebiete unter Kontrolle des bosnischen Staatspräsidiums unter Alija Izetbegović
 "Serbische Republik Bosnien-Hercegovina" unter Kontrolle von Radovan Karadžić; serbisch besetzte Gebiete in Kroatien
"Republik Herceg-Bosna" unter Kontrolle von Kresimir Zubak

2. Die Konfliktparteien.

2.1. Der Kosovo.

Den Ausgangspunkt für den Zerfall Jugoslawiens bildete der Kosovo-Konflikt. Der Kosovo war eine autonome Provinz innerhalb der Republik Serbien, die 1979 von 1.6 Millionen Menschen, davon 77% Albanern, 17% Serben und je 3% Montenegrinern und Türken bewohnt wurde. Innerhalb Jugoslawiens stellen die Albaner mit 6% die größte nichtslawische Bevölkerungsgruppe dar. Wirtschaftlich ist der Kosovo der weitaus rückständigste Teil Jugoslawiens. Das Sozialprodukt pro Kopf betrug 1988 etwa 27% des jugoslawischen Durchschnittswertes, etwa 5% des in der BRD erreichten Wertes. Der größte Teil der Bevölkerung war in der Landwirtschaft tätig, die Arbeitslosenquote lag bei 55.9%, die Analphabetenrate bei 32%.[1] Der Wunsch der Albaner, eine eigene Republik innerhalb Jugoslawiens bilden zu können, wurde von den Serben abgelehnt, die den Kosovo als "Zentrum ihrer Geschichte, ihrer Kultur und ihres Gedächtnisses"[2] ansehen und vermutlich eine spätere Angliederung des Kosovo an Albanien befürchteten (die jedoch zumindest derzeit nicht auf der Tagesordnung steht, schon allein deshalb, weil Albanien wirtschaftlich noch schlechter dasteht als der Kosovo[3]). Mit fast lächerlich wirkendem Pathos deklamiert Slobodan Milošević, auf die mehr als 600 Jahre zurückliegende "Kosovo-Tragödie" anspielend: "Ein jedes Volk trägt in seinem Herzen eine Liebe. Die Liebe der Serben gilt dem Kosovo, und deshalb wird der Kosovo serbisch bleiben."[4] Der Anteil der Serben an der Bevölkerung des Kosovo ist jedoch stark rückläufig. Serbische Politiker machen dafür die Diskriminierung und Vertreibung der Serben durch die albanische Mehrheit verantwortlich. "Das ist die seit langem größte physische, wirtschaftliche, politische und kulturelle Unterdrückung in Europa."[5] Diese Behauptung Miloševićs ist jedoch völlig falsch. Es kam zwar des öfteren zu Übergriffen von Nationalisten beider Seiten auf Angehörige der jeweils anderen Bevölkerungsgruppe,

---

[1] Stand: 1979.

[2] Milošević 1990; 231. Sehr geschwollen klingt die Formulierung des serbischen Theologen Dimitrije Bogdanović: "Für das serbische Volk ist Kosovo deshalb Bestätigung und Siegel seiner Identität, der Schlüssel zum Verständnis der Botschaft seiner Geschichte, die Bindung an die authentische serbische Staatlichkeit, das Banner der nationalen Freiheit." (Bogdanović 1992; 77.)

[3] Im Jahre 1990 sind mehr als 1000 Albaner aus Albanien nach Jugoslawien geflohen. vgl. FOF 1991; 200 F2.

[4] Milošević 1990; 231.

[5] Milošević 1990; 98.

von einer systematischen Vertreibung der Serben kann jedoch keine Rede sein.[6] Vielmehr dürfte die schlechte wirtschaftliche Lage viele Serben zur Abwanderung bewogen haben. Am 28.03.1989 trat in der Republik Serbien eine neue Verfassung in Kraft, die die Autonomie der beiden Provinzen erheblich einschränkte. Daraufhin kam es im Kosovo zu gewalttätigen Demonstrationen, bei denen es nach offiziellen Angaben 25 Tote und 222 Verletzte gab. Oppositionelle Albaner beschuldigten die Sicherheitspolizei, Jugendliche aus Rache gezielt von hinten erschossen zu haben. Auf Betreiben Miloševićs wurden der ehemalige KP-Chef des Kosovo Azem Vlasi und 14 weitere ehemalige Funktionäre verhaftet. In dem im November stattfindenden Prozeß wurden sie jedoch freigesprochen. Am 05.07.1990 setzte Serbien Parlament und Regierung des Kosovo ab und übernahm die Kontrolle der Radio- und Fernsehstationen in Priština. Die Tageszeitung der Kosovo-Albaner "Rilindja" wurde von der serbischen Regierung aufgelöst. Der stellvertretende jugoslawische Staatschef protestierte gegen diese verfassungswidrigen Schritte. Die von Serbien mit Haftbefehl gesuchten albanischen Politiker flüchteten nach Slowenien und Kroatien.[7] Bei den Parlamentswahlen am 24.05.1992 gewann der Demokratische Bund fast alle Sitze, sein Vorsitzender, der als "albanischer Gandhi" bekannte Ibrahim Rugova, wurde zum Republikpräsidenten gewählt. Ein serbischer Polizeieinsatz verhinderte am 23.06.1992 das Zusammentreten des Parlaments.

Im Kosovo ist es bisher nicht zu kriegerischen Auseinandersetzungen gekommen. Die innenpolitische Lage ist jedoch gespannt. Die serbische Regierung läßt albanische Schulen und Krankenhäuser schließen, alle albanischen Studenten und Professoren wurden von der Universität verwiesen. Oppositionelle Vereinigungen werden mit Durchsuchungen und Verhaftungen schikaniert. Mit wirtschaftlichen Anreizen versucht die serbische Regierung, mehr Serben im Kosovo anzusiedeln. Albanien hat am 29.10.1991 den Kosovo als unabhängigen Staat anerkannt.

2.2. Die Vojvodina.

In der Vojvodina wird mit verhältnismäßig modernen Methoden Landwirtschaft betrieben. Von den 1.6 Millionen Einwohnern waren 1990 54% Serben, 19% Ungarn, 7% Kroaten, 4% Slowaken, 3% Rumänen und 2% Montenegriner; die übrigen 11% verteilten sich auf weitere 20 Bevölkerungsgruppen. Dabei unterteilen sich die Serben nochmals in zwei verschiedene Gruppen: Die "Altsiedler" und die nach dem Zweiten Welt-

---

[6] vgl. Biberaj 1989; 21.

[7] vgl. Buchalla 1990a, Brey 1991; 429. Die Rilindja erscheint inzwischen in der Schweiz.

krieg aus Montenegro und den serbischen Berggebieten zugezogenen. Selbst zwischen diesen beiden serbischen Gruppen ist das Zusammenleben nicht immer problemlos. Seit dem Beginn des Krieges in Kroatien und Bosnien-Hercegovina hat in der Vojvodina ein massiver Bevölkerungsaustausch stattgefunden. Auf Betreiben des Chefs der Serbischen Radikalen Partei Vojislav Šešelj wurden etwa 20 000 Kroaten aus der Vojvodina vertrieben. Weit über 100 000 Flüchtlinge sind in die Vojvodina gekommen. Eine ähnlich hohe Zahl Menschen hat die Vojvodina verlassen, als Deserteur oder wegen der Perspektivlosigkeit, darunter allein 25 000 Ungarn.[8]

Die Liga der Sozialdemokraten der Vojvodina (LSV) setzt sich für die Wiederherstellung der Autonomie ein. Ihr Vorsitzender Nenad Čanak (ein Serbe) wird von seinen Gegnern als "Vojvodina-Nationalist" bezeichnet,[9] weil er die Ausbeutung der wirtschaftlich starken Vojvodina durch den Rest Serbiens anprangert. Tatsächlich scheinen die Regierungen Serbiens und Kroatiens überrascht zu sein, daß die selben Argumente, die sie vor einigen Jahren gegen die jugoslawische Bundesregierung verwendet hatten, jetzt von der Vojvodina und Istrien gegen sie gerichtet werden. Die Autonomiebestrebungen dieser Regionen kann man dennoch keinesfalls mit den Sezessionsbestrebungen der damaligen jugoslawischen Republiken gleichsetzen, da sowohl die Vojvodina als auch Istrien ihre Autonomiewünsche nicht ethnisch begründen, sondern im Gegenteil sich als gemischte Gebiete in den neuen Nationalstaaten nicht wohlfühlen.

In dem 2000-Einwohner-Dorf Trešnjevac bei Kanjiža im Norden der Vojvodina verweigerten fast alle Männer die Einberufung zur Armee. Während eines Friedenscamps im Juni 1992 wurde dort symbolisch die "Geistige Republik Zitzer" ausgerufen.[10]

2.3. Slowenien.

In Slowenien leben 88% Slowenen, 3% Kroaten, 2% Serben, 1% Moslems sowie einige tausend Ungarn, Italiener und andere. Die Slowenen sind meist katholisch und sprechen slowenisch, das dem serbokroatischen sehr ähnlich ist. Nachdem sich Slowenien nach einem Referendum, bei dem nur Slowenen stimmberechtigt waren, am 25.06.1991 aus der jugoslawischen Föderation ausgeklinkt hatte, versuchte die Jugoslawische Volksarmee (JNA) die jugoslawischen Grenzen zu Italien, Österreich und Ungarn zu sichern, damit Slowenien keine Zölle ein-

---

[8] vgl. ADG 1993; 37626. Auch aus Beograd, das zum engeren Serbien gehört, aber fast direkt an die Vojvodina angrenzt, sind etwa 200 000 Menschen, vorwiegend junge Intellektuelle, ins Ausland gegangen. vgl. Flottau 1993.

[9] vgl. Thompson 1992; 245.

[10] vgl. Paczian 1994.

nehmen kann.[11] Die slowenische "Territorialverteidigung" (vgl. Kapitel 4.1.) griff die JVA, für deren Soldaten ein striktes Schießverbot galt, an. Die JVA-Luftwaffe bombardierte den Flughafen von Ljubljana. Zwei Wochen später zog sich die Volksarmee auf Beschluß des Staatspräsidiums wieder zurück. Der Beschluß war bei einer Gegenstimme gefaßt worden: Der Kroate Stjepan Mesić - ein enger Mitarbeiter von Franjo Tudman - wollte offensichtlich erreichen, daß sich die JVA in Slowenien austobt, und damit verhindern, daß sie in Kroatien zuschlägt.[12] Seitdem herrscht eine gereizte Stimmung zwischen Slowenien und Kroatien, die sich 1992 durch Tudmans indirekt geäußerten Gebietsansprüche (er behauptete, Slowenien habe sich im Zweiten Weltkrieg "kroatische Erde angeeignet") verschärft hat. Beide Republiken erheben hohe Einfuhrzölle auf Waren der anderen Republik.[13] Von den 64 Totesopfern des Militäreinsatzes waren nach Angaben des Slowenischen Roten Kreuzes 37 JVA-Soldaten, 7 Angehörige der slowenischen Territorialverteidigung, 4 slowenische Milizsoldaten, 6 Zivilisten und 10 Ausländer. Die Behauptung des slowenischen Verteidigungsministers Janša, die 32 000 Mann starke slowenische Territorialverteidigung habe die Volksarmee militärisch besiegt, ist natürlich Unsinn. Möglicherweise hat aber Janša durch seine völlig unrealistische Propaganda über die Stärke der Territorialverteidigung mit zur Verwirrung in Staatsführung und Armee beigetragen. Diese Verwirrung und die damit verbundene unkoordinierte Planung des Armeeeinsatzes sowie die unklaren Kompetenzverteilungen in Staatsführung und Armee haben Slowenien vor schlimmerem bewahrt. Zudem machte die relative "ethnische" Homogenität einen Austritt Sloweniens akzeptabel.[14]

Das Parteienbündnis DEMOS, das sich als Opposition gegen die Komuninstische Partei vor den ersten demokratischen Wahlen im April 1990 zusammengeschlossen hatte, ist Ende 1991 auseinandergebrochen. Derzeit regiert eine Koalition aus LDS, SKD und ZLS. Das Slowenische Parlament besteht aus der Kammer (90 Sitze) und dem Staatsrat (40 Sitze). Es gilt eine 3%-Hürde.

---

[11] Die jugoslawische Verfassung sah die Möglichkeit des Austritts einzelner Republiken vor; Voraussetzung dafür war aber die Zustimmung aller Republiken und Provinzen. vgl. Die Verfassung der SFR Jugoslawien 1979; 106, 126.

[12] Ausgerechnet Mesić kündigte Anfang Juli an, Marković wegen des Armeeeinsatzes in Slowenien zur Rechenschaft ziehen zu wollen.

[13] Zu weiteren Streitpunkten vgl. Der Spiegel; 40/1992; 238-241. Im Juli 1990 hatte Kučan noch von einem möglichen Zusammengehen mit Kroatien zu einer Konföderation gesprochen. vgl. Brey 1991; 717.

[14] Auch Milošević hatte gegen einen Austritt Sloweniens keine Einwände. vgl. Glenny 1993; 196.

Sitzverteilung in der Kammer nach den Wahlen vom 06.12.1992:[15]

```
                                            Sitze   Stimmen
LDS    Liberaldemokraten                      22    23.7%
SKD    Christdemokraten                       15    14.5%
ZLS    Vereinigte Sozialdemokraten[16]        14    13.6%
SNS    Slowenische Nationalpartei[17]         12     9.9%
SLS    Slowenische Volkspartei[18]            10     8.8%
DS     Demokratische Partei                    6     5.0%
ZS     Grüne Partei[19]                        5     3.7%
SDSS   Slowenische Sozialdemokratische Partei  4     3.3%
```

Die SDSS stellte bis zum März 1994 den Verteidigungsminister, Janez Janša. Er verlor sein Amt nach Ausschreitungen der Geheimpolizei, die einen Zivilisten mißhandelt hatte. Ihm wurden auch Waffenschmuggel und Umsturzpläne zur Last gelegt. Trotz des Namens ist die SDSS die neben der SNS rechteste Partei im slowenischen Parlament.[20]

Republikpräsident ist der Reformkommunist Milan Kučan, der bei der Wahl am 22.04.1990 58% der Stimmen erhielt und am 06.12.1992 mit 64% wiedergewählt wurde. Premierminister ist Janez Drnovšek, ein früherer BdKJ-Politiker, der jetzt die Liberaldemokraten anführt. Slowenien wurde im Januar 1992 von den EG-Staaten und am 13.09.1992 von Restjugoslawien anerkannt.

Mit dem Ausscheren aus der Föderation erhoffte sich die Regierung Sloweniens eine Verbesserung der wirtschaftlichen Situation. Dabei hat sie vergessen, daß sie nicht nur Finanzhilfen an die südlichen Republiken lieferte, sondern auch billige Rohstoffe von dort bezog. Die Aussichten für den von ca. 2.0 Millionen Menschen bewohnte Zwergstaat Slowenien, der weder die für die Industrie (v. a. Metallverarbeitung) benötigten Rohstoffe noch einen Zugang zu internationalen Gewässern hat,[21] der zwar wirtschaftlich stärker als die anderen Teilrepubliken, aber im europäischen Vergleich doch schwach ist, und der durch den Bürgerkrieg seine wichtigsten Handelspartner Kroatien und Serbien ver-

---

[15] Je einen Sitz haben die Vertreter der italienischen und ungarischen Minderheit.

[16] Zur Wahl waren drei Parteien aus dem sozialdemokratischen und reformkommunistischen Spektrum als "Vereinigte Liste" angetreten, die sich 1993 zu einer Partei zusammengeschlossen haben.

[17] Die SNS hat sich inzwischen in eine "liberal-nationalistische" und eine der Slowenischen Rechten zugehörige Partei gespalten. vgl. Jalusić 1994.

[18] Früher "Slowenischer Bauernbund".

[19] Die Grüne Partei hat sich im Sommer 1993 gespalten.

[20] vgl. Gruber 1994b, Jalusić 1994.

[21] Durch Slowenien führt kein schiffbarer Fluß. Der Adriahafen Koper ist relativ klein; von Koper aus muß man italienisches oder kroatisches Hoheitsgewässer durchqueren, um in internationale Gewässer zu kommen.

loren hat, sind nicht gerade rosig.[22] Die Arbeitslosenrate lag 1992 bei 10.7% mit steigender Tendenz. Die Inflationsrate ist mit rund 2% im Monat deutlich geringer als in den übrigen Nachfolgestaaten der SFRJ. Premierminister Drnovšek unterzeichnete am 30.03.1994 die "NATO-Partnerschaft für den Frieden". Die in der italienischen Regierungskoalition beteiligten Neofaschisten haben Gebietsansprüche Italiens gegenüber Slowenien und Kroatien geäußert.[23]

2.4. Kroatien.

In Kroatien lebten vor dem Krieg 4.8 Millionen Menschen, davon 78% Kroaten, 12% Serben und je 1% Moslems, Slowenen und Ungarn. Serben leben insbesondere an der Grenze zu Bosnien-Hercegovina; dort sind sie Nachkommen der von Österreich zum Schutz vor den Türken angesiedelten Wehrbauern. In Istrien, dem äußersten Nordwesten Kroatiens, bilden Italiener, Slowenen und Serben teilweise die Mehrheit der Bevölkerung.

Die "Kroatische Demokratische Gemeinschaft" (HDZ) gewann bei den Parlamentswahlen im April 1990 die absolute Mehrheit. Im Gegensatz zu Slowenien hat Kroatien ein Mehrheitswahlrecht, das große Parteien begünstigt; nur die Hälfte der Parlamentssitze wird nach dem Verhältniswahlrecht vergeben. Die neue Regierung traf Vorbereitungen für ein Ausscheiden aus der Föderation und bildete eine kroatische Nationalgarde. Am 22.12.1990 verabschiedete das kroatische Parlament eine neue Verfassung, in der die den Serben bisher zugestandenen Minderheitenrechte eingeschränkt wurden.

Im März 1991 proklamierten serbische Nationalisten unter Führung des Bürgermeisters von Knin Milan Babić die "Autonome Region Krajina", es kam in Pakrac zu ersten bewaffneten Zusammenstößen zwischen der kroatischen Nationalgarde, die in die Krajina einmarschiert war, und der Bundesarmee. Das Parlament Serbiens lehnte die Forderung der "Krajina-Regierung" nach Anschluß der Krajina an Serbien ab. Die kroatische und die serbische Regierung gaben kostenlos Waffen an die Einwohner der Krajina ab. Am 25.06.1991 erklärte sich Kroatien zeitgleich mit Slowenien für unabhängig. Daraufhin erklärten serbische Nationalisten die Gebiete Krajina und Slawonien ihrerseits für von Kroatien unabhängig. Die kroatische Regierung, die sich im Zusammenhang mit der Souveränität Kroatiens gerne auf das "Selbstbestimmungsrecht der Völker" beruft, lehnte den am 22.08.1991 von Serbien unterbreiteten Vorschlag, die Bevölkerung in den gemischt besiedelten Gebieten Kroatiens

---

[22] Zur wirtschaftlichen Situation Sloweniens zum Zeitpunkt der Unabhängigkeitserklärung ausführlicher Reuter 1991a.

[23] vgl. Hooper 1994.

sollten in einer Volksabstimmung entscheiden, ob sie in Kroatien oder Jugoslawien leben wollen, ab, da dies für Kroatien große Gebietsverluste bedeutet hätte. Der makedonische Satiriker Vladimir Gligorov bringt das Problem der Aufteilung Jugoslawiens auf den Punkt: "Warum sollten wir eine Minderheit in eurem Staat sein, wenn ihr eine Minderheit in unserem Staat sein könnt?"[24]

Tudman lehnte Verhandlungen mit den serbischen Sezessionisten ab. Nach schweren militärischen Verlusten wurde die Unabhängigkeit Kroatiens für drei Monate ausgesetzt. Ein Waffenstillstand nach dem anderen wurde gebrochen, jede Seite erklärte die andere für schuldig. Bis Mitte August 1991 flüchteten nach Angaben des Roten Kreuzes fast 90 000 Menschen, über die Hälfte von ihnen Serben, aus dem umkämpften Gebiet. Nachdem kroatische Nationalgardisten mehr als 120 Kampfpanzer erbeutet hatten, drangen sie erstmals im November 1991 auf das Gebiet der Republik Serbien vor und brannten dort 17 Dörfer nieder.[25] Der damalige deutsche Außenminister Hans-Dietrich Genscher setzte - gegen alle Warnungen, z. B. der britischen, französischen und der US-Regierung, des niederländischen Außenministers van den Broek, des italienischen Außenministers De Michelis, des UNO-Generalsekretärs Perez de Cuellar, sowie von Experten vor Ort[26] - innerhalb der EG, die zunächst ein Zusammenbleiben der jugoslawischen Republiken befürwortet hatte, die Anerkennung Sloweniens und Kroatiens durch und heizte damit den Konflikt erheblich an. Am 29.08.1991 nahmen serbische Freischärler das Ölfeld Beničanci ein, das mehr als ein Drittel der jugoslawischen Ölförderung ausmachte, verloren es aber später wieder. Seit September 1991 ist etwa ein Drittel der Fläche Kroatiens unter serbischer Kontrolle. Durch die Kämpfe wurden zahlreiche Städte zerstört; so z. B. Vukovar im November 1991.[27]

Durch gezielte Entlassungen von Redakteuren wurden die kroatischen Medien auf Tudmans nationalistischen Kurs gebracht; nach der "danas" fiel die letzte noch unabhängige Zeitung "Slobodna Dalmacija",

---

[24] Hitchens 1994.

[25] vgl. Der Spiegel 34/1991; 141, 41/1991; 194, 46/1991; 197.

[26] Milovan Đilas kritisierte: "Die Anerkennung der Unabhängigkeit von Slowenien und Kroatien durch Deutschland, Österreich oder andere Staaten wird direkt zu einem Bürgerkrieg in Jugoslawien führen." Der Spiegel 30/1991; 120. Die deutsche Botschaft in Beograd warnte in vertraulichen Depeschen vor einer "Pleite". vgl. Der Spiegel 50/1991; 25, Newhouse 1992; 1196.

[27] Aufgrund der Veröffentlichung eines abgehörten Telephongesprächs zwischen Franjo Tudman und dem früheren Kommandanten von Vukovar Mile Dedaković ("Jastreb"), das die kroatische Zeitung "Slobodni Tjednik" Anfang 1992 veröffentlichte, ist klar, daß Tudman an der Verteidigung Vukovars kein Interesse hatte. vgl. Schwartz 1992; 118. Während ihm die rechte Opposition vorwirft, unentschlossen zu sein, sieht die linke Opposition darin ein Bauernopfer, mit dem Tudman Kroatien in eine Opferrolle und damit einer internationalen Anerkennung näher brachte, und sich gleichzeitig einer Hochburg der Reformisten entledigte.

die unter der kommunistischen Herrschaft oft kritisch berichtet hatte, im März 1993 unter die Kontrolle der Regierung. Auch der Fernsehsender HTV wird von der Regierung kontrolliert und unterliegt dirketer Zensur. Seit Juni 1993 erscheint die oppositionell-satirische "Feral Tribune", bei der einige ehemalige "Slobodna Dalmacija"-Redakteure mitarbeiten. Durch die Belegung der "Feral Tribune" mit einer Sondersteuer versucht die Regierung, die Zeitung zur Aufgabe zu zwingen.[28]

Die wirtschaftliche Lage ist sehr schlecht, da die bisherige Haupteinnahmequelle, der Tourismus, weitgehend ausfällt. Die Demokratie- und Menschenrechtssituation in Kroatien ist nach wie vor schwierig. Viele Menschen werden willkürlich von der Militärpolizei aus ihren Wohnungen vertrieben. Nach Angaben der Helsinki Föderation wurden in Kroatien mehr als 5000 Menschen aus ihren Wohnungen vertrieben oder mißhandelt.[29] In dem Lagebericht des Auswärtigen Amtes (Stand 01.12.1993) heißt es: "In Dalmatien und Slawonien finden weiterhin Anschläge auf Eigentum von Serben statt, die von militanten Kroaten verübt werden. Die Ordnungskräfte sind nicht immer in der Lage und Willens, diesen Ausschreitungen Einhalt zu gebieten und betreiben die Strafverfolgung nicht immer mit dem erforderlichen Nachdruck. Eine mittelbare Verfolgung von Serben in Kroatien wird zwar nicht geduldet, wird aber auch nicht mit allen zur Verfügung stehenden Mitteln verhindert."[30] Die Tudman-Regierung versucht, in Istrien eine kroatische Bevölkerungsmehrheit zu schaffen, indem sie dort Kroaten aus Rumänien ansiedelt.[31] Nach der Unabhängigkeit wurde in Kroatien die "domovnica" (Heimatschein) eingeführt, die bekommt, wer nachweisen kann, daß er kroatischer Abstammung ist (auch wenn er im Ausland lebt) oder seit Jahrzehnten in Kroatien lebt. Ohne domovnica gibt es keine Sozialhilfe, keinen Job, keine Krankenversicherung usw. Inzwischen scheint die Ausstellung der domovnica etwas kulanter gehandhabt zu werden, aber es gibt noch immer zehntausende (vor allem Serben), die keine domovnica haben.

Franjo Tudman (*1922), der im Zweiten Weltkrieg als Partisan gekämpft hatte,[32] machte eine Militärkarriere, die er 1961 als Generalmajor abschloß. Er studierte Geschichte und wurde später Direktor des Instituts für die Geschichte der Arbeiterbewegung in Kroatien. 1967 war er Mitunterzeichner der von kroatischen Nationalisten verfaßten "Deklaration über die kroatische Sprache"; daraufhin wurde er aus dem BdKJ

---

[28] vgl. Vreme; 14.06.1993; 48, Frankfurter Rundschau; 01.08.1994.

[29] vgl. Munzinger-IHZZ; 23.03.1994,

[30] VLBaWü-D; 11/2939 (18.11.1993); (Kleine Anfrage Monika Schnaitmann, GRÜNE).

[31] vgl. Huebbenet 1990b.

[32] damals wurde er von seinen Mitstreitern wegen Greueltaten an Gefangenen bestraft. vgl. Oschlies 1992a; 33.

ausgeschlossen. Nach zwei Haftstrafen von insgesamt fünf Jahren war ihm die politische Betätigung verboten. Dennoch gründete er, nachdem er 1987 in Toronto mit kroatischen Emigranten zusammengetroffen war, 1989 die HDZ, die starke Unterstützung von der katholischen Kirche sowie von Auslandskroaten erhält.[33] Sein autoritärer Führungsstil trug ihm auch Kritik aus den eigenen Reihen ein. Seit 1990 ist er Republikpräsident. Während ihm insbesondere von deutschen Medien große Sympathien entgegengebracht werden,[34] wiesen nur wenige Kommentatoren auf den ideologischen Hintergrund Tudmans hin.[35] In seinem 1988 erschienenen Buch "Bespuće povijesne zbiljnosti" und in der kroatischen Zeitung "Start" vertrat er die These, im Konzentrationslager Jasenovac seien nicht hunderttausende sondern "nur" 30 000 Menschen umgebracht worden.[36] Er umgibt sich mit Beratern, die ein Großkroatien bis an die Drina fordern und denkt laut über eine "Konföderation" mit Bosnien-Hercegovina nach - ein Kroatien in den Grenzen von 1941. Noch weiter rechts steht die "Kroatische Partei des Rechts" HSP, die sich in der Tradition der Frankianer[37] sieht, und die mit ca. 8% der Wählerstimmen ins Parlament gewählt wurde. Ihr Vorsitzender war Dobroslav Paraga, der schon 1981 als 19jähriger Theologiestudent wegen nationalistischer Aktivitäten im Gefängnis saß, und 1991 auch Anführer der HOS-Truppen war. Im September 1993 nutzte sein Parteifreund Ante Đapić einen USA-Aufenthalt Paragas, um diesen abzusetzen und selbst Vorsitzender zu werden. Đapić versucht, andere rechtsextreme Splittergruppen (HDSP,

---

[33] vgl. ADG 1990; 34495 A, Đurić/Bengsch 1992; 142.

[34] so z. B. von Carl Gustav Ströhm (Welt) und Johann Georg Reißmüller (FAZ). vgl. Ströhm 1990, Reißmüller 1990. Ströhm schreibt gelegentlich auch für die Zeitschrift der Gesellschaft für Wehr- und Sicherheitspolitik "Europäische Sicherheit" und die rechtsextreme "Junge Freiheit" (z. B. Nr. 10/1994, 18/1994) und kommentiert für den Bayrischen Rundfunk. Im Frühjahr 1991 wurde er mit dem Kulturpreis der "Österreichisch-Kroatischen Gesellschaft" ausgezeichnet. vgl. Nation und Europa; 5/1991; 50.

[35] so Buchalla 1990b: "Von seiner Wahlkampf-Parole, wem es in Kroatien nicht passe, könne die Republik verlassen, fühlt sich die serbische Minderheit in Kroatien zutiefst betroffen; sein Anspruch auf die »historischen Grenzen« Kroatiens schließt weite Teile Bosniens und der Herzegowina ein, wo Kroaten fast ein Drittel der Bevölkerung ausmachen. Und sein Ausspruch »Gott sei Dank ist meine Frau weder Serbin noch Jüdin« hat ihm zusätzlich den Ruf eingebracht, ein Faschist und Antisemit zu sein."

[36] vgl. Gelhard 1992; 76. Schon drei Jahre zuvor hatte er geschrieben: "Die Behauptungen, daß 700 000 Menschen in Jasenovac ermordet wurden, sind willkürlich, denn in allen KZ's und Gefängnissen auf dem Gebiet Kroatiens wurden geschichtlich nachweisbar etwa 60.000 Menschen ermordet." (Tudman 1986; 133.) "Bespuće zbiljnosti povijesne" ist 1993 in Zagreb in deutscher Sprache erschienen ("Irrwege der Geschichtswirklichkeit"). Neben den falschen Zahlen, die sogleich mit den Opfern der Četnici und der Alliierten aufrechnet, sticht seine Beschreibung des KZ Jasenovac ins Auge, das er wie eine Feriensiedlung darstellt. vgl. Pfeifer 1994.

[37] Die Frankovci waren die Anhänger der von Josip Frank 1895 gegründeten "Reinen Rechtspartei".

HNDL und HCSP) in die HSP zu integrieren. Mirjana Pavelić, die jüngste Tochter des faschistischen Diktators, ließ im März 1992 die von ihrem Vater im argentinischen Exil gegründete HOP (Kroatische Befreiungsbewegung) in Zagreb registrieren.[38]
Die Parlamentswahlen vom 02.08.1992 brachten folgendes Ergebnis: HDZ 43.7%, 85 Sitze; HSLS (Sozialliberale) 17.3%, 14 Sitze; HSP 6.9%, 5 Sitze; HNS (Volkspartei) 6.6%, 6 Sitze; SDP (Sozialdemokratische Partei) 5.4%, 11 Sitze. Der Rest verteilt sich auf mehrere kleine Parteien, die Gesamtzahl der Sitze beträgt 138. Bei den Präsidentschaftswahlen am gleichen Tag erhielt Franjo Tuđman 56.7%, Dražen Budiša[39] (HSLS) 21.9%, Savka Dabčević-Kučar (HNS) 6.0%, Dobroslav Paraga 5.4%. Die sich SDP nennende Partei unter Vorsitz von Ivica Račan ist die Nachfolgepartei des kroatischen BdK und eher national orientiert. Es gibt in Kroatien auch zwei wirklich sozialdemokratische Parteien, die SdU (Sozialdemokratische Union) unter Vorsitz des Wirtschaftswissenschaftlers Branko Horvat, die bei den Parlamentswahlen nur 2.5% erhielt und damit nicht im Parlament vertreten ist, sowie die SSH (Sozialistische Partei Kroatiens), deren Vorsitzender, der Rechtsanwalt Silvije Degen, bei den Präsidentschaftswahlen 4.1% erhielt. In einigen Stadtparlamenten ist die SdU bereis vertreten.[40]

Die HDZ bestand aus einem gemäßigtem Parteiflügel (ex-Premier Manolić, Parlamentspräsident Mesić, ex-Innenminister Boljkovac und Militärberater Tuš) und einem rechtsextremen Flügel (Vizeministerpräsident Šeks, Verteidigungsminister Gojko Šušak, Branimir Glavaš und Vice Vukojević). Tuđman war zwar keinem der beiden Flügel zuzurechnen, verbündete sich aber aus taktischen Gründen oft mit dem rechtsextremen Flügel. Im Mai 1994 spaltete sich ein Teil des gemäßigten Flügels um Manolić und Mesić von der HDZ ab und gründete eine eigene Partei, die sich "Kroatische Unabhängige Demokraten" (HND) nennt.[41]

Der im Februar 1992 geschlossene Waffenstillstand hatte einigermaßen Bestand, 13 000 UNO-Blauhelme sind in den vier UNPAs (United Nations Protected Areas) in Kroatien stationiert worden. Der selbsternannte Chef der Krajina-Serben Milan Babić hatte sich lange dem Waffenstillstand widersetzt. Milan Martić,[42] Innenminister in Babićs Kabinett in Knin, wurde am 16.02.1992 Chef einer Gegenregierung, deren "Parlament" in Glina tagte. Milošević, der im Januar Babić zum Rücktritt aufge-

---

[38] vgl. Ramet 1982; 300, Yugoslavia 1982, Zakosek 1994; 9f, Boyes 1992b.

[39] Budiša war als Student einer der führenden Köpfe des "maspok" (nationalistische Welle um 1970, vgl. Kapitel 3.3.). vgl. Cuvalo 1990; 148.

[40] vgl. Grdešić 1993; 300, Mappes-Niediek 1994a, ADG 1992; 37034.

[41] vgl. Meier 1993c, Zakosek 1994, Gersuny 1993, Rathfelder 1994a.

[42] Martić ist ein ehemaliger Polizist, der nach dem Amtsantritt Tuđmans entlassen wurde. Er führte dann die paramilitärischen Einheiten der Krajina an. vgl. Trevisan 1991.

fordert hatte, unterstützte Martić, der sich für einen Waffenstillstand aussprach, worauf Babić seinen Widerstand aufgab. Am 22.01.1993 brach die kroatische Seite den Waffenstillstand und drang in die mehrheitlich von Serben bewohnte Krajina ein. Serben plünderten die Lagerhallen, in denen die von ihnen nach Abschluß des Waffenstillstands an die UNO übergebenen Waffen lagerten. UNO-Generalsekretär Boutros Ghali sprach von einem schweren Rückschlag für die Friedensbemühungen und drohte einen Abzug der Blauhelme an. Zu weiteren Kämpfen kam es im Juli und September 1993, Februar und März 1994.[43] Bei den Präsidentschaftswahlen in der "Serbischen Republik Krajina" konnte sich Martić erst in der Stichwahl am 23.01.1994 knapp gegen Babić behaupten. Eine dauerhafte Lösung ist nach wie vor nicht in Sicht, auch wenn Tudman im März 1994 erstmals Verhandlungsbereitschaft zeigte und eine regionale Autonomie für Knin und Glina anbot.[44] Kroatien und die BRJ unterhalten seit dem 15.02.1994 Verbindungsbüros in dem jeweils anderen Land.

2.5. Serbien.

90% der 5.3 Millionen Einwohner Serbiens (d. h. der Republik Serbien ohne die autonomen Provinzen Kosovo und Vojvodina) sind Serben, 2% sind Moslems.

Im Juli 1990 wurde das Mehrparteiensystem eingeführt. Durch Zusammenschluß des BdK Serbiens und der Massenorganisation "Sozialistische Allianz" entstand die "Sozialistische Partei Serbiens" (SPS).

Mehrheitsbeschaffer für Miloševićs "Sozialisten" war lange die rechtsextreme "Serbische Radikale Partei", deren Vorsitzender Vojislav Šešelj die in Bosnien-Hercegovina operierenden Četnici kommandiert.

Die serbische Opposition ist zersplittert und stellt keine ernsthafte Gefahr für Milošević dar. Dies ist allein deshalb nicht verwunderlich, weil Milošević fast alle Medien im Land kontrolliert und die wenigen unabhängigen Medien wie die Zeitungen "Borba" (täglich)[45], "Vreme" und "Nezavisni" (wöchentlich) sowie der Fernsehsender "Studio B" und

---

[43] Im Juli 1993 wurden Karlovac, Zadar und Ogulin und die Umgebung von Rijeka beschossen, außerdem die Umgebung von Osijek. vgl. Rhodes 1993. Im September 1993 kam es zu Kämpfen bei Karlovac; unter den Todesopfern waren drei Bewohner des Flüchtlingslagers "Gaza", das sechs Tage lang von der in 1 km Entfernung liegenden Front aus beschossen wurde. Eine Rakete schlug in einem südlichen Vorort Zagrebs ein. vgl. Schwelien 1994, die tageszeitung; 13.09.1993; 1. Im Februar 1994 gab es Gefechte um die Maslenica-Brücke bei Zadar. vgl. Frankfurter Allgemeine; 24.02.1994; 2. Im März 1994 wurde Gospić von aufständischen Serben angegriffen. vgl. Süddeutsche Zeitung; 07.03.1994; 1.

[44] vgl. General-Anzeiger; 22.03.1994.

[45] Die Borba ("Kampf") wurde 1922 als Zentralorgan der KPJ gegründet und ist seit der Auflösung des BdKJ unabhängig. Geschäftsführer ist Dušan Mijić, ein Geschäftsmann aus Novi Sad.

der Radiosender "B92" (die nur in der unmittelbaren Nähe Beograds empfangen werden können) unter den schwierigen Bedingungen nur einen kleinen Teil der Bevölkerung erreichen. Die durch die UNO-Sanktionen hervorgerufene Papierknappheit trifft die kritischen Zeitungen zuerst. Unabhängige Informationen sind fast nur der Beograder Bevölkerung und Intellektuellen, die englischsprachige Sender abhören oder Auslandskontakte haben, zugänglich. Studenten und Professoren der Universität von Beograd streikten im Sommer 1992, 100 000 Menschen demonstrierten gegen den Krieg in Bosnien-Hercegovina. Selbst die serbisch-orthodoxe Kirche distanzierte sich in ihrem Memorandum vom 31.05.1992 von Miloševićs Regime. Zentrum der nichtnationalistischen Opposition und der Friedensbewegung in Serbien ist das seit Juli 1991 bestehende "Zentrum für Antikriegs-Aktion" in Beograd, das mit den "Frauen in Schwarz", dem "Beograder Kreis unabhängiger Intellektueller" und der aus der Reformpartei hervorgegangenen "Bürgerallianz Serbiens" (GSS), deren Vorsitzende die Soziologieprofessorin Vesna Pešić ist, in engem Kontakt steht. Daneben gibt es weitere kleine Oppositionsparteien, wie z. B. Veselinovs "Bauernpartei", die sich im Juni 1993 stark für die Freilassung Draškovićs engagiert hat. Noch Anfang 1992 kam es in der Armee zu Massendesertionen.

Slobodan Milošević (*1941), montenegrinischer Jurist, wurde auf Betreiben seines Studienfreundes Ivan Stambolić, der zu diesem Zeitpunkt Direktor des Gaswerkes "Tehnogas" war, dessen Stellvertreter, und späterer Nachfolger. 1978 folgte er Stambolić zur Bank "Beobanka". Er wurde 1984 Parteisekretär von Beograd, 1987 von Serbien. 1989 wurde er Republikpräsident. Im Gegensatz zu den meisten anderen serbischen Politikern ist Milošević "ein leidenschaftsloser Mann ohne echte nationalistische Antriebe",[46] der auf den nationalistischen Zug aufgesprungen ist, um zu Macht zu kommen, und der sich auch jede andere Ideologie aneignen könnte, um seine Macht zu erhalten. Einer seiner Stellvertreter, Antonije Isaković, erläuterte im serbischen Parlament die rassische Überlegenheit der Serben anhand ihrer von Albanern und Kroaten abweichenden Schädelform. Vojislav Šešelj (*1954) wurde nach seinem Studium (u. a. in Mannheim und Greifswald) 1982 Dozent für Politikwissenschaft an der Universität Sarajevo. Seit Anfang der 70er Jahre war Šešelj Mitglied des BdKJ, etwa 10 Jahre später wurde er ausgeschlossen. 1984 wurde er wegen nationalchauvinistischer Aktivitäten zu einer Freiheits-

---

[46] Glenny 1993; 60. Zur Biographie Miloševićs vgl. Đuric/Bengsch 1992; 78-93. Tuđman ist zwar tatsächlich nationalistisch, seine antisemitischen Ausfälle, so vermutet der Zagreber Politikwissenschaftler Žarko Puhovski, waren jedoch höchstwahrscheinlich inszeniert; Tuđman ist auf die Unterstützung durch verschiedene antisemitisch eingestellte Gruppen angewiesen. vgl. ARKzin; 11 (März 1994). Absurderweise ist Izetbegović wohl der nationalistischste der drei Republikpräsidenten, der jedoch, ebenfalls aus Gründen des Machterhalts, mit dem "Multiethnischen" eine ihm persönlich fremde Ideologie nach außen vertreten muß.

strafe verurteilt, nach deren Verbüßung er in den USA Kontakt zu Četnik-Veteranen aufnahm. Mit dem Schriftsteller Vuk Drašković (*1946) gründete er die "Serbische Erneuerungsbewegung" (SPO), aus der er wegen finanzieller Streitigkeiten bald austrat. Er stellt sich als Grenze Serbiens eine Linie Vitrovica-Karlovac-Ogulin-Karlobag vor. Mit seinen berüchtigten Četnik-Einheiten nahm er am Krieg in Kroatien und später in Bosnien-Hercegovina teil.[47] Drašković ist inzwischen deutlich gemäßigter; er wird von der Milošević-Regierung als gefährlichster Oppositioneller angesehen. Bei den ersten freien Wahlen setzte sich Milošević mit 65.3% gegen Drašković (16.4%), Ivan Đurić (Bund der Reformkräfte/Gesamtjugoslawische Partei; 8.1%) und weitere 29 Bewerber durch. Đurić konnte vor allem in der Vojvodina ansehnliche Stimmanteile verbuchen.

Aus den Präsidentschaftswahlen am 20.12.1992 ging Milošević mit 56.3% als Sieger hervor. Dem Gegenkandidaten Panić, der 34.0% erreichte, dürfte die Einmischung anderer Regierungen, insbesondere der USA ("wenn Milošević gewinnt, wird Serbien total isoliert"), eher geschadet haben: Damit hatte Milošević die Möglichkeit, Panić und dessen Anhänger zu Verrätern zu stempeln. Die gleichzeitig erfolgten Parlamentswahlen brachten starke Zuwächse für Šešeljs rechtsextreme Partei.[48]

Am 27.06.1992 kehrte der serbische Thronprätendent Aleksandar Karađorđević nach Jugoslawien zurück und forderte die Wiedereinführung der konstitutionellen Monarchie.

Ein Konfliktgebiet in Serbien stellt der Sandžak an der Grenze zu Montenegro dar, wo die Bevölkerungsmehrheit aus Moslems besteht. Nach Angaben der Beograder "Stiftung für Humanitäres Recht" wurden dort mindestens 400 Moslems von der serbischen Polizei gefoltert.[49]

Am 26.04.1992 wurde die "Bundesrepublik Jugoslawien" ausgerufen. Ihr gehören nur noch Serbien mit den ehemals autonomen Provinzen Kosovo und Vojvodina sowie Montenegro an. Am 30.05.1992 beschloß der UNO-Sicherheitsrat die Resolution 757, ein Handels-, Öl- und Luftfahrtembargo gegen Restjugoslawien.

Staatspräsident der "BRJ" war seit Juni 1992 der Dichter Dobrica Ćosić, der nach seinem Eintreten für Ranković und wegen seiner gegen einen "albanischen Nationalismus" im Kosovo gerichteten Äußerungen im Mai 1968 aus der Partei ausgeschlossen worden war. Er war einer der

---

[47] Đurić/Bengsch 1992; 133, 166, 180. Zu Draškovićs Haltung im Juli 1991 Drašković 1991. Gemäßigter zeigt er sich in Drašković 1992.

[48] Von den 250 Sitzen hatte Miloševićs SPS 101, Šešeljs SRS 75 und das Bündnis DEPOS (aus Draškovićs SPO und Mićunovićs DS) 50. Der als "Arkan" bekannte Kriegsverbrecher Ražnatović führte eine mit 5 Sitzen vertretene Partei an. vgl. Thumann 1993, AR 1992; 128.

[49] vgl. Süddeutsche Zeitung; 24.03.1994.

Autoren des 1986 verfaßten Memorandums der serbischen Akademie der Wissenschaften, das eine Grundlage des neuen Nationalismus darstellt. Danach radikalisierte sich sein Nationalismus weiter, so daß er früh ein Anhänger Miloševićs wurde. Milan Panić (*1929), setzte sich als Mitglied einer Radrennmannschaft 1956 in den Niederlanden ab und wanderte in die USA aus, wo er Biochemiker wurde und einen Pharmakonzern leitete. Seit 1991 besitzt er auch den größten serbischen Pharmakonzern "Galenika". Er wurde auf Vorschlag Ćosićs am 14.07.1992 zum Ministerpräsidenten Restjugoslawiens gewählt. Nach der verlorenen Präsidentschaftswahl in Serbien wurde Panić am 29.12.1992 durch ein Mißtrauensvotum gestürzt.

Seitdem wird das Amt des Ministerpräsidenten von Radoje Kontić bekleidet. Die Bundesregierung hat faktisch keine Kompetenzen. Symptomatisch für das Kräfteverhältnis zwischen Serbien und BRJ ist der Vorgang vom 18.10.1992, als Polizeikräfte des serbischen Innenministeriums das Bundesinnenministerium besetzten und dort Akten beschlagnahmten. Kontić beklagte sich vorsichtig über die Schwierigkeit, in einem solchen "Kompetenzwirrwar" zu regieren.[50]

Nach der Entmachtung Ćosićs im Mai 1993 kam es in Beograd zu Straßenschlachten zwischen Demonstranten und der Polizei, zahlreiche Menschen wurden verletzt. Vuk Drašković, der die Demonstration angeführt hatte, wurde am 02.06.1993 verhaftet und in Polizeigewahrsam mißhandelt; nach 5 Wochen Haft wurde er freigelassen. Zum Nachfolger Ćosićs wurde Zoran Lilić bestimmt.

China ist der einzige größere Staat, der die "Bundesrepublik Jugoslawien" bisher anerkannt hat. Die BRJ hat am 13.08.1992 Slowenien anerkannt.

Seit der am 24.01.1994 unter der Regie des Notenbankchefs Avramović durchgeführten Währungsreform, bei der der neue "Superdinar" im Verhältnis 1:1 an die DM gekoppelt wurde, hat sich die wirtschaftliche Situation etwas entspannt. Die Inflation ist gestoppt, die Produktion steigt wieder, auch die Reallöhne sind etwas angestiegen.[51] Im April 1994 wurden mehrere ausländische Journalisten ausgewiesen, denen die Regierung feindliche Berichterstattung vorwirft.

2.6. Montenegro.

Die 0.5 Millionen Einwohner sind zu 62% Montenegriner (zumeist orthodoxe Christen), 15% Moslems, 9% Serben, 7% Albaner und 1% Kroaten. Bei den ersten Wahlen seit Einführung des Mehrparteiensystems

---

[50] vgl. Reuter 1993b; 265.

[51] vgl. Mappes-Niediek 1994b.

erreichte der Bund der Kommunisten rund 75% der Stimmen; Präsident der Republik ist der 1956 geborene Wirtschaftswissenschaftler Momir Bulatović. Im Gegensatz zum serbischen stimmte das montenegrinische Parlament im Oktober 1991 den EG-Vorschlägen für die Zukunft Jugoslawiens zu. Zudem rief die politische Führung Montenegros ihre Soldaten in der Jugoslawischen Volksarmee zur Fahnenflucht auf.[52]

Auch aus den Parlamentswahlen im Dezember 1992 gingen die Kommunisten, die sich inzwischen "Demokratische Sozialistische Partei" nennen, als Wahlsieger hervor. Bei den gleichzeitig stattfindenden Präsidentschaftswahlen setzte sich Bulatović deutlich gegen den von Milošević unterstützten Branko Kostić (ebenfalls DPS) durch. Montenegro ist außer Serbien die einzige Republik, die noch der "Bundesrepublik Jugoslawien" angehört. Bei einem Referendum am 01.03.1992, das von einigen Minderheiten boykottiert worden war, hatten sich 96% für die Bildung eines gemeinsamen Staates mit Serbien ausgesprochen.

Inzwischen mehren sich in Montenegro die Stimmen, die einen Austritt aus der "Bundesrepublik Jugoslawien" fordern. Die Liberale Partei, die diese Forderung auf ihre Fahnen schreibt, liegt in den Meinungsumfragen vorn. Ihr Vorsitzender Slavko Perović: "Wir wollen eine Bürgerrepublik, in der alle Nationalitäten, auch unsere Minderheiten, wie die Albaner und die Moslems des Sandžak, ihren Platz haben - nicht einen Nationalstaat alter Prägung." In Montenegro erscheint die unabhängige Zeitschrift "Monitor"; daneben kann italienisches Fernsehen empfangen werden.[53] Am 31.10.1993 hat sich die orthodoxe Kirche Montenegros von der serbisch-orthodoxen Kirche abgespalten.

2.7. Bosnien-Hercegovina.

Derzeit liegt der Hauptschwerpunkt der Kämpfe in Bosnien-Hercegovina. Diese Teilrepublik wird von drei großen Bevölkerungsgruppen bewohnt: Vor dem Krieg verteilten sich 4.4 Millionen Menschen auf 44% Moslems, 31% Serben und 17% Kroaten.[54] Am 23.02.1991 trafen sich die Präsidenten Serbiens und Kroatiens, Milošević und Tudman, in Sarajevo, und verständigten sich über die Aufteilung Bosnien-Hercegovinas: den Nordwesten zu Kroatien, den Südosten zu Serbien, dazwischen eine

---

[52] vgl. Die Welt; 26.10.1991; 1.

[53] vgl. Rathfelder 1993c, Die Zeit; 14.05.1993.

[54] vgl. Die Ethnostruktur d. Länder 1993. Ein großer Teil dieser Menschen - nicht nur in Bosnien-Hercegovina - hat Eltern aus zwei verschiedenen "Völkern" (sogenannte "Mischehen"). Kinder aus Mischehen nehmen meist die Nationalität des Vaters an, seltener die der Mutter oder "jugoslawisch". vgl. Gačanović 1991.

moslemische Pufferzone.[55]

Im Dezember 1991 bat Izetbegović vergeblich um die Entsendung von Peace-Keeping-Truppen der UNO nach Bosnien-Hercegovina.[56] Am 29.02.1992 fand ein Referendum statt, in dem sich eine große Mehrheit für die Souveränität Bosnien-Hercegovinas aussprach. Die Wahlbeteiligung lag jedoch nur bei 63%, da die Serben das Referendum boykottiert hatten. Die Durchführung des Referendums, zu der die EG Izetbegović gedrängt hatte, bedeutete für viele Serben eine Provokation. In seiner bekannten Naivität glaubte Izetbegović jedoch nicht an die Möglichkeit eines Krieges. In einem Interview am 04.03.1992 erklärte er, ein Bürgerkrieg wie in Kroatien sei durch das bestehende "Gleichgewicht des Schreckens" unwahrscheinlich.[57] Am 02.03.1992 begannen die Unruhen in Sarajevo, die im Laufe des Monats schnell an Heftigkeit zunahmen. Von serbischen Nationalisten wurde am 27.03.1992 die "Serbische Republik Bosnien-Hercegovina" ausgerufen, die ca. 2/3 des Landes beansprucht: Die Gebiete, die mehrheitlich von Serben bewohnt werden, und die, die mehrheitlich von Serben bewohnt würden, wenn diese nicht durch den Genozid des Ustaša-Staates dezimiert worden wären. Am 04.04.1992 mobilisierte der Präsident Bosnien-Hercegovinas Izetbegović die Territorialverteidigung. Nachdem die EG und die USA am 07.04.1992 Bosnien-Hercegovina als Staat anerkannt hatten, erklärte Izetbegović den "Zustand der unmittelbar bevorstehenden Kriegsgefahr". Der EG-Vermittler Cutilheiro schlug eine Aufteilung in nach Bevölkerungsgruppen getrennte Kantone innerhalb einer Föderation vor, die Izetbegović jedoch ablehnte. Im April dehnten sich die Kämpfe auf die gesamte Republik aus. Lord Carrington, der am 23.04.1992 nach Sarajevo reiste, warf sowohl den Serben als auch den Moslems vor, sich ziemlich provokativ zu verhalten. Die Jugoslawische Volksarmee, die anfangs auf serbischer Seite in den Krieg eingegriffen hatte, zog sich zurück, überließ jedoch den Serben einen beträchtlichen Teil ihrer Waffen. Unter Führung von Mate Boban wurde am 04.07.1992 ein kroatischer "Staat" Herceg-Bosna im Südwesten der Republik ausgerufen.

Inzwischen ist ein großer Teil der Republik zerstört: Industrieanlagen und Krankenhäuser wurden zerbombt, viele Menschen wurden obdachlos. Man schätzt, daß 1-2 Millionen Menschen auf der Flucht sind,

---

[55] Eine weitere geheime Vereinbarung zwischen Milošević und Tuđman deckte die Borba auf: am 25.03.1991 einigten sich die beiden Präsidenten darauf, daß Tuđman den Anspruch Serbiens auf die Vojvodina und Kosovo anerkennt und Miloševićs Bemühungen unterstützt, den Bundespremier Marković aus seinem Amt zu vertreiben. Im Gegenzug läßt Milošević Tuđman freie Hand im Umgang mit den in Kroatien lebenden Serben. vgl. FOF 1991; 244 G3.

[56] vgl. FOF; 1991; 998 G1.

[57] vgl. ADG 1992; 36543. Nach Schätzungen des bosnischen Innenministeriums besaßen kurz vor Kriegsausbruch fast die Hälfte aller Einwohner ein Gewehr. vgl. Boyes 1992a.

etwa die Hälfte von ihnen innerhalb der Republik. Die Nachbarrepubliken Serbien und Kroatien schicken "wehrfähige" Flüchtlinge zurück. In allen drei Einflußzonen - der "Serbischen Republik", der von der Regierung Izetbegović und der von kroatischen paramilitärischen Verbänden kontrollierten - sind Folterungen und Vergewaltigungen an der Tagesordnung. Derzeit werden etwa 70% der Fläche der Republik von Serben, 20% von Kroaten und 10% von Moslems kontrolliert. Auf jeder der drei Seiten kämpfen zahlreiche Milizen, von denen nur ein Teil von den an den Friedensverhandlungen beteiligten Vertretern Karadžić (Serben) und Boban (Kroaten) kontrolliert wird. Auf der Seite der bosnischen Regierung kämpft die aus der Territorialverteidigung (TO), der Polizei, den "Grünen Baretten" und der "Patriotischen Liga" hervorgegangene Armee Bosnien-Hercegovinas, deren Stärke auf ca. 80 000 Mann geschätzt wird.[58] Sie besteht zwar mehrheitlich aus Moslems, aber zahlreiche Serben und Kroaten, die früher bei der TO oder Polizei waren, sind in ihr vertreten. Oberkommandeur ist Razim Delić, seine Stellvertreter sind der Serbe Jovan Divjak und der Kroate Stjepan Šiber. Inzwischen werden jedoch Katholiken und Orthodoxe aus den höheren Rängen der Armee verdrängt, wo sie verzichtbar sind.[59]

Etwa 70 000 Soldaten hat der Kroatische Verteidigungsrat HVO. Die am Anfang des Krieges in Bosnien-Hercegovina als militärischer Arm der Kroatischen Partei des Rechtes aktive HOS wurde aufgelöst bzw. in die HVO eingegliedert. Der Anführer der HOS in Bosnien-Hercegovina Blaž Kraljević wurde im August 1992 von der HVO ermordet.[60] Dies wurde zwar im Nachhinein als tragischer Irrtum hingestellt, ist aber wohl Ausdruck des komplizierten Verhältnisses zwischen Kroaten und Moslems: In Kroatien gibt es drei grundsätzlich verschiedene Positionen zum Krieg in Bosnien. Die linken bis liberalkonservativen Parteien sind der Ansicht, Kroatien solle sich aus dem Bürgerkrieg in der Nachbarrepublik heraushalten. Der größte Teil der HDZ, in der Politiker aus der Westhercegovina sehr einflußreich sind, befürwortet eine Vertreibung der Moslems aus der Gegend um Mostar und Livno, und eine irgendwie geartete Angliederung der "Republik Herceg-Bosna" an Kroatien. Die rechtsextremen Parteien sehen die Moslems als Kroaten an, die zwar die falsche Religion haben, aber nichtsdestotrotz ihre natürlichen Verbündeten im Kampf gegen die Serben und für eine komplette Annexion

---

[58] Die "Grünen Barette" waren eine Parteiarmee der SDA. Die "Patriotische Liga" war eine schon im Sommer 1991 von Alija Izetbegović gegründete Miliz, die zum großen Teil aus Moslems aus dem Sandžak (südwestl. Serbien an der Grenze zu Montenegro) bestand. vgl. Judah 1992a, Beham 1994. In der bosnischen Regierung spielen die Sandžak-Moslems als "Papci" (ungebildete, intolerante Landbevölkerung) und mit ihren mafiaartigen Strukturen eine ähnliche Rolle wie die Hercegovina-Kroaten in der Regierung Kroatiens.

[59] vgl. Rathfelder 1993, FOF 1992; 406 D1, Thumann 1994.

[60] vgl. Glenny 1993; 294-298.

Bosnien-Hercegovinas an Kroatien sind.

Die Armee der Serbischen Republik Bosnien-Hercegovina mit ihren etwa 100 000 serbischen und montenegrinischen Soldaten begeht Massaker an der moslemischen Zivilbevölkerung. Zwar kämpften zunächst Moslems und Kroaten gegen den gemeinsamen Feind, aber immer häufiger kam es zu Kämpfen zwischen den Verbündeten, oftmals wenn Waffen erbeutet oder gekauft worden waren, die es auf beide Seiten zu verteilen galt. Das mehrheitlich moslemisch bewohnte Prozor wurde am 24.10.1992 von Kroaten angegriffen, dabei starben 300 Menschen. Auch in Vitez, Novi Travnik und Kiseljak kämpften Moslems und Kroaten gegeneinander. Nachdem sich dies monatelang angekündigt hatte,[61] brach das kroatisch-moslemische Bündnis kurz nach Ostern 1993 endgültig auseinander.

Alija Izetbegović (*1925), ein Moslem, ist Jurist. Wegen "panislamischer Aktivitäten" war er zweimal in Haft, 1946 wegen seiner Zugehörigkeit zur moslemisch-nationalistischen Terrorgruppe "Junge Moslems", die im Zweiten Weltkrieg mit den deutschen Besatzern kollaboriert haben soll, und 1983 u. a. wegen der von ihm 1970 verfaßten "Islamischen Deklaration".[62] Am 28.05.1990 gründete er die Partei der demokratischen Aktion (SDA) und wurde nach den Wahlen im Dezember 1990[63] Republikpräsident. Von den 240 Sitzen im Parlament erhielten die moslemische SDA 86, die serbische SDS 70, die kroatische HDZ 45, die Kommuni-

---

[61] vgl. Der Spiegel; 43/1992; 200. Die Borba hatte schon im Juni 1992 von Kämpfen zwischen Kroaten und Moslems in Travnik berichtet. vgl. ADG 1992; 36932.

[62] vgl. Flottau 1983b. Es heißt dort u. a.: "Es gibt keinen Frieden und keine Koexistenz zwischen dem »Islamischen Glauben« und nicht-islamischen sozialen und politischen Institutionen. [...] Indem er das Recht beansprucht, seine eigene Welt zu führen, verweigert der Islam jeder fremden Ideologie klar das Recht und die Möglichkeit der Aktivität auf seinem Gebiet. Das Prinzip des Säkularismus wird folglich nicht anerkannt, da der Staat der Ausdruck und Hüter religiöser, moralischer Konzepte sein muß." (Izetbegović 1983; 68.) Weiter heißt es, die Existenz eines Parteienpluralismus sei mit dem islamischen Prinzip der Einheit unvereinbar; die Einführung der islamischen Ordnung könne als heiligstes Ziel nicht einer Mehrheitsentscheidung unterworfen sein. (Izetbegović 1983; 71f.) "Die Erziehung des Volkes, und besonders die einflußreichen Medien - Presse, Fernsehen und Film - müssen in den Händen von Menschen liegen, deren islamische Moral und intellektuelle Autorität unzweifelhaft ist. [...] Was kann man erwarten, wenn sich die Botschaften aus der Moschee und aus dem Fernsehen widersprechen?" (Izetbegović 1983; 73.) Die "Islamische Deklaration" war in den 70er Jahren ein Bestseller in Kuwait und wurde 1990 in serbokroatischer Sprache als Buch veröffentlicht. vgl. Beham 1990. In den siebziger Jahren gab es einen zunehmenden moslemischen Nationalismus. Fuad Muhić hatte 1979 in der kroatischen Zeitung "Start" gefordert, Bosnien-Hercegovina müsse zu einer moslemischen Republik erklärt werden. vgl. Ramet 1982; 296.

[63] vgl. Brey 1991; 713, Balić 1991; XIV, 373, Eine politische Wüste 1992, Schleicher 1990. Bereits vor der SDA hatten sich 6 Parteien in Bosnien-Hercegovina gegründet, die - zumindest in ihrem Namen - nicht eine einzelne Bevölkerungsgruppe repräsentierten, von denen jedoch heute keine mehr in der damaligen Form existiert. vgl. Reuter 1990c; 365. Im Parlament sind noch die Liberale Partei (LS) und das Demokratische Bürgerbündnis (GDS) vertreten. Zu den Folgen des Erfolgs der Nationalparteien vgl. Sokolović 1994, Promitzer 1994.

sten (inzwischen Sozialdemokratische Partei SDP) 14 und der Bund der Reformkräfte (inzwischen Sozialdemokratische Union SdU) 12 Sitze. Die Muslimisch-Bosnische Organisation (MBO, inzwischen Liberale Bosnische Organisation LBO) unter Vorsitz des in der Schweiz lebenden Kaufmanns Adil Zulfikarpašić, die sich als moslemisch versteht, aber Klerikalismus und Fundamentalismus ablehnt, erhielt nur 2 Sitze. Ministerpräsident wurde der Kroate Pelivan, Parlamentspräsident der Serbe Krajišnik, der später Präsident der "Serbischen Republik Bosnien-Hercegovina" wurde. Die Regierung brach schnell auseinander, ein großer Teil der Abgeordneten hat das Parlament verlassen.

Haris Silajdžić (*1945) studierte in Washington und Priština Geschichte, später lehrte er als Historiker in Priština. Er gehörte dem Obersten Glaubensrat der muslimischen Glaubensgemeinschaft von Sarajevo an. Von 1990 bis 1993 war er Außenminister, seit 1993 Ministerpräsident.[64]

Radovan Karadžić (*1945), stammt aus einem Dorf in Montenegro, die Eltern waren Bauern. 1960 kam er nach Sarajevo, wo er später Neuropsychiater wurde. Er wurde 1968 aus dem BdKJ ausgeschlossen. Karadžić ist Vorsitzender der "Serbischen Demokratischen Partei" in Bosnien-Hercegovina und selbsternannter Chef der bosnischen Serben. Er gilt als Hauptverantwortlicher für die Bombardierung Sarajevos und die dortigen "ethnischen Säuberungen". Mate Boban, ein ehemaliger Lehrer, war seit dessen Gründung im Juli 1992 Präsident der "Kroatischen Republik Herceg-Bosna", bis er im Januar 1994 abgesetzt wurde.[65] Izetbegović warnte schon im Sommer 1991 davor, die kroatische Aggression zu unterschätzen: "SPIEGEL: Wer ist für Sie der gefährlichere Streber nach Macht - Milošević oder Tuđman? IZETBEGOVIC: Chronologisch gesehen war erst Milosevic da, er wollte Großserbien erzwingen. Heute sind sich beide allerdings in vielem ähnlich. Der eine ist ausschließlich Serbe, der andere kompromißloser Kroate."[66] Dennoch schloß Izetbegović mit Tuđman am 21.07.1992 ein Militärbündnis. Damit legalisierte er den - bereits vorher stattfindenden - Einsatz kroatischer Truppen in Bosnien-Hercegovina.[67]

Eine Aufteilung Bosnien-Hercegovinas in zehn oder drei Teile (wie von der UNO bzw. den Serben vorgeschlagen, dürfte wohl kaum dazu

---

[64] vgl. Thumann 1994.

[65] vgl. Junge Welt 28.08.1993; Extra: Krieg auf dem Balkan IX.

[66] Der Spiegel 30/1991; 118. Schon im Frühjahr 1990 hatte Tuđman angekündigt, er wolle in Bosnien-Hercegovina nur so lange stillhalten, wie dies auch die Serben tun. vgl. Huebbenet 1990a.

[67] vgl. Der Spiegel 31/1992; 116. Die kroatische Regierung hat die Existenz regulärer kroatischer Armee in Bosnien-Hercegovina immer wieder bestritten. Es gibt aber zahlreiche Berichte über deren Einsatz, z. B. in der Washington Post. Ihre Zahl wird auf etwa 5000 geschätzt. Im Februar 1994 drohte der UNO-Sicherheitsrat Kroatien mit Sanktionen, falls es seine Armee nicht abzieht. vgl. FOF 1992; 478 A3, Rüb 1994, Munzinger-IHZZ; 03.02.1994.

führen, daß die Vermischung der Bevölkerungsgruppen, die "wie Flecken auf einem Leopardenfell"[68] verteilt sind, aufgehoben wird. Die oft verwendeten Begriffe "Völker" oder "ethnische Gruppen" sind irreführend. Serben, Kroaten und Moslems[69] sind ethnisch Südslawen, die die gleiche Sprache (serbokroatisch) sprechen und sich nur durch die Religionszugehörigkeit[70] unterscheiden; auch wenn kroatische Nationalisten heute wieder nachzuweisen versuchen, daß Serbisch und Kroatisch verschiedene Sprachen seien (wie die 1967 von Tudman mitunterzeichnete "Deklaration über die Benennung und Lage der kroatischen Schriftsprache"), und daß die Kroaten keine Slawen seien, sondern von "dinarischen Herrenmenschen" abstammen (wie der frühere kroatische Verteidigungsminister Šime Đodan[71] im Mai 1992 im Kroatischen Fernsehen).[72]

Am 02.01.1993 legten die von die Vorsitzenden der Genfer Bosnien-Friedenskonferenz Cyrus Vance und David Owen den Plan vor, der später als "Vance-Owen-Plan" bezeichnet wurde. Er sah eine Aufteilung Bosnien-Hercegovinas in 10 "Kantone" vor, davon je 3 moslemische, kroatische und serbische, und Sarajevo als gemeinsamen. Natürlich war der Vance-Owen Plan nicht gut, aber es gab keinen besseren und konnte wohl auch keinen besseren geben. Er teilte Bosnien-Hercegovina nach "ethnischen" Kriterien auf, statt an einem Einheitsstaat festzuhalten, was völlig unrealistisch gewesen wäre. Die Einteilung der Kantone war nicht gerecht, aber eine gerechte Aufteilung ist nicht möglich, wenn in jedem Dorf Serben, Moslems und Kroaten leben, nur zu unterschiedlichen Anteilen (vgl. Tabellen unten). Der "Vance-Owen-Plan" war nicht, wie oft behauptet wurde, als endgültige Lösung konzipiert, sondern nur als vorläufige, als Voraussetzung für einen Waffenstillstand und weitere Ver-

---

[68] Izetbegović 1991.

[69] mit "Moslems" sind die südslawischen Moslems gemeint, nicht aber die albanischen und türkischen Minderheiten, die ebenfalls der islamischen Religion angehören. Durch eine Verfassungsänderung im Jahre 1963 wurden die Moslems, die früher abwechselnd den Serben und den Kroaten zugerechnet worden waren, zu einem eigenen Volk erklärt. Es gibt daher auch "Moslems im ethnischen Sinne", die keiner Religion angehören.

[70] Serben: orthodox; Kroaten: katholisch; die Moslems sind Nachkommen der Bogomilen, einer im 10. Jahrhundert entstandenen christlichen Sekte.

[71] Đodan war Mitglied des BdKJ, bis er 1971 wegen seiner nationalistischen Einstellung ausgeschlossen wurde. Innerhalb der nationalsozialistischen Ideologie war die Herkunft der Kroaten umstritten. Während einige Autoren von einer iranischen Herkunft ausgingen (z. B. Schneefuß 1942; 9, Dresler 1942; 16.), dürfte die Ansicht Rendulićs, die Kroaten stammten von den Goten ab, auf einen Geistesblitz des Führers zurückzuführen sein, an den sich Glaise von Horstenau nicht ohne Heiterkeit erinnert (vgl. Rendulić 1952; 159, Glaise von Horstenau 1988; 403.) Derartige Mutmaßungen waren jedoch rein politisch motiviert, während ein Wissenschaftler in der "Zeitschrift für Rassenkunde" eingestehen mußte: "So sehen wir also, daß die Jugoslawen - es handelt sich hier nur um Slowenen, Kroaten und Serben - rassisch sehr einheitlich sind". (Škerlj 1938; 177.)

[72] vgl. Oschlies 1992a; 21.

handlungen. Dadurch, daß die 9 "monoethnisch" definierten Kantone so eingerichtet waren, daß keine der 3 Seiten ein zusammenhängendes Gebiet erhielt, sollte die Etablierung als Staat oder die Angliederung an einen Nachbarstaat vermieden werden. Während die Kroaten von dem "Vance-Owen-Plan" recht gut bedient wurden, waren die Vertreter von Serben und Moslems unzufrieden: Die Moslems sollten ein kleineres Gebiet erhalten als die Serben. Die Serben sollten ein Gebiet erhalten, in dem es wenige Fabriken und Elektrizitätswerke gibt, und einen erheblichen Teil der eroberten Gebiete abgeben. Zunächst stimmte Izetbegović dem Plan unter Vorbehalt zu. Als dann aber später auch Karadžić dem Plan unter Vorbehalt zustimmte, machte Izetbegović einen Rückzieher. Beide waren gegen den Plan, aber um ihr Image bemüht, und stimmten je abwechselnd "unter Vorbehalt" zu, in der Hoffnung, daß der andere ihn ablehnen werde. Da sich insbesondere die USA nicht dazu durchringen konnten, den "Vance-Owen-Plan" zu unterstützen und die Kriegsparteien zur Unterzeichnung zu drängen, ging die Hoffnung seiner Erfinder nicht in Erfüllung, daß das serbisch-moslemische Pingpong-Spiel einmal aufhören müsse, weil sich keine Kriegspartei leisten konnte, den Plan endgültig abzulehnen. So aber präsentierte Izetbegović im August 1993 einen eigenen Plan, in dem 43% für die Moslems vorgesehen waren, inklusive einem breiten Korridor zur Adria, und die Verhandlungen traten wieder auf der Stelle.[73]

Seit Februar 1994 sind die moslemische und die kroatische Kriegsseite in Bosnien-Hercegovina wieder Verbündete. Der Chef der "Kroatischen Republik Herceg-Bosna" und der bosnisch-hercegovinischen HDZ Mate Boban wurde durch Kresimir Zubak ersetzt. Vorausgegangen waren schwere militärische Niederlagen der HVO (Armee der hercegovinischen Kroaten). Während die in Zentralbosnien lebenden Kroaten und der dortige HDZ-Politiker Klujić sich einen gemeinsamen kroatisch-moslemischen Staat in Bosnien-Hercegovina wünschen, lehnen viele hercegovinische Kroaten die Übereinkunft ab. In Mostar geht die Vertreibung der Moslems unvermindert weiter, und auf dem Kongreß der bosnisch-hercegovinischen HDZ im Juli 1994 setzten sich hercegovinische Nationalisten durch, wie der in Sarajevo als Kriegsverbrecher bezeichnete Darijo Kordić, ein Verwandter Mate Bobans und HVO-Kommandant, der als Präsident der Parteispitze gewählt wurde.[74] Möglicherweise hat die Regierung Kroatiens aus Furcht vor Sanktionen auf Boban eingewirkt, sich vorübergehend zurückzuziehen, bis die internationale Aufmerksamkeit nachgelassen hat und die HVO erholt und gestärkt den Kampf gegen die Moslems wieder aufnehmen kann. Denn unabhängig von militärischen Überlegungen ist politisch die Konstellation, daß sowohl Serben als

---

[73] vgl. Glenny 1993; 334-337, 346f, Binder 1993, die tageszeitung; 18.08.1993.
[74] vgl. Frankfurter Rundschau; 05.04.1994; 2, Rüpeli 1994.

auch Kroaten die Moslems bekämpfen, logischer, und die hercegovinischen Kroaten bilden in der Zagreber Regierung eine starke Lobby, an der vorbei Tudman nicht regieren kann. In der Regierung Kroatiens sind nach wie vor die Politiker wie z. B. Verteidigungsminister Šušak vertreten, die die Verbrechen der kroatischen Paramilitärs in Bosnien-Hercegovina gestützt haben und heute noch die Verbrecher vor Strafverfolgung schützen.[75]

Seitdem sich Kroaten und Moslems wieder verbündet haben, sieht die bosnische Regierung erstmals die realistische Chance, gegenüber den Serben Gebietsgewinne zu machen. Izetbegović erklärte, da der Genfer Friedensplan ungerecht sei, müsse der Krieg fortgesetzt werden.[76]

Inzwischen ist der Waffenstillstand vom 10.06.1994 gescheitert, und der britische UNO-Kommandant Ridgeway prophezeit, es könne noch "mindestens zwanzig Jahre Krieg" geben. Kommandant Michael Rose stellt fest: "Es ist die bosnische Seite, die sich besonders feindselig gegenüber dem Friedensprozess zeigt und permanent gegen den Waffenstillstand verstößt". Der Kommandeur der bosnischen Armee Rasim Delić erklärte, man befinde sich nun "in der Phase des Befreiungskrieges" und werde die verlorenen Gebiete zurückerobern.[77]

Nachdem sich Radovan Karadžić und das "Parlament der Serbischen Republik Bosnien-Hercegovina" Anfang August 1994 geweigert hatten, dem Friedensplan der "Bosnien-Kontaktgruppe" zuzustimmen, brach der serbische Präsident Milošević die Beziehungen zu den bosnischen Serben ab und verhängte ein Handelsembargo. Dieser Schritt ist in Serbien umstritten. Während er von Vuk Drašković und der GSS begrüßt wird, sehen die nationalistischen Oppositionsparteien in ihm einen Verrat an den bosnischen Serben. Unklar ist bisher die Haltung der Armee der "BRJ", deren Kommandant Momčilo Perišić als alter Freund des Armeechefs der bosnischen Serben Ratko Mladić gilt. Der Präsident der "Serbischen Republik Krajina" in Kroatien, Borislav Mikelić, stellte sich auf die Seite Miloševićs und sagte, die Friedensoption sei die einzige Chance.[78]

---

[75] vgl. Manolić/Mesić 1994.

[76] vgl. Cohen 1994, Stuttgarter Zeitung; 25.05.1994; 1.

[77] vgl. Schneider 1994, Süddeutsche Zeitung; 30.06.1994; 2, 28.06.1994; 8.

[78] vgl. Glenny 1994, Brand/Prentice 1994, Süddeutsche Zeitung; 16.07.1994; 6, Frankfurter Rundschau; 08.08.1994; 1.

Bosnien-Hercegovina: "ethnische Mehrheiten"

quer: Moslems, längs: Serben, diagonal: Kroaten
dünn: 11-50%, mittel: 51-90%, dick: 91-100%

Der Vance-Owen-Plan

1-3 moslemisch
4-6 serbisch
7-9 kroatisch
10 Sarajevo unter UN-Verwaltung

Ethnische Mehrheiten in Bosnien-Hercegovina:

Die kleinsten Verwaltungseinheiten in Jugoslawien waren die Gemeinden (opština). In der Tabelle sind die von Moslems, Serben oder Kroaten mehrheitlich bewohnten Gemeinden nach Fläche und Einwohnerzahl zusammengerechnet.[79]

```
                                    Fläche%   Einw%
Gem. mit abs. moslemischer Mehrheit   27.0    32.0
Gem. mit abs. serbischer Mehrheit     37.8    21.0
Gem. mit abs. kroatischer Mehrheit    10.0     7.1
Gem. ohne abs. Mehrheit               25.2    39.9
  davon rel. mosl. Mehrh.             18.4    32.3
  davon rel. serb. Mehrh.              4.3     3.8
  davon rel. kroat. Mehrh.             2.5     3.8

Gem. mit abs. o. rel. mosl. Mehrh    45.4    64.3
Gem. mit abs. o. rel. serb. Mehrh    42.1    24.8
Gem. mit abs. o. rel. kro. Mehrh     12.5    10.9
```

Die Gemeinden, in denen Moslems die absolute oder relative Mehrheit stellen, haben eine Bevölkerungsdichte von 121 E/qkm, die mit absoluter oder relativer serbischer Mehrheit 50 E/qkm. Während Moslems meist in Städten leben, leben Serben vorwiegend auf dem Land. Auch in denen Gemeinden, in denen eine Bevölkerungsgruppe die absolute Mehrheit stellt, ist die Mehrheit meist knapp:

```
                                    Mosl.%   Serb.%   Kroat.%
Gem. mit abs. moslemischer Mehrheit  67.5    19.4      7.8
Gem. mit abs. serbischer Mehrheit    20.2    65.1      6.8
Gem. mit abs. kroatischer Mehrheit   14.5     6.4     76.5
Gem. ohne abs. Mehrheit              42.0    27.6     19.9

Gem. mit abs. oder rel. mosl. M.     56.4    23.2     12.2
Gem. mit abs. oder rel. serb. M.     21.5    61.5      9.7
Gem. mit abs. oder rel. kro. M.      18.9    11.5     64.8

Bosnien-Hercegovina insgesamt        43.7    31.4     17.3
```

Von allen Moslems, Serben bzw. Kroaten leben in Gemeinden mit moslemischer, serbischer bzw. kroatischer, absoluter oder relativer Mehrheit:

```
           M.M.%   S.M.%   K.M.%   Summe fremde M.
Moslems    83.1    12.2     4.7    16.9
Serben     47.5    48.5     4.0    51.5
Kroaten    45.2    13.9    40.9    59.1
```

Würde in jeder Gemeinde die Bevölkerungsgruppe, die in der absoluten oder relativen Mehrheit ist, die anderen Menschen vertreiben, um "ethnisch reine" Gemeinden zu schaffen, müßten 330 000 Moslems, 700 000 Serben, 440 000 Kroaten sowie 350 000 Menschen, die keiner der drei Bevölkerungsgruppen angehören (z. B. Juden, Roma, Ukrainer, Jugoslawen) umgesiedelt werden; das wären 41% der Bevölkerung Bosnien-Hercegovinas.

---

[79] nach: Metzler Aktuell; Januar 1993.

Im Juni 1993 zeichnete sich in dem 9köpfigen Staatspräsidium ein Bruch ab: mit sieben gegen zwei Stimmen wurde Präsident Izetbegović entmachtet, weil er sich geweigert hatte, über den Genfer Friedensplan auch nur zu verhandeln. Nur er selbst und sein Stellvertreter Ganić stimmten gegen die Entmachtung, die von westlichen Medien so interpretiert wurde, daß Izetbegović "politisch im Ruhestand" sei. Nicht der Moslem Fikret Abdić, der schon länger als möglicher Nachfolger Izetbegovićs gegolten hatte, sondern der als moderat geltende Kroate Franjo Boraš wurde als Übergangspräsident und als Delegationsleiter für die Friedensverhandlungen bestimmt. Abdić erklärte, er habe keine Ambitionen, und Boraš sei "der nächste im Alphabet" gewesen.[80] Nachdem er von Fikret Abdić und Ejup Ganić kritisiert wurde, konnte Izetbegović im Sommer 1993 im bosnischen Staatspräsidium zeitweise nur auf die Unterstützung durch die serbischen Mitglieder zählen, da die kroatischen Mitglieder sich für eine Konföderation aussprachen.[81]

Ende September 1993 spaltete sich die Region Bihać von dem Rest des unter moslemischer Kontrolle befindlichen Teils Bosnien-Hercegovinas ab. Dieser Trennung gingen Auseinandersetzungen um die Annahme des in Genf zwischen Vertretern der drei Kriegsparteien ausgehandelten Friedensplanes voraus. Izetbegović hatte, obwohl er eine denkbar schlechte Verhandlungsposition hat, die Verhandlungen monatelang verschleppt, weil er sich weigerte, einer Aufteilung Bosnien-Hercegovinas zuzustimmen. Völlige Realitätsferne hatte schon im Juni 1992 seine Ankündigung gezeigt, seine Landsleute würden bis zur endgültigen Kapitulation der Serben weiterkämpfen.[82] Nachdem er schließlich in Genf nachgegeben hatte, verweigerten das Parlament sowie Außenminister Silajdžić die Zustimmung. Das jetzige Oberhaupt der Region Bihać, Fikret Abdić, hatte schon seit einiger Zeit auf den Abschluß eines Friedensvertrages gedrungen. Für seine Region hatte er von vornherein durch seine pragmatische Politik größere Kriegshandlungen verhindert. Der Izetbegović-Regierung gilt Abdić als Verräter. Die ihr nahestehende Zeitung "Ljiljan" bezeichnet ihn gar als "Satan", der das bosnische Volk verraten habe, und mit Salman Rushdie Arm in Arm gehe. Unterdessen verbreitet der Imam Mustafa Cerić Durchhalteparolen wie "Sieg oder ehrenvoller Tod". In der gleichen Zeitung ruft der Kommandant der 1. moslemischen Brigade zum Džihad (heiligen Krieg) für einen Staat der Moslems in Bosnien-Hercegovina; ein Zusammenleben mit Serben und Kroaten sei nicht möglich. Abdić wurde inzwischen aus der SDA ausge-

---

[80] vgl. die tageszeitung; 23.06.1993; 1. Aufgrund der vereinbarten Rotation hätte Izetbegović den Vorsitz des Staatspräsidiums ohnehin schon am 21.12.1992 weitergeben müssen. vgl. Munzinger-IHZZ; 29.06.1993.

[81] vgl. Der Spiegel; 30/1993; 109.

[82] vgl. Brey 1992.

schlossen, mit der Begründung, er unterstütze bei den Genfer Verhandlungen die Vertreter der Aggressoren und die HVO.[83] Daneben dürfte der zentralbosnischen Regierung auch das lockere Verhältnis des Ex-Kommunisten Abdić zur Religion ein Dorn im Auge sein.
Bei bewaffneten Überfällen von Izetbegović-Anhängern wurden zwei moslemische Polizisten in der Region Bihać getötet. Bei Kämpfen kamen anfang Oktober mindestens elf Menschen ums Leben. Anfang November kam es erneut zu Kämpfen, die nach Angaben von UNO-Beobachtern auf beiden Seiten schwere Verluste forderten. Nach Abschluß eines Separatfriedens zwischen Abdić und den Vertretern der Kroaten und Serben griffen serbische Truppen aus der Krajina manchmal zugunsten der Bewohner von Velika Kladuša in die Kämpfe gegen die bosnische Armee ein.[84] Inzwischen hat sich in der Region eine Frontlinie gebildet. Abdić kontrolliert den Norden mit Zentrum in Velika Kladuša, dem Sitz von Abdićs Lebensmittelkonzern Agrokomerc, der nach wie vor produziert und mit den Serben in den umliegenden Gebieten Handel treibt. Im Süden hat General Ramiz Dreković, der gegenüber der Regierung in Sarajevo loyal ist, eine Art Militärdiktatur errichtet und eine totale Pressezensur sowie ein Ausgehverbot verfügt. In Velika Kladuša demonstrierten 30 000 Menschen gegen Izetbegović, den sie als Diktator bezeichneten. Inzwischen wurde Dreković abgelöst, weil ihm die Unterwerfung der "Sezessionisten" nicht gelungen ist.[85] Am 21.08.1994 nahmen die bosnischen Regierungstruppen Velika Kladuša ein, 20 000 Menschen flohen in die "Serbische Republik Krajina".[86]

In Tuzla, der einzigen Stadt in Bosnien-Hercegovina, wo nicht die nationalistischen Parteien, sondern eine Koalition aus Reformisten und Ex-Kommunisten die Stadtregierung stellt, funktioniert das Zusammenleben der Menschen noch halbwegs. Durch die Zuwanderung von Flüchtlingen vom Land und die Abwanderung der Stadtbevölkerung ins Ausland hat sich das Klima dort jedoch in letzter Zeit verändert, und es gilt als unwahrscheinlich, daß Bürgermeister Bešlagić die Wahlen im Herbst 1994 nochmals gewinnen kann. Anfang 1993 installierte Izetbegović eine Regionalregierung für das Gebiet um Tuzla, um Bešlagićs Kompetenzen einzuschränken.[87]

---

[83] vgl. Ljiljan; 29.09.1993; 5ff, 9. Abdić schloß sich daraufhin der Muslimischen Demokratischen Partei (MDS) an. vgl. Kasapović 1994; A 231.

[84] vgl. die tageszeitung; 04.10.1993; 2, Der Tagesspiegel; 06.10.1993; 1, 03.11.1993; 2, 16.12.1993; 6, Sächsische Zeitung; 02.07.1994; 4.

[85] vgl. ADG 1993; 38246, Küppers 1993c. Zu Abdić vgl. auch Andrejevich 1993.

[86] vgl. Stuttgarter Zeitung; 10.08.1994; 1, Rossig 1994e, Frankfurter Allgemeine Zeitung; 22.08.1994; 1. In dem zuletzt von Abdić kontrollierten Gebiet hatten sich über 20 000 Menschen aufgehalten, davon dürften mehr als die Hälfte Flüchtlinge (z. B. aus Bihać) gewesen sein.

[87] vgl. Pomfret 1993.

2.8. Makedonien.

Makedonien galt als "das überzeugendste Beispiel gelungener Integration".[88] Hier leben 65% Makedonier (diese stellten 6% der Gesamtbevölkerung Jugoslawiens, sind meist orthodoxe Christen und sprechen Makedonisch, das dem Serbokroatischen ähnlich ist), 21% Albaner, 5% Türken, 3% Roma sowie je 2% Serben und Moslems; insgesamt 2.0 Millionen Menschen. In den 80er Jahren kamen zahlreiche Albaner aus dem Kosovo nach Makedonien. Nachdem die Makedonier dem jugoslawischen Staat anfangs distanziert gegenübergestanden hatten, haben die Autonomie als eigene Teilrepublik und der wirtschaftliche Aufschwung der 60er Jahre einen Sinneswandel herbeigeführt.

So hat Makedonien auch nicht von sich aus den Zerfall Jugoslawiens vorangetrieben, aber nachdem der Zerfall unaufhaltsam erschien, bemühte es sich seit November 1991 um eine internationale Anerkennung als souveräner Staat. Griechenland, das eine Art Copyright auf den Namen Makedonien beansprucht,[89] drängt auf eine Umbenennung in "Republik Skopje". Daß es erst im April 1993 in die UNO aufgenommen wurde, hat Makedonien dem Einspruch der griechischen Regierung gegenüber der EG zu verdanken, die mit angeblichen Gebietsansprüchen Makedoniens auf die nördliche Provinz in Griechenland (die ebenfalls Makedonien heißt) begründet wird. Dies ist jedoch absurd, da Makedonien mit seinen derzeit ca. 10 000 Soldaten für das NATO-Mitglied Griechenland keine Gefahr darstellen kann, und Makedonien in seine Verfassung folgenden Zusatz aufgenommen hat: "Die Republik Makedonien hat keine Gebietsansprüche gegenüber den Nachbarstaaten. [...] Die Republik wird sich dabei nicht in die souveränen Rechte anderer Staaten und in ihre inneren Angelegenheiten einmischen."[90] Wovor Griechenland wirklich Angst hat, ist die Tatsache, daß seine Nachbarländer Bulgarien, Makedonien und Albanien seit einiger Zeit freundschaftliche Beziehungen zur Türkei haben. Zwischen der Türkei und Griechenland ist seit einigen Jahren ein deutliches Wettrüsten zu beobachten.[91] Seit dem

---

[88] Büschel 1981; 208.

[89] Dieser Anspruch wird in Giakoumis 1992 in aller Ausführlichkeit dargelegt; dabei geht die Argumentation, daß sich Makedonien nicht Makedonien nennen dürfe, weil das antike Makedonien unter Alexander dem Großen griechisch gewesen sei und die heutigen Makedonier Slawen seien, so richtig sie theoretisch ist, völlig an der Sache vorbei. Mit dem gleichen Recht könnte Deutschland Frankreich auffordern, sich in "Republik Paris" umzubenennen, weil das Frankenreich unter Karl dem Großen deutsch war, die Franken zwischen Nürnberg und Aschaffenburg leben und die "Franzosen" in Wirklichkeit Gallier sind.

[90] Auszüge aus der neuen Verfassung 1992; 731f.

[91] vgl. Reuter 1993a; 97, Axt 1992, Süddeutsche Zeitung; 22.10.1993; 6. Im Jahre 1992 haben beide Länder 588 bzw. 592 Panzer importiert. Hauptlieferant ist die BRD, die im Rahmen der "NATO-Kaskade" gebrauchte Waffen an ärmere NATO-Länder verschenkt oder günstig abgibt.

Zusammenbruch Jugoslawiens strebt die griechische Regierung eine "Wiedervereinigung" mit Makedonien an, und hat dafür breiten Rückhalt in der griechischen Bevölkerung. Vier Mitglieder einer linken Studentengruppen, die Flugblätter mit der Forderung, Griechenland solle Makedonien anerkennen, verteilt hatten, wurden zu 19 Monaten Gefängnis verurteilt.[92] Der griechische Außenminister Samaras verlor seinen Posten, nachdem er Premierminister Mitsotakis wegen dessen angeblich zu kompromißbereiten Haltung gegenüber Makedonien angegriffen hatte; heute führt er die betont nationalistische Partei "Politischer Frühling" an. Die inzwischen regierende PASOK fährt in der Makedonienfrage einen noch nationalistischeren Kurs als die Neo Demokratia, und die Kommunisten sind die einzige im Parlament vertretene Partei, die diesen Kurs kritisiert. Seit Februar 1994 besteht ein von Griechenland praktiziertes Embargo gegen Makedonien, obwohl ein solcher Schritt gegen EU-Recht verstößt. Für Makedonien, das bis dahin 78% seines Außenhandels über den Hafen Thessaloniki abgewickelt hat, bedeutet dies große wirtschaftliche Probleme, da Serbien unter Embargo liegt und in Ost-West-Richtung nur mangelhaft ausgebaute Straßen und keine Schienenverbindungen existieren.[93] Der Bau einer Autobahn und einer Schienenverbindung vom albanischen Hafen Durrës über Skopje und Sofia zum Schwarzmeerhafen Burgas ist geplant.

Nach der Anerkennung Makedoniens durch Australien Mitte Februar 1994 kam es in Melbourne, wo viele Griechen und ein großer Teil der mehr als 100 000 australischen Makedonier leben, zu mehreren Brandanschlägen gegen makedonisch-orthodoxe Kirchen und zu Großdemonstrationen griechischer Nationalisten.

Bulgarien, sowie mit der Türkei und Albanien zwei Staaten, deren Völker Minderheiten in Makedonien stellen, waren die ersten Staaten, die Makedonien anerkannt haben. Am 05.08.1992 folgte Rußland diesem Schritt. Doch auch in Bulgarien, das in beiden Weltkriegen Makedonien besetzt hatte, gibt es Stimmen, die Gebietsansprüche an Makedonien anmelden. Vojislav Šešelj forderte eine Aufteilung Makedoniens unter die vier Nachbarländer. Milošević hat gegenüber einem griechischen Fernsehsender geäußert, er und sein griechischer Amtskollege Mitsotakis seien sich im Prinzip darüber einig, eine serbisch-griechische Föderation als starken Faktor der Stabilität auf dem Balkan anzustreben.[94]

Man kann die Haltung der vier Nachbarländer kurz so beschreiben: Serbien anerkennt die Existenz des makedonischen Volkes, aber nicht den Staat. Bulgarien anerkennt den Staat, aber nicht die Existenz des makedonischen Volkes. Griechenland anerkennt weder das eine noch das andere.

---

[92] vgl. Newhouse 1992; 1200f.
[93] vgl. Neue Zürcher Zeitung; 25.02.1994; 3, Antonaros 1994.
[94] vgl. Der Spiegel 53/1992; 113f, ADG 1992; 36979.

Albanien anerkennt beides, manche nationalistischen Albaner fordern jedoch, den mehrheitlich albanisch besiedelten Westen Makedoniens an Albanien anzugliedern.

Nach dem Abzug der Jugoslawischen Volksarmee beginnt Makedonien derzeit mit dem Aufbau einer eigenen Armee, die auf ca. 25 000 Mann geplant ist.

Die makedonische Wirtschaft ist weitgehend isoliert. Einerseits ist die Verbindung nach Slowenien, das früher Eisenerz und andere Rohstoffe von Makedonien bezog, abgeschnitten, andererseits blockiert Griechenland den Weitertransport von 90 000 t Öl, die Makedonien im Ausland gekauft hatte, im Hafen von Thessaloniki. Die Türkei reagierte auf diesen Schritt, in dem sie Waren im Wert von 3 Millionen Dollar an Makedonien lieferte. Gleichzeitig lieferte Griechenland im September 1992 täglich 4000 t Öl (per Bahn und eine unbekannte Menge mit Tanklastwagen) nach Serbien, und man kann sich des Verdachts kaum erwehren, daß dadurch der Konflikt angeheizt werden soll, um eine Annexion Makedoniens zu erleichtern. Allerdings wird das Embargo, wenn auch in geringerem Umfang, auch von türkischen Händlern, die Rohöl und andere Waren nach Serbien liefern, gebrochen - offenbar mit Duldung der türkischen Regierung.[95] Makedonien hat seine Militärindustrie 1991 eingemottet, um eine Verstrickung in den Krieg zu verhindern.[96]

Die monatliche Inflationsrate betrug 1993 13%, die Löhne für Industriearbeiter bewegen sich zwischen 150 und 400 DM, die Arbeitslosigkeit liegt bei etwa 30%. Durch die wirtschaftlichen Schwierigkeiten gewinnen auch in Makedonien nationalistische Kräfte an Zulauf, wenn auch bisher noch in begrenztem Maße. Während albanische Nationalisten eine Autonomie für vorwiegend albanisch bewohnte Gebiete fordern, wirft die makedonisch-nationalistische VMRO der Regierung unter Branko Crvenovski, der auch fünf albanische Minister angehören, vor, sie mache den Albanern zu viele Zugeständnisse, und kritisiert die Aufnahme von 40 000 zumeist moslemischen Flüchtlingen aus Bosnien-Hercegovina.

Seit September 1992 regiert eine Koalition aus Reformkommunisten und der Partei der Demokratischen Prosperität (PDP), die die Albaner vertritt; Regierungschef ist der 1962 geborene Branko Crvenovski; Republikpräsident ist Kiro Gligorov, der 1969-1974 dem jugoslawischen Staatspräsidium angehört hatte. Die oppositionelle nationalistische VMRO-DPMNE (Vorsitz: Ljupčo Georgievski) stellt jedoch mit 37 von 120 Abgeordneten die größte Fraktion des makedonischen Parlaments. Die PDP spaltete sich im Februar 1994 in zwei Parteien, die beide den Anspruch erheben, legitimer Nachfolger der PDP zu sein, und den alten Namen weiterverwenden. Vorsitzender der einen Partei ist der stellvertretende

---

[95] vgl. Oslobođenje; 24.09.1993; 28.

[96] vgl. Oschlies 1994a; 13.

Parlamentspräsident Xheladin Murati, die andere Partei wird von den nationalistisch eingestellten Politikern Menduh Taci und Arben Xhaferi angeführt. Daneben gibt es eine Partei der Türken (DPT) sowie zwei Roma-Parteien: Die PCER, deren Parlamentsabgeordneter Faik Abdi, der die "Roma-Redaktion" des Makedonischen Fernsehens leitet, in Makedonien sehr populär ist, und die DPP.[97]

Bisher ist es in Makedonien nicht zu bewaffneten Auseinandersetzungen gekommen, doch die Lage ist gespannt. Auf Drängen Gligorovs stationierte die UNO im Februar 1993 700 Blauhelmsoldaten in Makedonien. Diese stehen jedoch nur an den Grenzen zu Serbien und Albanien, nicht aber an der zu Griechenland, obwohl es gerade an dieser schon zu einzelnen militärischen Grenzverletzungen gekommen ist.[98] Sollte im Kosovo ein Krieg zwischen Serben und Albanern ausbrechen, würde ein Übergreifen des Krieges auf Albanien und Makedonien wahrscheinlich. Sollte dann auch Griechenland oder die Türkei eingreifen, würde der Krieg noch weit schlimmere Ausmaße annehmen als bisher.

Durchschnittlicher Monatsverdienst Ende August 1993.[99]

```
Ljubljana    600 DM
Skopje       270 DM
Zagreb        75 DM
Beograd       30 DM
```

2.9. Die "Friedensstifter".

Für die Deutschen, aber auch für Europa ist Jugoslawien eine Bühne, auf der ein ganz anderes Stück gespielt wird. Und eines davon ist die neue Rolle Deutschlands in Europa.

Horst Grabert, BRD-Botschafter in Jugoslawien 1979-1984.[100]

In seinem Nachruf auf Tito in der Frankfurter Rundschau kommentierte Harry Schleicher: "Damit Jugoslawien, Europa und der Welt jedoch das »Pulverfaß Balkan« erspart bleibt, von dem heute noch leichtfertig gesprochen wird, wird es allerdings des verantwortlichen politischen Handelns vieler Staaten bedürfen, die nicht unbedingt auf dem Balkan beheimatet sind."[101] Stattdessen trugen zahlreiche Staaten, insbesondere die BRD und Österreich, wesentlich zum Ausbruch des

---

[97] vgl. Oschlies 1994b; 28f.

[98] vgl. Meier 1993a, Meier 1993b.

[99] Aus der makedonischen Zeitschrift Večer, zit. n. Mitrović 1994.

[100] Grabert 1993b.

[101] Schleicher 1980.

Bürgerkriegs bei. Noch vor der BRD heizten österreichische Politiker den Konflikt an: Bereits im März 1991 forderte der steirische Landeshauptmann Josef Krainer (ÖVP) eine Anerkennung Sloweniens, während der ÖVP-Völkerrechtsexperte Felix Ermacora von einem Anschluß Sloweniens an Österreich träumte. Sehr zu recht bemerkt Peter Handke: "es kommt mir jetzt vor, eine große Zahl, jedenfalls die Mehrheit, innerhalb der nördlichen Völker Jugoslawiens, habe sich den Zerfall ihres Staates von außen einreden lassen."[102]

Die USA schloß im Mai 1991 Serbien von der an Jugoslawien gewährten Finanzhilfe aus. Nach einem Jugoslawienbesuch legte der stellvertretende SPD-Vorsitzende Norbert Gansel eine Erklärung vor, in der eine Aufgabe der Bemühungen der EG um die Einheit Jugoslawiens gefordert wurde. Während der US-Außenminister Baker noch am 21.06.1991 eine Anerkennung Sloweniens ablehnte, setzte Hans-Dietrich Genscher die Anerkennung Sloweniens und Kroatiens kurze Zeit später durch. Ob diese Entscheidung Genschers auf mangelnde Voraussicht zurückzuführen, eine bewußte Anheizung des Konflikts oder gar eine späte Rache dafür war, daß Jugoslawien bereits 1957 die DDR anerkannt hatte,[103] kann nur er selbst beantworten. Deutschland war insofern für die Forcierung der Anerkennung prädestiniert, weil es fast das einzige westeuropäische Land ist, das die unsinnige Argumentation "Selbstbestimmungsrecht der Völker" (vgl. Kapitel 3.3.) anwenden konnte, ohne sich selbst bloßzustellen: fast alle anderen westeuropäischen Länder haben selbst Probleme mit Minderheiten, die dieses Recht für sich in Anspruch nehmen: Korsen in Frankreich, Nordiren in Großbritannien, Südtiroler und Lombarden in Italien und Basken in Spanien seien als Beispiele genannt. Zudem wußte Tudman dem deutschen Außenminister Honig ums Maul zu schmieren, indem er vieldeutig erklärte: "Wir Kroaten haben keine Angst vor einem Wiedervereinigten Deutschland. Im Gegenteil: Je stärker ein einiges Deutschland, desto besser für Kroa-

---

[102] Handke 1991; 31. Im Zusammenhang mit Ermacoras Idee muß darauf hingewiesen werden, daß gerade konservative österreichische Politiker der in Kärnten lebenden slowenischen Minderheit ihre Minderheitenrechte vorenthalten und sich auch nicht gescheut haben, sich durch deutschnationale Aufwiegelung der Bevölkerungsmehrheit zu profilieren. Nachdem die SPÖ unter Bundeskanzler Kreisky 1972 das "Ortstafelgesetz" gegen den Widerstand von ÖVP und FPÖ durchgesetzt hatte und in Orten, in denen mehr als 20% der Einwohner slowenischsprachig waren, zweisprachige Ortstafeln aufgestellt waren, wurden alle neuen Ortstafeln durch den "Ortstafelsturm" zerstört. Ab 1983 profilierte sich die FPÖ mit der Forderung, den zweisprachigen Schulunterricht abzuschaffen. vgl. Bogataj 1989; 137ff, 155ff, Frank 1987. Zur Geschichte der Slowenen in Österreich vgl. Haas/Stuhlpfarrer 1977. Auch die Deutsche National-Zeitung, die vom DVU-Vorsitzenden Gerhard Frey herausgegeben wird, propagiert einen Anschluß Sloweniens an Österreich. vgl. Deutsche National-Zeitung; 05.04.1991; 9.

[103] Daraufhin hatte die BRD aufgrund der "Hallstein-Doktrin" ihre Beziehungen zu Jugoslawien abgebrochen. vgl. hierzu die umfangreiche, aber sehr einseitige Darstellung in Anić de Osona 1990.

tien."[104]

Die These, Deutschland (und andere Staaten) hätten ein wirtschaftliches Interesse am Zerfall Jugoslawiens gehabt, ist nach unserer Ansicht unzureichend. Zwar hat Deutschland aus wirtschaftlichen Gründen die Sezession der baltischen Zwergstaaten unterstützt, im Falle Jugoslawiens aber mußte klar sein, daß eine Aufteilung zum Bürgerkrieg führen würde. Hierdurch erhöht sich zwar in der Tat die Nachfrage an Waffen, die Nachteile überwiegen jedoch sehr deutlich - auch für Deutschland, das der wichtigste Handelspartner Jugoslawiens war.[105] Am wahrscheinlichsten ist wohl, daß die Entscheidung in keinster Weise mit Jugoslawien zu tun hatte: französische Zeitungen kommentierten, Deutschland, das stets ein wirtschaftlicher Gigant aber ein außenpolitischer Zwerg gewesen sei, wolle nach der "Wiedervereinigung" mehr außenpolitisches Gewicht erhalten; dazu müsse es Deutschland gelingen, eine außenpolitische Entscheidung gegen den Willen der USA, Frankreichs und Großbritannien zu treffen und auch durchsetzen zu können; der Zerfall Jugoslawiens habe diese Chance geboten, da nach einer Anerkennung von Kleinstaaten durch Deutschland die anderen Staaten nicht umhinkämen, diesem Schritt zu folgen.[106] Uns erscheint diese These sehr schlüssig, und man kann nur hoffen, daß angesichts solch unverantwortlichen außenpolitischen Dilattantismusses der Einzug Deutschlands in den UN-Sicherheitsrat verhindert wird.[107] Während der im

---

[104] in Ströhm 1990.

[105] Die Haltung verschiedener Staaten zur territorialen Integrität untersucht Petković 1990.

[106] Diese Vermutung kann man durch einen Artikel in der Deutschen National-Zeitung bestätigt finden, wo es heißt: "Die Bundesrepublik Deutschland, wirtschaftlich ein Riese, der politisch in die Rolle eines Zwerges geschlüpft war, hatte erstmals seit ihrem Bestehen ihre Muskeln spielen lassen und auch außenpolitisch ihr Gewicht in die Waagschale geworfen. Deutschland war damit - nach jahrelanger Abstinenz - als eigenständige Kraft auf die Bühne der Weltpolitik zurückgekehrt." (Fritz 1992). In seiner Erklärung zum Anerkennungsbeschluß der EG-Außenminister, nannte Bundeskanzler Kohl diesen "einen großen außenpolitischen Erfolg für die Bundesregierung, die sich seit langem mit großem Nachdruck für die Anerkennung Sloweniens und Kroatiens eingesetzt hat. Wir haben von Anfang an deutlich gemacht, daß wir in dieser Frage keinen Alleingang wollten. Daß es jetzt gelungen ist, alle Mitgliedstaaten der Europäischen Gemeinschaft für dieses Verfahren zu gewinnen, beweist unsere Entschlossenheit, die gemeinsame Außenpolitik, zu der wir uns in Maastricht bekannt haben, in die Tat umzusetzen." (Bulletin 1991; 1174.) Gemeinsame Außenpolitik bedeutet also: Deutschland macht keine Alleingänge, sondern nötigt die ganze EG, sich an seinen politischen Fehlleistungen anzuschließen.

[107] Eine weitere Erklärung, die davon ausgeht, daß die Entscheidung unabhängig von der Situation in Jugoslawien getroffen wurde, bietet die französische Politologin Anne-Marie Le Gloannec: Kohl habe durch die frühe Anerkennung seine konservativen Kritiker innerhalb der Union beschwichtigen wollen. vgl. Le Gloannec 1992; 263f. Die italienische Zeitung La Repubblica kommentiert: "Während auf dem Gipfel von Maastricht die lobenswerte Absicht verkündet wurde, alle diplomatischen Aktionen zu harmonisieren, bastelten einige der Teilnehmer bereits an der Perfektionierung der kroatischen Falle, in die sie sich mit Vehemenz eiligst stürzen wollten, die zögernden Freunde im Schlepptau. Und es hat den Anschein, als

Dezember 1991 erzielte EG-Kompromiß vorsah, diejenigen Republiken anzuerkennen, die bestimmte Kriterien hinsichtlich Menschenrechten, Minderheitenrechten und Demokratie erfüllten, erklärte Bundeskanzler Kohl, Deutschland werde Slowenien und Kroatien unabhängig von diesen Kriterien in jedem Falle anerkennen.[108] Die Kommission, die unter Vorsitz des französischen Verfassungsgerichtspräsidenten Badinter die Staaten, die sich um Anerkennung beworben hatten, auf diese Kriterien hin überprüfte, empfahl die Anerkennung Sloweniens und Makedoniens. Für Bosnien-Hercegovina wurde die Abhaltung eines Referendums gefordert, im Falle Kroatiens wurde von einer Anerkennung abgeraten, solange in der kroatischen Verfassung die Minderheitenrechte nicht ausreichend geschützt seien.

Neben vielen Politikern, die den Konflikt in Jugoslawien angeheizt haben, muß hier auch der FAZ-Herausgeber Johann Georg Reißmüller genannt werden: Das ganze Jahr 1991 hindurch forderte er in dutzenden, sich stets wiederholenden Kommentaren die sofortige Anerkennung Kroatiens, sowie Waffenlieferungen, damit sich Kroatien "verteidigen" kann.[109] Hätte er sich auch noch mit seiner zweiten Forderung durchsetzen können, wären in Bosnien-Hercegovina wohl noch weit mehr Moslems ermordet worden. Am stärksten haben sich Reißmüllers Kommentare aber auf das öffentliche Feindbild gegen Serbien, das in keinem anderen Land außer in Kroatien selbst und vielleicht noch in Österreich so plump undifferenziert ist wie in Deutschland, ausgewirkt. Jeder, der sich um Objektivität bemüht, wird von Reißmüller einer proserbischen Haltung verdächtigt. Auch nachdem im April 1993 die kroatische Aggression in Bosnien-Hercegovina offensichtlich wurde, änderte sich Reißmüllers Haltung nicht: "Einen großen Dienst haben soeben die Regierungsoberhäupter der wichtigsten Industriestaaten Serbien geleistet. Sie tadeln in ihrer politischen Erklärung von Tokio die Serben und die Kroaten, die Bosnien zu zerstückeln suchten. Dabei machen sie keinen Unterschied zwischen dem serbischen Aggressor und den Kroaten, die in Bosnien das erste Opfer der Aggression wurden und dann, von der Welt

---

hätten die Deutschen diesen Hinterhalt vorbereitet, vor allem aus internen Gründen..." (zit. n. Frankfurter Allgemeine; 18.12.1991; 2.) Der Vorstoß Gansels hingegen war wohl eher ein Profilierungsversuch, Gansel ist nicht gerade ein Experte für Außenpolitik. Was der schottische Liberale Sir Russell Johnston im Schilde führte, als er im Juni 1992 vor dem Europarat die Anerkennung des Kosovos und Montenegros forderte - er konnte sich glücklicherweise nicht durchsetzen -, bleibt dagegen unklar. (vgl. Das Parlament; 10.07.1992; 13.)

[108] vgl. FOF 1991; 957 E2.

[109] Reißmüllers gesammelte pro-Kroatien-Pamphlete aus der FAZ sind auch als Buch erschienen. Typisch sind z. B. die Kommentare vom 11.10.1991 und 18.12.1991: Reißmüller 1992; 170ff, 185-188.

verlassen, einen falschen Weg einschlugen."[110]

Bundesaußenminister Genscher drohte, mit jedem Schuß rücke die Stunde der Anerkennung näher.[111] Offensichtlich hat Tudman diese Botschaft verstanden. "Wenn man rückblickend erkennt, wie die Eskalation der kroatischen Kriegsführung - zum Beispiel die Belagerung der Kasernen der Bundesarmee - zum Teil diesen Warnungen folgten, dann wird die Synchronisation offenkundig."[112]

Ohne den von der EG angestrebten Anerkennungstermin 15.01.1992 abzuwarten, erfolgte die Anerkennung durch Deutschland am 19.12.1991, am 13.01.1992 folgte der Vatikan als zweiter Staat. Der außenpolitische Sprecher der Unionsfraktion im Bundestag, Karl Lamers, der anfangs ebenfalls für die Anerkennung gewesen war, war seit September 1991 einer der wenigen Kritiker der Anerkennung innerhalb der Regierungskoalition. In der Frankfurter Allgemeinen erklärte er, die europäischen Partner hätten die Folgen einer Anerkennung klarer als Deutschland gesehen. Wochenlang sei die deutsche Diskussion so verlaufen, als wäre mit einer Anerkennung alles weitere geklärt. Daher sei eine Selbstkritik, die den Bundestag und die Unionsfraktion einschließe, angemessen.[113] Verwirrung über die eigene Position zur Anerkennung herrschte offenbar bei Bündnis 90/Die Grünen: Während der Bundesvorstand der Grünen in seinen Presseerklärungen vom 30.08.1991 und 13.12.1991 Genschers Anerkennungsversprechen scharf kritisierte,[114] brachte die Bundestagsfraktion gemeinsam mit CDU/CSU, FDP und SPD einen Antrag im Bundestag ein, der die "Bemühungen der Bundesregierung" unterstützt, "parallel zu der Friedenskonferenz die Voraussetzungen für eine völkerrechtliche Anerkennung Sloweniens und Kroatiens sowie derjenigen Republiken Jugoslawiens durch die EG und ihre Mitgliedstaaten zu schaffen, die ihre politische Unabhängigkeit anstreben, die Rechte ihrer Minderheiten garantieren und zu Vereinbarungen über Formen internationaler Zusammenarbeit insbesondere mit der Europäischen Gemein-

---

[110] Reißmüller 1993. Man muß Günter Verheugen zustimmen: "Es ist nicht immer ein kluger Kopf, der hinter dem steckt, was über Jugoslawien geschrieben wird."(VDB-S; 159; 12/58 (15.11.1991); 4856C.) vgl. Glotz 1992, Glotz 1993. In Griechenland ist die öffentliche Meinung ebenso einseitig wie in Deutschland, steht aber auf Seiten der Serben. Die Griechische Orthodoxe Kirche hat Radovan Karadžić für seine "Verdienste um den Frieden" mit ihrem höchsten Orden geehrt. vgl. Poulton 1994; 38.

[111] vgl. VDB-S; 158; 12/37 (04.09.1991); 3046A.

[112] Oschlies 1992b; 687.

[113] in: Frankfurter Allgemeine; 27.09.1991; 2. Lamers kritisierte auch, daß in der deutschen Außenpolitik persönliche Animositäten (zwischen Genscher und van den Broek) eine "unangemessen große Rolle" gespielt hätten.

[114] vgl. Lippelt 1993; 134f.

schaft bereit sind".[115]

Noch eine Woche vor der Unabhängigkeitserklärung beteuerten Kučan und Tudman, diese bedeute "keineswegs eine Abspaltung von Jugoslawien" sondern "nur eine formale, keine aktuelle Unabhängigkeit." Der SPIEGEL kommentierte treffend: "Die Gründe für das plötzliche Leisetreten liegen diesmal weniger in der jugoslawischen Innenpolitik als im Ausland: Sowohl Slowenien als auch Kroatien müssen befürchten, wegen ihres Alleingangs von internationaler Hilfe abgeschnitten zu werden. Denn: So hektisch die Emissäre aus Zagreb und Ljubljana auf dem internationalen Parkett um Verständnis und Anerkennung für ihren Schritt warben, so einmütig war bei ihren Gastgebern die Zurückhaltung und Skepsis."[116] Hätten nicht Deutschland und Österreich frühzeitig Hoffnungen auf eine Anerkennung geweckt, wäre die Unabhängigkeitserklärung nicht ernstgenommen worden und damit folgenlos geblieben. Während einer Messe in der ungarischen Stadt Pécs am 17.08.1991 sprach Papst Johannes Paul II den Kroaten seine Unterstützung für ihre Unabhängigkeit aus. Man kann sich vorstellen, daß die Unterstützung für ein unabhängiges Kroatien ausgerechnet durch Deutschland und den Vatikan bei Serben Ängste auslöste. Auch der amerikanische Außenamtssprecher Boucher kritisierte, daß die entscheidenden Verfechter der Anerkennung die Länder seien, die schon das faschistische Kroatien unterstützt hatten.[117]

Nicht nur die Anerkennung hat den Zerfall Jugoslawiens und den Krieg gefördert. Auch die auf Druck der EG am 01.07.1991 erfolgte Wahl Mesićs zum Staatspräsidenten war keine Glanzleistung: Wie kann ein enger Mitarbeiter Tudmans Staatspräsident eines Landes sein, aus dem er austreten will und dessen Auflösung er betreibt?

Das am 25.09.1991 beschlossene Waffenembargo ist gegenüber Serbien zwecklos - dort sind noch große Waffenreserven vorhanden -, gegenüber der kroatischen und bosnischen Seite wird es lasch kontrolliert: So konnten Waffen selbst in UNO-Hilfskonvois versteckt an die bosnische Kriegsseite geliefert werden. Wer mit privaten Fahrzeugen von Deutschland aus nach Kroatien fährt, hat gute Chancen, von deutschen, österreichischen und slowenischen Zöllnern ohne Kontrolle durchgewunken zu werden.[118] Das Handelsembargo, das über Restjugoslawien, nicht aber über die anderen Kriegsparteien verhängt wurde, trifft die serbische Bevölkerung: die Inflation stieg von 300% im November 1991 über 330 000 000% (=4.2%/Tag) im März 1993 auf rund eine Quadril-

---

[115] VDB-D; 12/1591 (14.11.1991). Man beachte die verräterische Formulierung: Durch das "sowie" gelten die genannten Bedingungen ausdrücklich nicht für Slowenien und Kroatien.

[116] Der Spiegel; 26/1991; 147.

[117] vgl. FOF 1991; 715 C2, Der Spiegel; 52/1991; 19.

[118] vgl. Hogg 1993, Jung/Pflüger 1993; 7f.

Mostar. So wie auf diesem Photo von 1891 sah die Altstadt auch noch 100 Jahre später aus. 1992 wurde die Stadt von serbischen Truppen beschädigt. Seit April 1993 kämpften hier kroatische und moslemische Truppen gegeneinander. Inzwischen ist die Stadt zum großen Teil zerstört. Die "Türkenbrücke" aus dem Jahre 1567 (27m Spannweite) wurde im September 1993 durch eine von kroatischen Truppen abgefeuerte Granate zum Einsturz gebracht. (Photo aus Peez 1891)

liarde (1 mit 27 Nullen) Prozent (=20%/Tag) im Oktober 1993 bis zur Einführung des "Superdinar" im Januar 1994; noch sind ausreichend Nahrungsmittel vorhanden, jedoch für viele kaum noch bezahlbar.

Das Embargo trifft nicht nur Serbien und Montenegro, sondern auch alle umliegenden Länder. Der volkswirtschaftliche Schaden allein für Albanien bis zum Frühjahr 1994 wurde auf 700 000 000 DM geschätzt,[119] ähnlich leiden auch Makedonien, Bulgarien und Rumänien, sowie in geringerem Umfang Ungarn und Griechenland unter den Folgen des Embargos. Forderungen an die westlichen Staaten, die finanziellen Lasten des Embargos teilweise auszugleichen, stießen auf taube Ohren.

Alle VertreterInnen der serbischen Oppositionsgruppen, mit denen wir auf unserer Reise im Juli 1993[120] gesprochen haben, schätzen das Handelsembargo als kontraproduktiv ein. Die Regierung, die das wirtschaftliche Chaos zum größten Teil selbst verschuldet hat, behauptet, alle Probleme seien auf das Embargo zurückzuführen, und wird damit durch das Embargo gestützt. Erschwert wird durch das Embargo die Arbeit von Hilfsorganisationen. Zwar sind Lebensmittel und Medikamente vom Embargo ausgenommen, sie müssen aber einzeln von der UNO genehmigt werden. Ist das Ursprungsland der Lieferung Deutschland, muß die Genehmigung über das Bundesausfuhramt in Eschborn bei der UNO beantragt werden. Das Verfahren verlangt eine detaillierte Auflistung aller Güter und kann mehrere Monate dauern. Hilfsorganisation, die Sachspenden erhalten, können aber weder im voraus wissen, was sie liefern wollen, noch können sie schnell verderbliche Arzneimittel (Insulin, Impfstoffe etc.) bis zum Eintreffen der Genehmigung lagern. Selbst der UNHCR, der Hilfslieferungen nach Ostbosnien über Beograd liefert, was während der Kämpfe zwischen Moslems und Kroaten teilweise die einzige Möglichkeit war, muß die Transporte einzeln von der UNO genehmigen lassen.

Während des kalten Krieges waren die westlichen Industriestaaten an einem stabilen jugoslawischen Staat interessiert, der verhinderte, daß der Ostblock ans Mittelmeer vorrückte.[121] Als Jugoslawien diese Funk-

---

[119] Gustenau 1994; 272. Das sind 20% des in dem Zeitraum seit Einführung des Totalembargos gegen Serbien im Frühjahr 1992 angefallenen GDP Albaniens.

[120] vgl. Jung/Pflüger 1993.

[121] In den 70er Jahren warf das jugoslawische Außenministerium der BRD mehrmals vor, nichts gegen nationalistische kroatische Terrororganisationen zu unternehmen, die Anschläge auf jugoslawische Einrichtungen und Vertreter verübten, so z. B. nach den Anschlägen auf das Generalkonsulat in Stuttgart am 12.01.1976 und der Ermordung des Vizekonsuls Zdovc in Frankfurt am 07.02.1976, und nach der Weigerung der BRD, acht kroatische Terroristen nach Jugoslawien auszuliefern, auf die Jugoslawien mit der Freilassung von vier dort gefaßten RAF-Terroristen reagierte. vgl. ADG 1976; 20003, Der Spiegel; 47/1978; 23f. Die Frage, ob diese Vorwürfe gerechtfertigt waren, ist schwer zu beantworten. Falls sie mit ja beantwortet werden müßte, so wäre wohl kaum eine Zerstörung Jugoslawiens das Ziel gewesen, sondern es hätte der weitverbreitete naive Glaube vorgelegen, jeder, der politischer Gegner der Regierung eines

tion nicht mehr erfüllen mußte, war es ein unbequemer Organisator der Blockfreien Staaten, der wohl bedeutendsten Organisation, die sich für die Belange der 3. Welt einsetzte. Die massive Finanzhilfe aus Ost und West ließ nach: der Westen hatte nicht mehr so großes Interesse an Jugoslawien, der Osten hatte zudem kein Geld und genug eigene Probleme.

Der häufig geäußerten Ansicht, der Zerfall Jugoslawiens sei ausschließlich selbstverschuldet,[122] muß entschieden widersprochen werden. Auch in anderen Staaten (z. B. Belgien, Großbritannien und Italien) gibt es innere Konflikte, die im Falle starker wirtschaftlicher Probleme durch grobe außenpolitische Fehler anderer Staaten in den Bürgerkrieg getrieben werden könnten. Auf eine Fehleinschätzung deutscher und anderer Politiker muß hier noch eingegangen werden, nämlich die, daß die innerjugoslawischen Republikgrenzen Grundlage neuer Staaten sein könnten. Diese Politiker glaubten, man müsse einerseits Kroatien als selbständigen Staat anerkennen, weil man es den Kroaten nicht länger zumuten könne, mit den anderen jugoslawischen Völkern in einem Staat zu leben. Andererseits bedauert man die Aufteilung Bosnien-Hercegovinas, das doch so schön multikulturell sei. Früher galt Bosnien-Hercegovina als "kleines Jugoslawien", und jedem Sachkundigen mußte klar sein, daß eine Aufteilung Jugoslawiens ganz automatisch eine Aufteilung Bosnien-Hercegovinas - Bürgerkrieg inklusive - mit sich bringen würde, zumal die Übereinkunft zwischen Tudman und Milošević über die Aufteilung Bosnien-Hercegovinas (vgl. Kap. 2.7.) bereits lange vor der Anerkennung bekannt wurde.[123] Nicht umsonst war es Alija

---

kommunistischen Landes ist, sei automatisch Demokrat. Diesen Fehler hat man jedenfalls in Bezug auf manche Dissidenten gemacht. Dobroslav Paraga und Vojislav Šešelj galten hier als Bürgerrechtler, die sich für Demokratie einsetzten. Paraga bereiste im Sommer 1989 die BRD, wo er mit Richard von Weizsäcker zusammentraf und begehrter Interviewpartner auch seriöser Zeitungen war. vgl. Paraga 1989a, Paraga 1989b, Paraga 1989c. Auch Dobrica Ćosić wurde von deutschen Medien gegen den von jugoslawischen Politikern erhobenen Vorwurf des Nationalismus in Schutz genommen, z. B. in Flottau 1983a. Zu solchen Fehleinschätzungen vgl. Schneider 1993a.

[122] so z. B. Libal 1991; 170. Der Untertitel des Buches, "Chronik einer Selbstzerstörung", betont bereits die eingeschränkte Sichtweise des Autors. Ich habe mir inzwischen angewöhnt, nicht mehr vom "ehemaligen" Jugoslawien zu sprechen - so hat man es schon zwischen 1941 und 1945 genannt, z. B. Gregorić 1943; 5, Bauer 1941; 10 - und auch nicht vom "zerfallenen" wegen des sprachlichen Aktivs. Meiner Ansicht nach ist die geeignetste Bezeichnung "geteiltes" Jugoslawien, weil in dieser Formulierung zum Ausdruck kommt, daß es von serbischen und kroatischen, deutschen und anderen Politikern geteilt wurde. Tobias Pflüger ist in diesem Punkt anderer Ansicht.

[123] vgl. Judah 1991. Dieser Artikel vom 12.07.1991 berichtet, daß der kroatische Präsidentenberater Mario Nobilo die Einigung zugegeben hat. In den deutschsprachigen Medien wurde dies lange Zeit verschwiegen. Die früheste deutschsprachige Erwähnung, die wir ausfindig machen konnten, stammt aus dem Mai 1992. vgl. Der Spiegel; 22/1992; 161. Franjo Tudman gab erst im Oktober 1993 öffentlich zu, daß er von Anfang an eine Aufteilung Bosnien-Hercegovinas angestrebt hat. In einem Interview mit dem HDZ-Parteiorgan Glasnik sagte er: "Wenn wir Bosnien hätten erhalten wollen, damit alle bosnischen Kroaten zusammenleben könnten,

Izetbegović, der immer wieder österreichische und deutsche Politiker von der Anerkennung Sloweniens und Kroatiens abzubringen versuchte.[124] Im November und Dezember 1991 reiste er zweimal nach Deutschland, um Kohl und Genscher umzustimmen. UNO-Generalsekretär Perez de Cuellar beschwor die deutsche Regierung, ihre Entscheidung zu überdenken, die "einen furchtbaren Krieg in Bosnien-Hercegovina" zur Folge haben würde.[125] Auf die Kritik des UNO-Generalsekretärs gab Genscher zur Antwort, die Situation verschlechtere sich sowieso jeden Tag.[126]

War aber nicht nach dem Aufstieg Miloševićs ein Verbleiben Sloweniens und Kroatiens in Jugoslawien unmöglich? Diese Frage ist insofern falsch gestellt, weil beide Republiken nie ernsthaft versucht haben, Milošević zu stoppen. Die Aufhebung der Autonomie der beiden Provinzen durch Milošević war eindeutig verfassungswidrig. Doch statt Milošević zu bekämpfen, haben Slowenien und Kroatien sich sehr früh auf ihre Sezession konzentriert, und wohl insgeheim gehofft, das zunehmende Chaos werde diesem Bestreben entgegenkommen. Auf die Vereinbarung zwischen Tudman und Milošević, die Bundesregierung auszuhebeln, haben wir bereits hingewiesen. Slowenien machte sich nach außen hin immer für die Rechte der Kosovo-Albaner stark. Ihr Vertreter im Staatspräsidium, der jetzige Regierungschef Drnovšek, hatte jedoch der Verhängung des Ausnahmezustands im Kosovo zugestimmt.[127] Und auch die seit 1990 amtierende demokratisch gewählte Regierung hat, so stellt der Generalsekretär der Demokratischen Liga des Kosovo, Jusuf Buxhovi, fest, "die gegen uns gerichteten Verfassungsänderungen in Serbien gutgeheißen".[128]

In keinem anderen Land wurde und wird so viel über eine mögliche Militärintervention diskutiert wie in Deutschland. Als wir auf unserer Reise im Juli 1993 mit Aida Bagić von der Antikriegskampagne (ARK) in Zagreb sprachen, und Winfried Hermann nach ihrer Ansicht über eine Militärintervention fragte, bekamen wir zu hören, dies sei eine

---

dann hätten wir auch das alte Jugoslawien erhalten." vgl. Süddeutsche Zeitung; 14.10.1993; 8.

[124] so gegenüber Franz Vranitzky am 27.03.1991; vgl. Österreichische außenpolitische Dokumentation 1992; 178.

[125] vgl. Glenny 1993; 247f.

[126] vgl. Schröder 1991. Immerhin brachte die Anerkennung Genscher die Ehre ein, einziger lebender deutscher Politiker zu sein, dem ein Denkmal errichtet wurde. Das Denkmal auf der Insel Brač verschwand jedoch Ende 1992 unter ungeklärten Umständen. So bleibt Genscher nur noch die nach ihm benannte Straße in Šibenik, um sich über die nachteiligen Folgen der Anerkennung hinwegzutrösten. vgl. Der Spiegel; 6/1992; 152. Einige Beobachter brachten das Scheitern der Anerkennungspolitik mit Genschers am 27.04.1992 eingereichten Rücktritt in Verbindung. vgl. Newhouse 1992; 1198. Helmut Kohl wurde zum Ehrenbürger der kroatischen Stadt Split ernannt.

[127] vgl. Braun 1989.

[128] in: die tageszeitung; 04.07.1990; 3.

westeuropäische, im wesentlichen deutsche Diskussion, die völlige Realitätsfremdheit zeige.

Durch das Gerede um eine mögliche bevorstehende Militärintervention zugunsten der Moslems machten deutsche Politiker, aber auch der UNO-Sicherheitsrat mit seinem Beschluß vom 13.08.1992, Izetbegović falsche Hoffnungen, und sind damit schuld an Izetbegovićs mangelnder Verhandlungsbereitschaft.[129] Auch die Tatsache, daß EU-Vermittler Lord Owens Honorar - unabhängig vom Erfolg - 350 000 US$ je Halbjahr beträgt, dürfte kaum zur Beschleunigung der Verhandlungen führen.[130]

Den Kriegsparteien wird auch keine Perspektive für die Zeit nach dem Krieg geboten: Bundesfinanzminister Waigel erklärte, die Erwartungen Kroatiens und Bosniens auf deutsche Wiederaufbauhilfe in größerem Umfang sei "unbegründet". "Was die Serben betrifft, so können Verbrecher, die diesen Krieg begonnen haben, mit keinerlei deutscher Unterstützung rechnen".[131]

---

[129] Izetbegović nannte den Beschluß einen "ersten Schritt" hin zu der erhofften Intervention. vgl. FOF 1992; 583 E3. vgl. Süddeutsche Zeitung; 07.08.1993; 2.

[130] vgl. Zumach 1994a.

[131] vgl. Süddeutsche Zeitung; 07.03.1994; 1.

3. Anatomie des Krieges.

3.1. Kriegsverbrecher und Kriegsgewinnler.

In den westlichen Medien jagen sich die Sensationsmeldungen über Kriegsverbrechen in Bosnien-Hercegovina. Doch so klar es ist, wie viel an Kriegsverbrechen sich dort tagtäglich abspielt, so vorsichtig sollte man gegenüber einzelnen Berichten über Kriegsverbrechen sein, zumal wenn sie von den Medien der am Krieg beteiligten Parteien verbreitet werden. Ein Bild von dieser Schwierigkeit kann man sich anhand der Kontroverse machen, die Anfang 1994 in der "Weltwoche" ausgetragen wurde.[1] Für die oft schwerwiegenden Falschmeldungen gibt es verschiedene Gründe: Schlampige Recherchen, Sensationsgier oder absichtliche Verdrehung der Tatsachen.

Im folgenden werden die verschiedenen Formen von Kriegsverbrechen dargestellt. Dabei geht es zunächst nicht darum, welche Kriegspartei wieviele Kriegsverbrechen begeht, sondern, welche Formen von Kriegsverbrechen es gibt. Es soll auch gezeigt werden, daß Kriegsverbrechen von allen Kriegsparteien begangen werden. Unabhängig davon ist klar, daß die Armee und Milizen der bosnischen Serben, die militärisch am stärksten sind und den größten Teil des Landes kontrollieren, mehr Kriegsverbrechen begangen haben als die moslemische Kriegsseite.

Seit Beginn des Krieges gibt es in Bosnien-Hercegovina zahlreiche Gefangenenlager, in denen zum Teil schwere Folterungen begangen werden. Im August 1992 gelang es dem britischen Journalisten Ed Vulliamy erstmals, ein serbisches (Omarska) und ein kroatisches Lager (Čapljina) zu besichtigen.[2] Zu diesem Zeitpunkt waren vermutlich zehntausende Menschen in ähnlichen Lagern untergebracht. Im Juni 1993 waren dem IKRK insgesamt 46 Gefangenenlager mit 3500 Gefangenen bekannt; davon unter Kontrolle der bosnischen Regierung 26 Lager mit 1300 Gefangenen (das mit 251 Gefangenen größte in Zenica), unter serbischer Kontrolle 11 Lager mit 1200 Gefangenen (davon 785 in Batković), und 9 Lager mit 1008 Gefangenen unter kroatischer Kontrolle (davon 509 in Mostar). Zwar hat das IKRK zu den Lagern mit Ausnahme des Lagers in Mali Logor bei Banja Luka (serbisch kontrolliert) Zugang, aber die namentliche Meldung sämtlicher Gefangener, wie die Genfer Konvention

---

[1] Brock 1994, Die Weltwoche; 20.01.1994; 10, 10.02.1994; 33f, Stiglmayer 1994, Die Weltwoche; 17.02.1994; 11, 03.03.1994; 8, Lettmayer 1994, die tageszeitung; 10.02.1994; 9. Während Brock 1994 in seiner Kritik an der gegen die Serben gerichteten Berichterstattung mit den gleichen Methoden - nur eben in die andere Richtung - arbeitet wie seine Kollegen, ist Lettmayer 1994 einer der wenigen rundum seriösen Artikel zu diesem heiklen Thema.

[2] vgl. Vulliamy 1992a, Vulliamy 1992b.

dies vorschreibt, wird von keiner Kriegspartei geleistet. In Lagern in Frontnähe, die dem IKRK nicht zugänglich sind, sind nach Schätzungen maximal zwei- bis dreitausend Menschen inhaftiert. Die Existenz von unbekannten Lagern mit mehr als eintausend Gefangenen ist - so die für Bosnien-Hercegovina zuständigen IKRK-Mitarbeiter - mit Sicherheit auszuschließen.[3] In den meisten der bekannten Lager befinden sich je ca. 50 Gefangene. Auch in Kroatien soll es während des Krieges Gefangenenlager für Serben in Grubišno Polje und in Slavonska Požega gegeben haben.[4]

Kaum ein Thema wird im Propagandakrieg so benutzt wie das der Vergewaltigungen. Während Vergewaltigungen in früheren Kriegen meist totgeschwiegen wurden - auch im Zweiten Weltkrieg wurde massenhaft vergewaltigt, insbesondere durch japanische, russische und deutsche Soldaten[5] -, sind sich die bosnischen Kriegsparteien des Medieninteressen an diesem Thema bewußt.[6] Daß das Interesse der deutschen Medien für die jährlich ca. 200 000 Vergewaltigungen in Deutschland meist nicht so groß ist, sei hier nur am Rande vermerkt. Die Kriegsparteien vor Ort interessieren sich für das Schicksal vergewaltigter Frauen nur, wenn es für die eigene Propaganda mißbraucht werden kann, haben aber kein Interesse daran, den Frauen zu helfen. Die deutsche Bundesregierung benutzt die vergewaltigten Frauen für ihre Militärschlagphantasien,[7] zur Aufnahme vergewaltigter Frauen ist sie jedoch nur bereit "soweit dies möglich ist".[8] Jede Kriegspartei spielt die eigenen Kriegsverbrechen herunter oder bestreitet sie ganz, und stellt die Verbrechen ihrer Gegner oftmals geradezu absurd überzeichnet dar. Dies ist ein durchaus übliches Vorgehen, bedenklich ist nur, daß ein großer Teil der Medien die Angaben der bosnischen und kroatischen Seite unkritisch übernimmt und die der serbischen als komplett unglaubwürdig ausgibt. So behauptete Wolfgang Odendahl, Ex-General und jetzt Repräsentant der Caritas für Kroatien und Bosnien-Hercegovina, in dem von Serben besetzten Gebiet gebe es keine Frau, die nicht mindestens einmal vergewaltigt worden sei.[9] Anfang 1993 berichteten Zeitungen und Zeitschriften über riesige

---

[3] vgl. Zumach 1993.

[4] vgl. Brock 1994; 8.

[5] vgl. BeFreier und Befreite 1992. Zu Vergewaltigung im Krieg allgemein vgl. Brownmiller 1978; 38-137.

[6] vgl. Stiglmayer 1993; 214.

[7] So antwortete die Bundesregierung auf eine Anfrage von SPD-Abgeordneten, es bestehe "ohne militärischen Einsatz derzeit keine wirksame Möglichkeit, den Frauen und Mädchen im Kriegsgebiet zu helfen". vgl. VDB-D; 462; 12/4048 (29.12.1992); (Kleine Anfrage Hanna Wolf, SPD).

[8] vgl. Frankfurter Rundschau; 04.12.1992; 2.

[9] vgl. Schwäbisches Tagblatt; 25.01.1994; 2.

Vergewaltigungslager, gezwungenermaßen sehr unkonkret, denn die von offiziellen Stellen der Kriegsparteien verbreiteten Listen waren die Hauptquellen solcher Berichte. "Für alle Listen, ob bosnische, kroatische oder serbische, gilt: In der Regel sind sie sehr vage und nicht belegt. Bisher ist es mir auch nicht gelungen, herauszufinden, woher die Autoren Kenntnis von der Existenz der Lager haben. An Ort und Stelle überprüfbar sind die Lager ebenfalls nicht."[10] Viele Berichte in den deutschen Medien stützten sich auf die Angaben aus einer von der Präsidentin der kroatischen Frauenorganisation "Trešnjevka" Cjelka Mrkić zusammengestellten Dokumentation. Das Titelbild des Berichts mit der kroatischen Nationalflagge und Sätze wie "Vergewaltigungen und andere Formen der Erniedrigung zerstören sowohl die Nation als auch Frauen als Symbol für Mutterschaft" hätten seriöse Reporter stutzig machen müssen.[11] Daß die Vergewaltigungen tatsächlich in kleineren Lagern, in Hotels und Sporthallen oder bei Überfällen auf Dörfer begangen werden, ist vielleicht für die Presse weniger sensationell, für die Opfer aber genauso schlimm.

Der im Januar 1993 von amnesty international vorgelegte Bericht nennt u. a. die Vergewaltigung 40 moslemischer Frauen im Juni 1992 durch Tiger-Milizen in Caparde (bei Zvornik), Vergewaltigungen im Hotel "Vilina Vlas" und in der Feuerwache in Višegrad durch Tiger-Milizen und Šešelj-Četnici im Mai und Juni 1992, sowie im Lager Teslić (bei Prijedor). Es gibt auch Berichte über Vergewaltigungen von Serbinnen in von Muslimen und Kroaten betriebenen Lagern oder bei Überfällen. So berichten zahlreiche Serbinnen, daß sie in Sarajevo von Angehörigen der Juka-Milizen vergewaltigt wurden. Vergewaltigungen begehen nicht nur Soldaten; auch unter Zivilpersonen, die in Kellern vor gegnerischen Angriffen Schutz suchen, kommen Vergewaltigungen vor. In Bosnien-Hercegovina war bereits in den Monaten vor dem Kriegsausbruch ein deutlicher Anstieg der Vergewaltigungen festzustellen, den man wohl als "Begleiterscheinung" des zunehmend aggressiven Klimas interpretieren kann, und der Beograder Frauennotruf gibt an, daß Vergewaltigungen durch Ehemänner oder Verlobte seit Kriegsausbruch um fast 30% angestiegen sind.[12] Dies zeigt: Die Vergewaltigung von Frauen im Krieg ist nur nebensächlich gegen das Opfer als Angehörige einer anderen Bevölkerungsgruppe oder gegnerischen Kriegspartei gerichtet;[13]

---

[10] Stiglmayer 1993; 149. In diversen Zeitungsartikeln ist Alexandra Stiglmayer allerdings mit der Verbreitung nicht überprüfbarer Informationen nicht so vorsichtig. vgl. Stiglmayer 1994.

[11] vgl. Fregiehn 1993.

[12] vgl. Gegen den doppelten Mißbrauch 1993; 16, Brock 1994; 10, Stiglmayer 1993; 180-190, Der Spiegel 53/1992; 114f, Süddeutsche Zeitung; 03.02.1993; 9, Hecht 1992; 9, Peranić 1993; A 398, Frankfurter Rundschau; 21.12.1992; 2.

[13] Dabei spielt die Zugehörigkeit zur gegnerischen Kriegspartei eher eine Rolle als die Zugehörigkeit zu einer Bevölkerungsgruppe oder Religion. Falsch ist die immer wieder geäußerte Ansicht, moslemische Frauen würden speziell deshalb vergewaltigt, weil sie danach von

in erster Linie richtet sie sich gegen das Opfer als Frau. Und die Erklärung, Vergewaltigung würde gezielt als Kriegsstrategie eingesetzt, ist eine Irreführung. Zwar gab es bei Cetnik-Einheiten den Befehl, zu vergewaltigen, doch in den regulären Armeen auf allen Seiten werden Vergewaltigungen geahndet - weil sie der militärischen Disziplin schaden. Diese Erklärung soll darüber hinwegtäuschen, daß Krieg und Vergewaltigung zusammengehören, daß auch UNO-Blauhelme unter den Vergewaltigern sind,[14] und daß im Falle einer Intervention auch diese Truppen massenhaft vergewaltigen würden.[15]

Zahlreiche Städte in Bosnien-Hercegovina wurden und werden belagert. Aufgrund der geographischen Lage funktioniert dies meist so, daß die Belagerer von den umliegenden Hügeln ständig wahllos in die Stadt schießen,[16] während es fast unmöglich ist, von der Stadt aus die Belagerer zu treffen. Belagert wurden und werden z. B. Goražde, Srebrenica und Sarajevo von serbischen, Vitez und Vareš von moslemischen und Mostar von kroatischen Truppen. Die von 19 000 Menschen, hauptsächlich Moslems, bewohnte Stadt Maglaj wurde von serbischen und kroatischen Soldaten gemeinsam belagert.

Am 05.02.1994 traf eine Granate den Marktplatz von Sarajevo. Da die Granate noch in der Luft explodierte, wurden 68 Menschen getötet und 142 verletzt. Da es keinen Krater gibt, läßt sich die Herkunft der Granate nicht zweifelsfrei klären, es gilt aber als wahrscheinlich, daß sie von serbischen Belagerungstruppen abgefeuert wurde.[17]

Muslime vertreiben kroatische Zivilisten aus Zentralbosnien, Serben vertreiben moslemische Zivilisten aus Banja Luka, Kroaten vertreiben

---

ihrem Ehemann und ihrer Familie verstoßen würden. Bei dieser Ansicht werden Vorstellungen über arabische Moslems einfach auf die bosnischen Moslems übertragen. Wie Ehemänner und Verwandte sich gegenüber einer vergewaltigten Frau verhalten, hängt nicht von der Religion ab, sondern eher davon, ob es sich um Angehörige der Stadt- oder Landbevölkerung handelt.

[14] vgl. die tageszeitung; 03.11.1993. Recherchen des Journalisten Roy Gutman ergaben, daß etwa 50 UNO-Blauhelme aus verschiedenen Ländern (u. a. Frankreich) zwischen Mai und November 1992 regelmäßig ein serbisches Lager in der Nähe von Sarajevo besucht hatten, wo kroatische und moslemische Frauen zur Prostitution gezwungen wurden.

[15] "Dabei scheint es so zu sein, daß diejenigen, die dafür argumentieren, daß die Frauen aufgrund ihrer ethnischen Zugehörigkeit vergewaltigt werden, auch diejenigen sind, die militärisch eingreifen wollen, um das Vergewaltigen damit zu beenden; sie machen sich aber gleichzeitig Illusionen über die Konsequenzen, die ein militärisches Eingreifen hat, und biegen sich entsprechend die Fakten zurecht." Sander 1992; 9.

[16] Nach Schätzungen aus Beograder Militärkreisen wurden in den ersten Monaten der Belagerung Sarajevos durchschnittlich 2500 Granaten und Raketen täglich abgefeuert. vgl. Flottau 1992.

[17] vgl. Allen 1994. Von Vertretern der Armee der bosnischen Serben wurde erklärt, die bosnische Armee habe die Granate abgefeuert, um eine Militärintervention zu erreichen. Dies wäre der bosnischen Armee zwar durchaus zuzutrauen, ist aber in diesem Fall eher unwahrscheinlich, weil die verwendete Granate nicht so zielgenau gesteuert werden kann, daß der Einschlagsort mitten auf dem Marktplatz vorhersehbar gewesen wäre.

serbische und moslemische Zivilisten aus Mostar.[18]

Bei Überfällen auf Dörfer töten kroatische, serbische und moslemische Milizen wahllos Zivilisten, so z. B. in Vitez, Srebrenica und Bratunac.[19]

Nach bosnischen Angaben soll die kroatische HVO trotz des geltenden Flugverbots von Hubschraubern aus 250-Kilo-Bomben abgeworfen haben.[20] Nach Angaben von Jane's Defence Weekly wird das Flugverbot ständig gebrochen, so allein in den sechs Wochen zwischen Ende Juli und Anfang September 1993 132 mal, also etwa dreimal am Tag. Es handelte sich allerdings nur selten um Kampfflugzeuge, meist sind es Transportflüge mit Helikoptern.[21]

Im Januar 1993 bestand nach Sprengstoffanschlägen auf den nördlich von Split gelegenen Peruča-Staudamm Einsturzgefahr; für 20 000 Bewohner der flußabwärts an der Cetina gelegenen Dörfer bestand akute Gefahr. Selbst ohne Waffen sind die Kriegsparteien zu Kriegsverbrechen in der Lage: So haben moslemische Milizen zwei Schleusen des großen Drina-Staudamms bei Višegrad geöffnet, um flußabwärts gelegene serbische Dörfer zu überfluten.[22]

Die bosnische Armee steht im Verdacht, mit Chlorgas gefüllte Mörsergranaten eingesetzt zu haben.[23]

Den Kriegsparteien in Bosnien-Hercegovina ist nichts heilig. Für den Erfolg ihrer militärischen Ziele nehmen sie bewußt viele Menschenopfer auch unter der eigenen Bevölkerungsgruppe in Kauf. Generac MacKenzie stellte fest: "Mörser werden neben Krankenhäusern aufgestellt, Artillerie neben Schulen, Mörser und andere Waffen werden in Ambulanzwagen transportiert. Ich habe noch nie einen solchen Mißbrauch des Roten Kreuzes gesehen, wie er hier von beiden Seiten betrieben wird." Den Trick, eigene Stellungen zu beschießen, um dem Gegner einen Bruch des Waffenstillstands vorwerfen zu können, beherrschen alle Seiten.[24]

Von allen Kriegsparteien wird die humanitäre Hilfe des UNHCR und der Hilfsorganisationen behindert. Ein italienisches UNO-Flugzeug mit einer Hilfslieferung für Sarajevo wurde am 03.09.1992 in kroatisch-

---

[18] vgl. Hirsch 1993, Boyes 1993, Süddeutsche Zeitung; 03.02.1993; 9, 21.05.1993; 8.

[19] vgl. Süddeutsche Zeitung; 21.05.1993; 8, 08.10.1993, 10, 14.04.1993; 1, Hecht 1993, Eykyn 1993.

[20] vgl. die tageszeitung; 26.01.1994; 2.

[21] vgl. die tageszeitung; 26.01.1994; 2, Beaver 1993. Die 132 Verstöße verteilten sich wie folgt: Bosnische Armee 85 (75x Helikopter, 10x Flugzeug), Armee der bosnischen Serben 45 (43x Helikopter, 2x Flugzeug), HVO 2.

[22] vgl. ADG 1992; 36744.

[23] vgl. Jane's Defence Weekly; 21.08.1993; 5.

[24] vgl. Chazan/Traynor 1992, Der Spiegel; 31/1992; 116, Newhouse 1992; 1203.

moslemisch kontrolliertem Gebiet 30 km westlich von Sarajevo, vermutlich mit einer Stinger-Rakete der HVO, abgeschossen, die vier Insassen kamen ums Leben. Bei einem Angriff auf einen französischen UNO-Konvoi am 08.09.1992 wurden zwei Blauhelmsoldaten getötet und fünf verwundet. Der ägyptische General Hussein Ali Abdul-Razek, Befehlshaber der UN-Friedenstruppen in Sarajevo, erklärte, moslemische Truppen seien für den Zwischenfall verantwortlich. Am 28.01.1994 wurde ein UNHCR-Hilfskonvoi bei Zenica, also in einem von der bosnischen Armee kontrollierten Gebiet, von Bewaffneten überfallen, die drei Fahrer wurden zusammengeschlagen, einer von ihnen wurde erschossen. Im November 1992 verhinderten lokale serbische Kommandeure trotz der Zusage des Kommandeurs der serbischen Armee Bosniens, Ratko Mladić, die Versorgung der Bevölkerung von Srebrenica durch UNO-Konvois. Einem UNO-Hilfskonvoi mit 60 t Lebensmitteln und Medikamenten für das belagerte Čerska untersagte General Mladić die Durchfahrt. Die kroatischen Truppen, die seit Juni 1993 Mostar belagerten, verhinderten die Versorgung der 35 000 Moslems durch Hilfskonvois. Der aus 500 LKWs bestehende Konvoi, den die Stadt Tuzla im Juni 1993 nach Split geschickt hatte, um dort Hilfsgüter abzuholen, wurde auf der Rückfahrt bei Vitez von HVO-Soldaten aufgehalten, acht Fahrer wurden getötet, zahlreiche Fahrer verletzt und mehrere LKWs ausgeraubt. Verschiedene Milizen verlangen von Hilfskonvois "Wegzoll", so z. B. die HVO bis zu 2000 DM.[25]

David Kaplan, Reporter des Fernsehsenders ABC, wurde am 13.08.1992 in Sarajevo erschossen, nach UNO-Angaben wahrscheinlich von irregulären Moslem-Einheiten. Er war vermutlich der 30. Journalist, der im jugoslawischen Bürgerkrieg starb. Im Juni 1992 starb der Journalist der slowenischen Zeitschrift "Mladina" Ivo Standeker in Sarajevo durch Granatsplitter vermutlich serbischen Ursprungs.[26]

"Kapetan Dragan", der mit wirklichem Namen Dragan Vasiljković heißt, und, nachdem er lange in Australien gelebt hatte, im Sommer 1991 in der Krajina das Kommando über 120 000 Soldaten hatte, beschreibt die militärischen Strukturen in Bosnien-Hercegovina folgendermaßen: "Nach dem plötzlichen Abzug der Jugoslawischen Volksarmee vom Gebiet Bosnien-Herzegowina blieb das Volk (auf allen Seiten) bis an die Zähne bewaffnet, aber ohne Kommandeure, so daß Hunderte von kleinen bewaffneten Verbänden geschaffen wurden. Im Prinzip hatte der lokale Gewalttäter[27] die größten Chancen, Kommandant der lokalen Armee zu werden. Da sie nicht mit dem System verbunden waren, begannen sie

---

[25] vgl. FOF 1992; 657 C1, C2, Der Spiegel; 38/1992; 173, Neue Zürcher Zeitung; 30.01.1994; 2, Judah 1992b, die tageszeitung; 17.02.1993, 19.08.1993, Rathfelder 1993a, Hofwiler 1992b.

[26] vgl. FOF 1992; 657 F2, Rathfelder 1992b.

[27] Im Original: siledžija; kann auch mit Raufbold, Halbstarker übersetzt werden.

damit, »sich selbst zu finanzieren«, anfangs durch Kriegsbeute, später dann durch gewöhnlichen Raub und Plünderung. Nicht selten waren die Landsleute die Opfer. Immer häufiger kam es auch zu gegenseitigen Zusammenstößen im Kampf um die Führung, und in Bosnien haben wir bereits jetzt Verhältnisse wie im Libanon."[28] Dies ist nach Ansicht Vasiljkovićs die Hauptursache für die zahlreichen Kriegsverbrechen, die von gut ausgebildeten, disziplinierten Soldaten in geringerem Umfang begangen würden.

Der jugoslawische Schriftsteller Aleksandar Tišma erklärte: "Dieser Krieg in Jugoslawien ist kein ethnischer mehr, sondern längst ein Bandenkrieg, wobei die Hauptbanditen die bestehenden ethnischen Spannungen nur als Vorwand benutzen, um ihre Macht, die durch den Sturz des Kommunismus gefährdet war, weiter zu erhalten."[29] So sind die Kriegsparteien auch nicht einfach mit den "Völkern" identisch. Im Herbst 1991 verteidigten die Einwohner Dubrovniks - Kroaten und Serben gemeinsam - ihre Stadt vor den Angriffen der Volksarmee.[30] Der Serbe Divjak organisiert seit zwei Jahren die Verteidigung Sarajevos, während in Velika Kladuša im Nordwesten Bosniens, wo das Verhältnis zwischen Moslems, Serben und Kroaten immer, auch während des Zweiten Weltkrieges, sehr gut war, serbische Soldaten der Bevölkerung bei der Verteidigung gegen die von der Izetbegović-Regierung befehligte bosnische Armee helfen.

Neben dem "offiziellen" Vertreter der bosnischen Serben, Karadžic, gibt es eine Unmenge von Bandenführern: Neben Vojislav Šešelj (s. Kapitel 2.5.) hat auch Željko Ražnatović "Arkan" seine eigene Armee, die "Tiger-Miliz". Ražnatović, der in der 70er- und 80er Jahren in mehreren europäischen Ländern als Krimineller aktiv und inhaftiert war, eröffnete um 1990 in seiner Heimat eine Konditorei und wurde Anführer der "Delije", der Fans des Fußballvereins "Roter Stern Beograd". Im Sommer 1991 fuhr Ražnatović "aus Neugierde" nach Knin. Auf der Rückfahrt wurde er festgenommen. Er verbrachte sechs Monate in einem kroatischen Gefängnis, bevor er freigesprochen wurde. Bei seiner Rückkehr nach Serbien wurde er als Volksheld gefeiert. Aus Mitgliedern der "Delije" bildete er die Tiger-Milizen, denen neben den Četnici die meisten Kriegsverbrechen zur Last gelegt werden. Aus dem Krieg in Bosnien-Hercegovina zog sich Arkan nach einigen Monaten zurück. Seine Milizen sollen bei Zvornik im April 1992 2000 Zivilisten ermordet haben. Im Jahre 1993 gehörte er dem serbischen Parlament an. Bei den Wahlen im

---

[28] Vasiljković 1993; A 48. Vasiljković hat sich inzwischen aus dem Militär zurückgezogen und leitet eine Stiftung für Kriegsopfer. vgl. Flottau 1993. Es gibt Gerüchte, die Stiftung diene auch zur Geldwäsche.

[29] Tišma 1992; 68.

[30] vgl. Glenny 1993; 210.

Dezember 1993 konnte seine "Serbische Partei der Einheit" SSJ keinen Sitz gewinnen. Er besitzt eine Einkaufspassage in Beograd; daneben soll er auch - wie Šešelj - durch Zuhälterei und Drogenhandel zu Geld kommen.[31]

Weitere serbische "Privatarmeen" haben Mirko Jović, Dragoslav Bokan und Siniša Vučinić.[32] Kämpfer aus den Reihen der bosnischen Serben machen als Berufskiller auch Beograd unsicher, wo sich verschiedene Mafiabanden bekriegen, die teilweise Kontakte zur italienischen Mafia oder zu bosnischen und kroatischen Paramilitärs haben.[33]

Tomislav Merčep ist kroatischer Parlamentsabgeordneter für die Regierungspartei HDZ. Seine Milizen verübten 1991 und 1992 mehrere Massaker an Serben und Kroaten in Gospić und in der Umgebung von Pakrac. Die kroatische Zeitung "Globus" veröffentlichte am 24.12.1993 geheime Polizeidokumente über die von Merčeps Milizen begangenen Kriegsverbrechen, bei denen es über 1000 Tote gegeben haben soll.

Jusuf Prazina "Juka" war vor dem Krieg in Sarajevo ein gefürchteter Schuldeneintreiber, innerhalb kurzer Zeit hatte seine "Inkassostelle" 300 Mitarbeiter, die zahlungsunfähige Schuldner auch zusammenschlugen oder kidnappten, und aus denen er später seine Privatarmee rekrutierte, die "für die Vereidigung der Stadt" mit Vorliebe teure Autos beschlagnahmte. Prazina wurde zum Kommandanten der Spezialeinheiten des Innenministeriums, später von Spezialeinheiten der bosnischen Armee, ernannt. Denjenigen Serben, die dafür mehrere tausend DM bezahlen konnten, ermöglichte er die Flucht aus Sarajevo. Im Oktober 1992 war "Juka" festgenommen worden, da es Gerüchte gab, er wolle gegen die Regierung putschen. Nach seiner Freilassung verließ er die Stadt, schloß sich der HVO an, und raubte moslemische Flüchtlinge aus. Seit August 1993 hatte er sich in Liege (Belgien) aufgehalten. Ein ehemaliges Mitglied einer moslemischen Miliz gab Mitte Dezember 1993 an, Prazina sei in Stuttgart von Bosniern umgebracht worden. In der Sylvesternacht wurde Prazina auf einem belgischen Autobahnparkplatz aufgefunden. Eine Spezialeinheit der bosnischen Armee, die mit Bakir Izetbegović, dem Sohn des Staatspräsidenten in Verbindung steht, wird der Tat verdächtigt.[34]

Musan Topalović "Caco", ein ehemaliger Musiker und inzwischen

---

[31] vgl. Đurić/Bengsch 1992; 182, Švarm 1993, Harris 1993.

[32] Jović ist Anführer der "Serbischen Nationalen Verteidigung". Bokan war Regisseur und führt heute die Terrorgruppe "Weißer Adler" an. vgl. Đurić/Bengsch 1992; 179f. Das Belgrader Fernsehen meldete am 24.04.1992 die Verhaftung Bokans. vgl. FOF 1992; 314 B2. Vučinić ist Anführer der mindestens 1500 "Falken", einem ebenfalls rechtsextremen Freischärlerverband in Bosnien. vgl. Der Spiegel; 41/1992; 201.

[33] vgl. Judah 1993.

[34] vgl. Süddeutsche Zeitung; 21.10.1992; 2, Komlenović 1994, Schmid 1992.

der gefürchtetste Mafioso Sarajevos, soll nach übereinstimmenden Zeugenaussagen von bosnischen Soldaten mindestens 28 serbische Männer aus der Stadt verschleppt und eigenhändig mit Handgranaten in seinen Schützengräben liquidiert haben. Topalovićs Soldaten kontrollierten im Sommer 1993 die Altstadt Sarajevos, die sie von Kroaten und Serben "säuberten". Sie entführten über 200 Menschen, darunter auch die Söhne des Oberbefehlshabers der bosnischen Armee, Razim Delić, seines Stellvertreters Jovan Divjak, und Izetbegovićs Leibwächter.[35]

Am 13.02.1994 wurde in München der Serbe Duško Tadić festgenommen, der nach zahlreichen Zeugenaussagen für schwere Folterungen im Lager Omarska (bei Banja Luka) verantwortlich ist. Gegen zehn weitere Personen ermittelt die Staatsanwaltschadt wegen des Verdachts der Beteiligung am Völkermord. In Roskilde (Dänemark) wurde wenige Tage später ein Moslem festgenommen, der als Gefangener des von Kroaten kontrollierten Lagers in Čaplijna seinen Bewachern bei der Folterung und Ermordung seiner Mithäftlinge geholfen haben soll. In Serbien steht seit Mai 1994 ein serbischer Fabrikarbeiter vor Gericht, der in Celopec (Bosnien-Hercegovina) 16 unbewaffnete moslemische Zivilisten erschossen und zwölf verletzt haben soll.[36] Der frühere Generalstabschef der bosnischen Armee Šefer Halilović soll vor Gericht gestellt werden, weil die Armee unter seiner Führung bei Mostar und Jablanica kroatische Zivilisten massakriert hatte. Grund dafür, daß er angeklagt wird, dürften aber auch politische Differenzen zwischen ihm und Silajdžić sein.[37]

Der ehemalige polnische Ministerpräsident Tadeusz Mazowiecki, der im Auftrag der Vereinten Nationen Menschenrechtsverletzungen in den Nachfolgestaaten der SFRJ untersucht, faßte zusammen, alle drei Seiten seien für die Tötung von Zivilisten, willkürliche Beschießungen und das Legen von Landminen verantwortlich; Serben und Kroaten hätten jedoch Verbrechen größeren Ausmaßes begangen als die Moslems.[38] Nach Angaben der bosnischen Gesundheitsbehörden sind bis Ende September 1993 141 000 Menschen getötet und 156 000 verletzt worden.[39]

Eine Reihe von Händlern haben sich am Krieg und seinen Folgen bereichert. Jezdimir Vasiljević, Besitzer der serbischen Privatbank "Jugoskandik", die ihren Kunden auf Devisenkonten Zinsen bis 400% gewährte und in der 250 Mio. $ deponiert waren, gibt an, dies sei dadurch möglich

---

[35] vgl. Willier 1993b.

[36] vgl. Fadilas Liste 1994, Süddeutsche Zeitung; 19.02.1994; 7, Frankfurter Rundschau; 13.05.1994.

[37] vgl. Thumann 1994, Schwartz 1994; 53.

[38] vgl. Süddeutsche Zeitung; 23.02.1994. Zu einem früheren Bericht Mazowieckis vgl. Zumach 1992.

[39] vgl. Süddeutsche Zeitung; 02.10.1993; 8.

gewesen, daß er den Markt für einige Produkte vollständig kontrolliert habe; es sei aber alles legal gewesen. Eine andere Erklärung ist die, daß er die Zinsen aus den neuen Anlagen bezahlte, so daß die Bank zusammenbrechen mußte, sobald ihr Wachstum nachließ. Genau dies geschah im März 1993, Vasiljević setzte sich nach Israel ab. Von Tel Aviv aus vermittelte er israelischen Firmen Schürfrechte in serbischen Goldminen; die Israelis liefern im Gegenzug elektronische Militärlogistik. Vasiljević wird verdächtigt, sich auch an Geschäften mit Waffen und Drogen bereichert zu haben.[40]

Import-Export-Firmen in Sarajevo wie Cenex und Banco Promet können trotz Belagerung Fisch aus der Adria, Champagner und französischen Camembert besorgen: Die Güter müssen in D-Mark bezahlt werden, die Gewinnspanne beträgt 1000%, davon geht ein Drittel an die serbischen Belagerer, den Rest teilen sich die Händler mit der bosnischen Armee oder Militärpolizei.[41]

Im Februar 1994 wurden mehr als 400 Personen, davon 280 bosnisch-serbische Soldaten, angeklagt, die an die bosnische Armee Waffen, Munition, Zigaretten u. a. im Wert von 380 000 DM verkauft hatten. Unter den bei Razzien in Sarajevo Ende Oktober 1993 verhafteten Schwarzhändlern befanden sich 140 Angehörige der bosnischen Armee.[42]

Auch UNO-Blauhelme haben ihre Hände im Schwarzmarkt. Wertgegenstände, die die vom Hunger bedrohten Menschen zu Spottpreisen verkaufen, werden von UNO-Blauhelmen außer Landes geschmuggelt, Lebensmittel, Alkohol und Heroin werden teuer verkauft. Besonders stark im Schwarzmarkt vertreten sind die ukrainischen Blauhelme, deren Sold nur ein Bruchteil dessen beträgt, was ihre französischen Kollegen erhalten. 19 Ukrainer und 3 Franzosen wurden wegen Schwarzhandels aus der Friedenstruppe ausgeschlossen. Die kroatische Regierung beschuldigte russische Blauhelmsoldaten, große Mengen in Kroatien gekaufter Waren in den UNPAs an Serben weiterzuverkaufen.[43]

In Deutschland sind die Waffenhändler nicht die einzigen, die Profit aus dem Krieg schlagen. So sammelt die "Friedensbewegung Europa, Aktionsbündnis Bosnien-Herzegowina" Spenden, insbesondere von hier lebenden Bosniern. Hamburger SPD-Politikerinnen haben jedoch

---

[40] vgl. Neue Zürcher Zeitung; 20.03.1993; 5, Flottau 1993, Der Spiegel; 4/1994; 111, Küppers 1993b.

[41] vgl. Willier 1993a.

[42] vgl. Le Monde; 01.03.1994; 6, Süddeutsche Zeitung; 05.11.1993; 2.

[43] vgl. Der Spiegel; 35/1993; 137, FOF 1992; 873 E2. UNPA = United Nations Protected Areas, offizielle Bezeichnung für die sich selbst als "Serbische Republik Krajina" bezeichnenden drei Gebiete in Kroatien um Knin, Glina und Vukovar, wo UNO-Blauhelme den Waffenstillstand überwachen.

herausgefunden, daß das Geld nicht den Menschen in Bosnien zugute kommt, sondern der Scientology-Sekte, deren Tarnorganisation das "Aktionsbündnis" ist. Die Polizei in Oberhausen hat vier Mitglieder der "Kroatischen Hilfe Oberhausen e. V." festgenommen. Der Verein hatte aus Zivilschutzlagern Medikamente und medizinisches Gerät organisiert und dieses nicht nach Kroatien geliefert, sondern für mehrere Millionen DM weiterverkauft.[44]

Auch mit Lobbytätigkeiten läßt sich am Krieg verdienen: Im Auftrag der kroatischen und moslemischen Kriegsseite verbreitete die PR-Agentur Ruder and Finn für 18 000 $ im Monat Propagandameldungen über Kriegsverbrechen der Serben, während die serbische Kriegsseite die PR-Agentur Ian Greer Associates mit der Verbreitung ihrer Propaganda beauftragte.[45]

3.2. Söldner auf allen Seiten.

Im Krieg in Bosnien-Hercegovina sind auf allen Seiten Söldner aus vielen Ländern im Einsatz. Milan Panić, damals Ministerpräsident der "BR Jugoslawien", schätzte ihre Zahl im Sommer 1992 auf insgesamt 1200; andere Schätzungen geben sie auf 15 000 an.

Besonders viele Söldner gab es bei der HOS, dem militärischen Arm der "Kroatischen Partei des Rechts". Nach Angaben von Michel Faci, einem ehemaligen Mitstreiter des französischen Front-National-Chefs Le Pen, kämpften bei der HOS etwa 100 ausländische Freiwillige, darunter etwa 25 Deutsche und Österreicher. Nach Angaben der von der HIAG (Hilfsgemeinschaft auf Gegenseitigkeit der Waffen-SS) herausgegebenen Zeitschrift "Der Freiwillige" Heft 2/92 wirbt die "Niederländisch-Kroatische Arbeitsgemeinschaft", die aus ehemaligen Kadern der niederländischen Armee mit Kampferfahrung im Libanon, in Korea und Indonesien besteht, Söldner für die kroatische Armee. Im "Index", dem Organ der Hamburger "Nationalen Liste", teilt der ehemalige Kühnen-Vertraute Christian Worch mit, daß "die Unterstützung des tapfer kämpfenden kroatischen Volkes eine wichtige Sache" sei. Thomas Hainke aus Bielefeld, Angehöriger der von Michael Kühnen aufgebauten "Gesinnungsgemeinschaft der Neuen Front" kämpfte bei Osijek auf kroatischer Seite. Er behauptet, elf Serben in einem Bunker ermordet zu haben. Auf eine kleine Anfrage der PDS antwortete die Bundesregierung, es seien nach Angaben eines Angehörigen der kroatischen Nationalgarde "ca. 30

---

[44] vgl. Nordhausen 1993, Süddeutsche Zeitung; 05.08.1994; 10.

[45] vgl. Waldron 1992; 13. Die Beauftragung privater Firmen mit der Verbreitung der eigenen Propaganda im Ausland ist inzwischen üblich. Kuwait ließ 1990/1991 die amerikanische PR-Agentur Hill and Knowlton Falschmeldungen über angebliche Kriegsverbrechen der Iraker im Kuwait verbreiten. vgl. Ege 1992; 1370f.

deutsche Staatsbürger als Ausbilder" in Kroatien tätig. Hans Neusel, Staatssekretär im Innenministerium, gab am 11.03.1992 an, die berüchtigte "Schwarze Legion" der HOS werde von einem ehemaligen NVA-Offizier geleitet. Unter den deutschen Söldnern waren auch Bundeswehrangehörige.[46] Der ehemalige österreichische Zeitsoldat Hans-Jörg Schimanek, der auch selbst als Söldner in Surinam und Kroatien tätig war, bildete in einem Trainingscamp bei Wien Angehörige der VAPO ("Volkstreue Außerparlamentarische Opposition") für ihren Einsatz als Söldner aus.

Geworben wird für Söldnereinsätze in den verschiedenen Zeitschriften der rechten Szene, dort sind Aufrufe zur Meldung als Söldner: Im "New Order", dem englischsprachigen Organ der weltweit im Untergrund operierenden NSDAP/AO (Nationalsozialistische deutsche Arbeiterpartei, Aufbau-/Auslandsorganisation),[47] schreibt ein unbekannter Söldner, der innerhalb einer internationalen Rechtsextremistengruppe kämpft: "Grüße von uns allen. Wir kämpfen hier für unsere freiheitliche Welt. Die Kroaten sind sehr deutschfreundlich. Wir haben bereits zwei Tschetnik-Bunker ausgeräuchert. Sieg Heil." Im "Kameradschaftsblatt Der Freiwillige" Nr. 2/92 der HIAG (Hilfsgemeinschaft auf Gegenseitigkeit der ehemaligen SS-Angehörigen) wirbt eine "Niederländisch-Kroatische Arbeitsgemeinschaft" Söldner. Diese besteht aus ehemaligen Kadern der niederländischen Armee mit Kampferfahrung im Libanon, in Korea und Indonesien. In der Söldnerwerbung heißt es: "Die serbischen Kommunisten [müssen] konkret mit der Waffe in der Hand" bekämpft werden. In den HNG-Nachrichten[48] gibt es eine extra Rubrik "Seid furchtbar und wehret Euch, Neues von der Kroatienfront": "Vor 2 Wochen hatten wir schwere Kämpfe mit den Moslems, wobei 2 Deutsche durch Sniper getötet wurden. [...] Alle internationalen sind reguläre Mitglieder der HVO. [...] Der Sold beträgt 100 DM monatlich."

Es gibt einen Aufruf des österreichischen Neonaziführers Gottfried Küssel von der "Völkischen außerparlamentarischen Opposition" (VAPO) von Ende 1991. Am 14.01.1992 wollte Küssel demnach ein "bewaffnetes, technisches Sanitärskorps" nach Kroatien schicken. Eine Woche zuvor wurde er jedoch in Wien wegen Verstoßes gegen das Verbot nationalsozialistischer Wiederbetätigung verhaftet. Übernommen hat den Transport dann der Neonazi Christian Worch. Anfang April 1992 wurde laut KURIER ein Konvoi mit 33 Militär-LKWs auf dem Weg nach Kroatien

---

[46] vgl. VDB-D; 444; 12/2438 (14.04.1992); (Kleine Anfrage Andrea Lederer, PDS/Linke Liste), VDB-S; 161; 12/85 (19.03.1992); 7032C (Mündliche Anfrage Rudolf Bindig, SPD).

[47] Chef der NSDAP/AO ist Gary Rex Lauck, Sitz ist New York. Die deutsche Ausgabe des New Order heißt "NS-Kampfruf".

[48] Organ der "Hilfsorganisation für nationale politische Gefangene und deren Angehörige e. V." vgl. Fromm 1993.

von österreichischen Grenzbeamten abgefangen; Küssel war an der Planung noch beteiligt gewesen. Vorher hatte die VAPO für den Fronteinsatz trainiert.[49]

Wer sich z. B. mit einer Hilfslieferung ins Kriegsgebiet begibt, vernimmt dort nicht selten deutsche Stimmen, die von Söldnern stammen. Im April 1993 reiste Tobias Pflüger nach Bosnien, dabei wurde auch deutlich, daß die Söldner eine zentrale Rolle im Krieg spielen. In kroatisch-bosnischen Tomislavgrad und in Zagreb gibt es regelrechte Anwerbe- und Stationierungszentren für Söldner und Neonazis. Von dort aus starten sie ihre Aktionen. So berichten zwei Söldner (aus Göttingen und aus Leipzig) von "Eroberungen" von Dörfern bei Jablanica, bei denen die gegnerischen Scharfschützen umgebracht worden seien, was mit den Zivilisten geschehen ist, dazu sagen sie nichts.[50]

Neben deutschen, französischen und österreichischen Neonazis gab es bei der HOS z. B. auch britische, wie z. B. Steven Gaunt von der "Nationalen Front" und Mark "Jaffa" Jones, der Dobroslav Paraga für die "Reinkarnation Hitlers" hält und hofft, "Kroatien könnte das erste nationalsozialistische Land werden nach Deutschland". Drei Schotten mit militärischer Erfahrung waren im Herbst 1991 als Berater Paragas tätig.[51] Das britische antifaschistische Magazin "Searchlight" resümiert, Kroatien sei zum "Tummelplatz und Brennpunkt für internationale Faschisten" geworden. Das britische Außenministerium schätzt, daß etwa 100 britische Söldner für die kroatische Kriegsseite kämpfen. Eine "Internationale Brigade", in der viele britische Söldner sind, wird von dem spanischen Journalisten Eduardo Flores geleitet. Flores, der schon Erfahrungen in der israelischen Armee gesammelt hatte, berichtete für eine spanische Zeitung über den Krieg, bevor er selbst an ihm teilnahm. Für die Journalisten Christian Würtenberg und Paul Jenks endete der Versuch, Informationen über diese Söldnertruppe zu sammeln, tödlich. Der 30jährige Anführer einer anderen HOS-Einheit, die aus 14 Briten besteht, lehnte auch schon Bewerber ab, beispielsweise einer Teenager, der in voller Uniform nach Beograd gefahren war, das er für die kroatische Hauptstadt hielt; die dortigen Serben schickten ihn nach Zagreb. "Hier gibt es so viele Idioten", klagt der Anführer. Eine weitere HOS-Truppe, die ihr Zentrum in Klek hatte, wurde von dem aus den USA zurückgekehrten Tomislav Madi "Chicago" geleitet.[52]

Ein Verbindungsmann zwischen US-amerikanischen Faschisten und dem auch in Europa agierenden Ku-Klux-Klan, der seine Zentrale in

---

[49] vgl. Pflüger 1993; 46.

[50] vgl. Stark 1993.

[51] vgl. Rogers 1991.

[52] vgl. Stephen 1992, Siegler/Mägerle 1992, Rauss 1992, Höges 1992, Schmolke 1993, Novak 1992.

Großbritanien hat, ein gewisser Harold Covington schreibt an seine "dear radical comrades": "Ihr seid sicher mit der Situation in Kroatien vertraut [...] die schwache Unterstützung aus dem Ausland für das Tudjman-Regime und die neugegründete kroatische Armee [...]" Notwendig seien "sogenannte Söldner, die tatsächlich politisch motivierte junge arische Männer aus der ganzen Welt sind, ähnlich den Nationalsozialisten oder den Pro-Faschisten. Sie haben eine rassische Antwort auf die linken Internationalen Brigaden im spanischen Bürgerkrieg gegeben."[53]

Auf Einladung der kroatischen Regierung besuchten im Januar 1992 die belgischen "Vlaams Blok"-Abgeordneten De Winter, Verreycken und Van den Eynde die HOS-Truppen. Die beiden Ex-Republikaner und EP-Abgeordneten Harald Neubauer und Hans-Günter Schodruch sowie Jean-Marie Le Pen (Vorsitzender der FN in Frankreich) trafen im Mai 1991 mit dem Tudman-Berater Božidar Petrač zusammen. Neubauer, inzwischen Chef der "Deutschen Liga" stellte "eine grundsätzliche Gemeinsamkeit des Denkens" fest. Vesna Pichler, deutschstämmige HDZ-Abgeordnete im kroatischen Parlament, die auch den "Verband der Deutschen und Österreicher" in Osijek leitet, besuchte im März 1992 die DVU, und bekam von deren Vorsitzendem Gerhard Frey den "Andreas-Hofer-Preis" überreicht.[54]

Neben den Rechtsextremisten finden sich in Bosnien-Hercegovina auch Söldner, denen das Zivilleben einfach zu langweilig ist, wie der damals 17jährige Ewald Krammel aus einem Dorf bei Würzburg, der angibt, 54 Menschen getötet zu haben. In Untersuchungshaft sitzt er jedoch nicht deshalb, sondern weil er bei seiner Rückkehr nach Deutschland Waffen eingeschmuggelt hat. Ein 21jährigen Münchener, der nach Kroatien fahren wollte, um dort als Söldner anzuheuern, kam nur bis zur deutsch-österreichischen Grenze: Er hatte zwar keinen Führerschein, dafür aber 2.83 Promille Alkohol im Blut. Ein 25jähriger aus Rottweil, der wegen schweren Diebstahls gesucht wurde, wurde im Dezember 1993 bei der Rückkehr von seiner 7monatigen Söldnertätigkeit bei der bosnischen Armee gefaßt.[55] Das britische Fernsehen zeigte einen Dokumentarfilm über britische Söldner, die, ohne politische Motive, einfach aus Lust am Töten in den Krieg zogen: "Das ist ein irres Gefühl, wenn das Maschinengewehr losballert, die Feuerfetzen, der Krach, das geht einem durch und durch". Der Sold - zwischen 100 und 300 DM im Monat - spielt weder für die Neonazis noch für die Abenteuerurlauber eine große Rolle.[56]

Nach Erkenntnissen der Bundesregierung haben einige in der BRD

---

[53] vgl. Pflüger 1993; 48.

[54] vgl. Siegler/Mägerle 1992, Nation und Europa; 5/1991; 31, Siegler 1992, Deutsche National-Zeitung; 27.03.1992; 4, Nation und Europa; 3/1992; 37.

[55] vgl. Der Tagesspiegel; 11.10.1993; 20, 30.12.1993; 1.

[56] vgl. Rauss 1992, Frankfurter Rundschau; 30.07.1992; 5.

lebende Jugoslawen kurzfristig, z. B. im Urlaub, an Kämpfen in ihrer Heimat teilgenommen.[57]

Im Januar 1993 wurde ein Neonazi aus Witten, der einer der Gründer der verbotenen "Nationalen Offensive" ist, festgenommen, der in Deutschland Söldner für die HOS angeworben hatte. Zwei deutsche Söldner wurden im Februar 1993 bei Gornji Vakuf von Moslems erschossen, zwei weitere kamen beim kroatischen Angriff auf die Krajina im Januar 1993 um. "Gefallen für unser Europa. Auf dem Kriegsschauplatz in Kroatien ließ der französische Kamerad Mario Rehor, 16½ Jahre alt [...], sein Leben", so eine Todesanzeige in einem Naziblatt 1992.[58]

1500 deutsche Söldner sollen inzwischen im Kriegsgebiet sein.[59] Und es sterben immer mehr: Andreas Büchner, Michael David, Jürgen "Jure" Schmidt sind nur Namen, die bekannt geworden sind. Oft war der Bundeswehralltag zu "langweilig" oder ehemalige NVA-Soldaten haben keine Anstellung mehr bekommen oder wurden degradiert.

In Krakow wurde im Frühjahr 1992 auf Postern für die Teilnahme am Bosnien-Krieg als Söldner geworben. Nach eigenen Angaben stellen die polnischen Rechtsextremisten bei den kroatischen Truppen 200 Mann.[60]

Etwa 2000 Berufskrieger aus Algerien, Libyen, Pakistan, Malaysia, Syrien und anderen Ländern kämpfen auf der Seite der moslemischen Truppen. Eine Elitetruppe wird von dem saudi-arabischen Söldner Abu Abd el-Asis angeführt, der im Oktober 1992 nach Bosnien-Hercegovina kam, nachdem er schon in Afghanistan und anderen Ländern gekämpft hatte. Die höchste religiöse Autorität Saudi-Arabiens, Scheich Abdal Aziz Ibn Baz, rief alle Muslime und muslimischen Regierungen auf, mit Geld, Waffen und Kämpfern den "Heiligen Krieg" der Glaubensbrüder zu unterstützen. Zumindest ein Teil der bosnischen Moslems ist über die ungebetenen Helfer nicht erfreut, die versuchen, ihren Fundamentalismus zu verbreiten, und die auch militärisch manchmal eher Schaden als Nutzen bringen. Die Sunday Times berichtet im Juli 1994 über die Ankunft von 400 iranischen Revolutionsgardisten, die mit bosnischen Moslems Terrorgruppen organisieren sollen.[61]

Auf der serbischen Seite kämpfen vor allem russische Söldner. Ein in der Pravda erschienener und u. a. von dem nationalistischen Leningrader Fernsehreporter Aleksandar Nevsorov unterzeichneter Appell

---

[57] vgl. VDB-D; 444; 12/2438 (14.04.1992); (Kleine Anfrage Andrea Lederer, PDS/Linke Liste).

[58] vgl. Novak 1992.

[59] vgl. Neues Deutschland; 21.02.1993.

[60] vgl. Süddeutsche Zeitung; 30.01.1993; 2, Stark 1993, Schmolke 1993, Jane's Defence Weekly; 19.09.1992; 7, Hofwiler 1992a; 87.

[61] vgl. Der Spiegel; 5/1994; 123, Doornbos 1993, Frankfurter Allgemeine; 28.10.1992; 8, Beeston 1992, Adams 1994.

forderte die Entsendung "slawischer Freiwilligenverbände". Vermittelt werden russische "Freiwillige" zu den Truppen der bosnischen Serben z. B. durch Jurij Beljajev, der Vorsitzender der rechtsextremen "Volkssozialen Partei" (NsP) in Leningrad ist. Nach Angaben des stellvertretenden russischen Außenministers Vitalij Čurkin kämpfen im jugoslawischen Bürgerkrieg mehrere dutzend russische Söldner sowohl auf serbischer als auch auf kroatischer Seite.[62] In den von dem russischen Dichter Dmitrij Žukov und dem serbischen Dichter Radivoje Vasić aufgestellten "Internationalen Pamjat-Brigaden" kämpfen russische Neofaschisten. Auch rumänische Neofaschisten aus der Bewegung "Vatra Românească", z. T. ehemalige Securitate-Leute, kämpfen auf der serbischen Seite: In Šešeljs Truppen soll es je ein paar hundert Rumänen und Russen geben. Daneben gibt es auf der serbischen Seite Söldner aus Polen, Ukraine, Litauen und Lettland.[63]

Eine wichtige Anwerbequelle für die Söldner bei den verschiedenen Kriegsparteien ist die in den USA herausgegebenem aber weltweit vertriebene Söldnerzeitschrift "Soldiers of Fortune". Sie ist an vielen Kiosken in der Bundesrepublik Deutschland vollkommen legal zu bekommen. Das Rüstungs-Informationsbüro Baden-Württemberg (RIB) hat zusammen mit anderen Gruppen am 19.03.1993 Anzeige gegen die in "Soldiers of Fortune" werbende Firma Heckler & Koch erhoben wegen Unterstützung einer kriminellen Vereinigung. Die zuständige Staatsanwaltschaft in Rottweil hat am 08.09.1993 die Anzeige als unberechtigt niedergeschlagen: "Zureichende tatsächliche Anhaltspunkte [...] liegen in keiner Weise vor." In der "Soldiers of Fortune" erscheint in fast jeder Nummer ein Bericht von Söldnern der verschiedenen jugoslawischen Kriegsparteien: In der Dezemberausgabe des Jahres 1992 berichtet ein Söldner namens Mike Williams im Stil eines Abenteuerromans von seinem Einsatz innerhalb der HOS. "Soldiers of Fortune" berichtet von allen Seiten: Die Aufmacher und Artikel der letzten Nummern waren zwar mehrheitlich von Söldnern der kroatischen Seite, aber auch Söldner der bosnischen Truppen durften über ihr Töten begeistert schreiben. Im August 1993 berichtet ein vietnamerfahrener John L. Hogan von den "Snipers of Vinkovci" und eine JoMarie Fecci berichtet von deutschen Söldnern an der kroatisch-bosnischen Front. Einen extra Kasten bekommt die Schilderung "Death of a Fallschirmjäger" über den Tod von Jürgen "Jure" Schmidt.[64]

---

[62] vgl. Küppers 1993a, Beljajev 1994, Süddeutsche Zeitung; 30.01.1993; 7.

[63] vgl. Schmolke 1993, Hofwiler 1992a; 81, 87.

[64] vgl. Pflüger 1993; 47.

3.3. Der Nationalismus der jugoslawischen "Völker".

Zur Zeit kann man in den drei wichtigsten Republiken hören, daß ihre Völker siebzig Jahre lang gewaltsam in Jugoslawien zusammengehalten worden seien, unter größten Erniedrigungen und Entbehrungen. Man sagt, nach dem Scheitern des Kommunismus sei der Zerfall Jugoslawiens ein natürlicher Prozeß, da seine Völker das Recht erhalten haben, zu sagen, wer sie sind und was sie wünschen. Der Zerfall Jugoslawiens jedoch erinnert eher an alles andere als an einen natürlichen Prozeß. Im Gegenteil, in dieses Geschäft ist eine immense gemeinsame Anstrengung Serbiens, Kroatiens und Sloweniens investiert worden. Die Medien mußten die schwärzeste kommunistische Propaganda überwinden, die Völker mußten unverdaulichen Unsinn schlucken, die Wirtschaft mußte ruiniert und jegliche Rechtsordnung abgeschafft werden, wir mußten alle verwildern, und schließlich mußte der Krieg vom Zaun gebrochen werden. Ist das der Untergang eines "künstlichen Gebildes"?

Stojan Cerović, Journalist bei "Vreme"[65]

Der Nationalismus ist in Jugoslawien kein neues Phänomen. Er existierte, wie auch in anderen osteuropäischen Staaten, auch während der Zeit der kommunistischen Regierungen im Untergrund und im Exil weiter. In Jugoslawien kam es bereits in der Zeit um 1970 zu einem Ausbruch des Nationalismus in Form des "maspok".[66] Die kroatische Kulturgemeinschaft "Matica Hrvatska" initiierte eine nationalistische Kampagne. Die Forderungen reichten von eigenen kroatischen Briefmarken über eine eigene Währung und eigene Armee bis hin zur völligen Sezession von Jugoslawien. In einigen gemischt von Serben und Kroaten bewohnten Gegenden bewaffnete sich die Bevölkerung. Der kroatische BdK unter Führung von Savka Dabčević-Kučar, Pero Pirker und Miko Tripalo sprang auf den nationalistischen Zug auf. Dabei nahmen einige führende BdK-Mitglieder sogar Kontakte zu Ustaša-Emigrantengruppen in der BRD auf.[67]

Als Reaktion auf den kroatischen Nationalismus regte sich ein serbischer Nationalismus insbesondere unter den in Kroatien lebenden Serben. Gefordert wurde der Status "Autonome Provinz" für mehrheitlich serbisch bewohnte Gebiete in Kroatien; auch über einen Anschluß dieser Gebiete an die Republik Serbien wurde diskutiert.[68]

Am Anfang dieser Auseinandersetzungen stand auch die "Deklaration über die kroatische Sprache", in der verlangt wird, kroatisch als eigene - also vom serbischen verschiedene - Sprache anzuerkennen. Dieser Sprachenstreit ist gleich in zweifacher Hinsicht unsinnig.

---

[65] Cerović 1992; A 141.

[66] Kürzel für masovni pokret = Massenbewegung.

[67] vgl. Ramet 1992; 128f.

[68] vgl. Ramet 1992; 117.

Zum einen, weil die Unterschiede zwischen den "Sprachen" sehr gering sind. Zutreffend heißt es schon in einer Beschreibung des Landes aus dem 18. Jahrhundert: "Die Hauptsprache des Landes ist die illyrische, ebendieselbe, welche in Albanien, Dalmatien, Croatien, Bosnien, Servien und in einem Theile der Bulgarey, als die Muttersprache, jedoch nach vielerley Mundarten geredet wird. Zwischen allen diesen Mundarten ist ungefähr ein solcher Unterschied, als zwischen der sächsischen, fränkischen, rheinländischen, schwäbischen, bayerischen und östreichischen Mundart."[69] Es gibt keine serbokroatischen Dialekte, die für andere serbokroatisch sprechende Menschen unverständlich sind, wie das im Falle der deutschen Sprache mit einem Schweizer, Kölner oder plattdeutschen Dialekt der Fall sein kann. Es gibt aber im Gegensatz zu den meisten anderen Sprachen (z. B. im Deutschen seit Adelungs Wörterbuch 1786) keine einheitliche Schriftsprache,[70] und so erscheinen auch Zeitungen und Bücher im jeweiligen Dialekt. In Serbien und Montenegro wird teilweise eine kyrillische Schrift verwendet.

Und zum zweiten, weil sich die Dialekte nicht im geringsten an den "ethnischen" oder politischen Grenzen orientieren. Man unterscheidet zunächst grob drei Dialekte nach dem Fragewort für "was?", das što, kaj und ća heißt. Alleine in Kroatien kommen alle drei Dialekte vor (kaj in der Umgebung von Zagreb, ća in der Umgebung von Rijeka, sonst što). Innerhalb der što-Variante werden elf verschiedene Dialekte unterschieden, von denen zwei flächenmäßig am weitesten verbreitet sind. Der "mladi ikavski" kommt in Dalmatien und bei Subotica sowie Teilen Bosnien-Hercegovinas vor, so in Bihać (mehrh. moslemisch), Banja Luka (mehrh. serbisch) und Livno (mehrh. kroatisch). Der sogenannte osthercegovinische (istočnohercegovački) Dialekt wird u. a. auch in Titovo Užice (Serbien), in Teilen Montenegros, in Osijek und Dubrovnik (Kroatien) gesprochen.

Die Idee der eigenen Sprache wurde zur Grundsäule der nationalistischen Ideologien. Im Jahre 1970 forderten auch moslemische Nationalisten, ihr "Bosanski" solle als eigene, vom Serbischen und Kroatischen verschiedene Sprache anerkannt werden. Auch in Montenegro setzten sich nationalistische Intellektuelle für die Anerkennung ihrer "Sprache" ein.[71]

Rückblickend muß man feststellen, daß die Situation in Jugoslawien bereits um 1970 sehr explosiv war, und es dem Eingreifen Titos zu ver-

---

[69] Taube 1777; I; 60. Statt serbokroatisch sagte man bis ins 19. Jahrhundert "illyrisch", teilweise auch "jugoslawisch". So führte der Zagreber Landtag 1861 "jugoslawisch" als Amtssprache ein, davor war latein Amtssprache gewesen, daneben auch deutsch und ungarisch. vgl. Wendel 1925; 379.

[70] Zum Problem der Definition von Sprachen vgl. Reiter 1987, Haugen 1966.

[71] vgl. Ramet 1992; 184f, Sundhaussen 1993; 119.

danken ist, daß der Ausbruch eines Bürgerkrieges verhindert wurde. Die Verfassungsreform von 1974, die die Nationalisten durch ein Entgegenkommen in Form einer stärkeren Föderalisierung beschwichtigen sollte, war jedoch auf lange Sicht keine gute Lösung, da sie den Nationalisten einen - wenn auch bescheidenen Erfolg - bereitete, und dem Ziel, die Einzelnationalismen zu überwinden, zuwiderlief.[72]

Da nun die realen Unterschiede so gering sind, wurde von kroatischer Seite mehrmals künstlich in die Sprache eingegriffen, um Unterschiede zu schaffen. Nach 1941 wurde das Kroatische von "Serbizismen" gereinigt, analog zu der Bestrebung, Fremdwörter im Deutschen durch deutsche Wörter zu ersetzen (Fernsprecher statt Telephon etc.), zudem wurde eine äußerst unpraktische Rechtschreibung eingeführt, während man sonst im Serbokroatischen alles einfach nach der Aussprache schreibt. Diese Veränderungen wurden nach 1945 rückgängig gemacht, doch im Sommer 1971 forderte die kroatische "Kulturgemeinschaft" Matica Hrvatska eine Sprach- und Rechtschreibreform, mit der wieder "serbische" durch veraltete oder künstlich geschaffene kroatische Wörter ersetzt werden sollten. Damals reagierten einige Serben in Kroatien, indem sie sich bemühten, ekawisch zu sprechen.[73] Seit 1991 sind in kroatischen Rundfunksendern und Zeitungen wieder Listen mit erwünschten und unerwünschten Wörtern im Gebrauch.

Heute versuchen alle Nachfolgestaaten Jugoslawiens, die Erinnerung an das gemeinsame Jugoslawien auszulöschen. Besonders in Kroatien gilt jeder Hinweis darauf, daß die Sezession auch Nachteile mit sich gebracht habe, als gefährliche "Jugo-nostalgija". Überall wurden Straßen umbenannt. Während sich Ljubljana damit begnügte, der Česta Maršala Tita einen neuen Namen zu geben, und in Beograd Partisanen durch mittelalterliche serbische Herrscher ersetzt werden, erreicht Zagreb, wo nach unseren Schätzungen etwa jede dritte Straße umbenannt wurde, den Gipfel der Geschmacklosigkeit: Dort hat man den Trg žrtava fašizma (Platz der Opfer des Faschismus) in Platz der Helden des Kroatischen Volkes umbenannt.[74] Nicht einmal die Taxifahrer finden sich in dem

---

[72] Oschlies vermutet, daß Tito die Absetzung der kroatischen Führung im Nachhinein leidtut; die neue Verfassung sei eine "Demutsgeste mit fatalen Folgen" gewesen. (Oschlies 1992b; 682. vgl. Oschlies 1992a; 31.) Eine andere mögliche Interpretation ergibt sich aus der Schilderung von Generaloberst Pekić, wonach Tito in den letzten acht Jahren seines Lebens faktisch entmachtet war, und ein Vierergremium aus Dolanc, Mikulić, Ljubičić und Vrhovec die Macht an sich gerissen hatte. vgl. Huebbenet 1989. Entsprechende Gerüchte gab es auch über die letzten Amtsjahre Brežnevs. vgl. Der Spiegel; 47/1992; 232ff.

[73] vgl. Ramet 1992; 107f, 22. Ekawisch wird in großen Teilen Serbiens gesprochen. Die Serben in Kroatien sprechen aber die gleichen Dialekte wie die dort lebenden Kroaten.

[74] Hier hätte man, um Kosten einzusparen, auch einfach das Wort žrtava (der Opfer) streichen können, denn wer mit den "Helden des Kroatischen Volkes" gemeint ist, kann man sich denken. Neben den Straßenschildern wurden in Kroatien hunderte von antifaschistischen Denkmälern entfernt.

Chaos sich ständig ändernder Straßennamen zurecht.[75] Lediglich in einigen Städten in Istrien wurden bisher alle Straßennamen beibehalten.

Es drängt sich die Frage auf, wie es möglich ist, Menschen in "Völker" aufzuspalten, die sich in nichts unterscheiden, die nicht anders in der Lage sind, zu erkennen, welchem "Volk" ihre Mitmenschen angehören, als daß sie sie danach fragen. Schon vor Jahren hat Ernest Gellner darauf hingewiesen, daß der Nationalismus die Nationen hervorbringt, nicht umgekehrt. Dabei bedient sich dieser lediglich sehr selektiv kultureller Überlieferungen, die er meist radikal abwandelt. Erklärungsbedürftig ist das Phänomen der Identifikation mit der Nation generell, jedoch im Falle Jugoslawiens in besonderem Maße. Der Sozialpsychologe Henri Tajfel hat durch eindrucksvolle Experimente gezeigt, daß die Einteilung von Menschen in Gruppen, selbst wenn sie nach offensichtlich zufälligen Kriterien vorgenommen wird, von diesen akzeptiert wird, und dazu führt, daß Gruppenmitglieder versuchen, ihrer Gruppe auf Kosten der anderen Vorteile zu verschaffen.[76] Im Falle Jugoslawiens hat nach Ansicht von Christian Promitzer der Modernisierungsschock das Aufkommen des Nationalismus stark begünstigt. Aufgrund der extrem schnellen Industrialisierung und Verstädterung ist die bisherige Hauptbezugsgruppe, die Zadruga (Großfamilie) zusammengebrochen, ohne daß dafür ein Ersatz existiert. Die Nation nimmt daher die Funktion einer eingebildeten Über-Zadruga ein. Besonders ausgeprägt ist der Nationalismus daher bei denen, die auf dem Land geboren wurden und später in die Stadt zogen.

Typisch für die jugoslawischen Regionalismen ist die selektive und hypersensible Wahrnehmung regionaler und religiöser Unterschiede, die stets als ethnische dargestellt werden. Auf allen Seiten ergibt diese Sichtweise stets das Bild: "Unser Volk wird benachteiligt."[77]

Während Kroaten, Moslems und Slowenen zusammen 38.7% der

---

[75] Es ist schon bezeichnend, daß in einer so schwierigen wirtschaftlichen Situation die kroatischen Stadtparlamente nichts wichtigeres zu tun haben, als tausende von Straßennamen auszutauschen. In den "neuen Bundesländern" Deutschlands spielt sich jedoch ähnliches ab: Rostock hat immerhin schon jeden zehnten Straßennamen ausgetauscht. Zudem zeigen ostdeutsche Kommunalpolitiker beim Entfernen von Altstalinisten und SED-Funktionären oft mangelhafte Geschichtskenntnisse. So wurden Maksim Gorkij zu "Reichskanzler Bismarck" (Ostseebad Binz) und Heinrich Heine zu "Königin Luise" (Kolbitz). vgl. die tageszeitung; 07.05.1991. In Markranstädt bei Leipzig wurde mit den Stimmen der SPD die August-Bebel-Str. in Parkstr. umbenannt. Allein in Berlin kosteten die 60 Umbenennungen den Steuerzahler 900 000 DM, der Schaden für Betriebe, die Stempel und Briefköpfe ändern müssen, kommt hinzu. vgl. Deckwerth 1994. Dabei ist die Umbenennungswelle noch längst nicht abgeschlossen. vgl. Süddeutsche Zeitung; 19.03.1994; 5.

[76] vgl. Gellner 1983; 55, Tajfel 1982. Eine sehr gute allgemeine Darstellung des Phänomens Nationalismus gibt ein Aufsatz, der 1968 in der Zeitschrift "Praxis" erschienen ist, die von einem Kreis jugoslawischer und internationaler Philosophen herausgegeben wurde: Künzli 1968.

[77] Eine kurze, neutrale Zusammenstellung der Benachteiligungsszenarien bringt Šuvar 1984.

Bevölkerung, aber nur 17.8% aller Offiziere stellten, hatten Serben und Montenegriner einen Anteil von 42.2% an der Bevölkerung und von 66.2% an den Offizieren.[78] Ähnlich sah es auch in der Polizei aus. Für diese Berufszweige war die Parteimitgliedschaft hochgradig erwünscht. Unter den Parteimitgliedern stellten Kroaten, Slowenen und Moslems 28.3%, Serben und Montenegriner 55.7%.[79] Ein weiterer Grund könnte die bundesweit einheitliche Bezahlung dieser Berufe sein, während in allen anderen Berufen die Löhne im Norden höher lagen als im Süden. Kroatische Nationalisten sprachen auch angesichts der Verpflichtung Kroatiens, einen der wirtschaftlichen Situation entsprechenden, also im Vergleich zu anderen Republiken relativ hohen Beitrag an Bundeshaushalt und Republikenfinanzausgleich zu leisten, von wirtschaftlicher Ausbeutung ihrer Republik.

Aus der Perspektive des serbischen Nationalismus war "der Kroate" Tito "ein übler Tyrann, vor allem gegen Serbien. Von der Zerstückelung des alten Serbiens in Teilstaaten (Makedonien und Bosnien Herzegowina) und autonome Provinzen (Kosovo und Woiwodina) bis hin zur provokativen Begünstigung auch kleinster moslemischer Gruppen innerhalb Serbiens - Tito schmeichelte dadurch den blockfreien moslemischen Staaten - hat er nichts unterlassen, um die Serben zu erniedrigen und Serbien als Bundesstaat zu schwächen."[80] Dobrica Ćosić beklagte die wirtschaftliche Ausbeutung Serbiens: "Diese erfolgte zuerst durch eine ungleichmäßige und inadäquate Industrialisierung, dann durch eine wahre Plünderung seiner Landwirtschaft, seiner Bodenschätze und seines energetischen Potentials und schließlich durch die Verlegung der serbischen Industrie zwischen 1948 und 1950, mit der Ausrede, es bestünde die Gefahr einer militärischen Aggression von Seiten Stalins."[81] Nationalistische Serben beschuldigten Tito der "Albanisierung" des Kosovo. Sie beklagten auch, Serbien als bevölkerungsreichste Republik habe in der SFRJ nicht die ihr zustehende Bedeutung erhalten.[82] Milošević erklärte, Serbien sei benachteiligt, da es im Staatspräsidium wie jede Republik und Provinz nur einen Vertreter habe, obwohl Serbien mehr Einwohner hat als Slowenien, Makedonien und Montenegro zusammen.[83] Im Bundesrat

---

[78] vgl. Cvrtila 1990; A 482. Im Oberkommando waren hingegen durch den vorgeschriebenen Proporz 50.4% Kroaten, Moslems und Slowenen, während Serben und Montenegriner mit 41.3% sogar geringfügig unterrepräsentiert waren. vgl. Denitch 1976; 114.

[79] Denitch 1976; 121. Bis Januar 1991 waren mehr als 96% aller JNA-Offiziere Parteimitglieder. vgl. Bebler 1991; 308.

[80] Manousakis 1991; 224.

[81] Ćosić 1991; A 595.

[82] vgl. Buchalla 1990x.

[83] vgl. Ramet 1990; 90. Durch die Aufhebung der Autonomie der beiden Provinzen hatte Serbien jedoch seit 1989 faktisch drei Sitze.

hatte jede Republik 30, die Provinzen je 20 Abgeordnete. Im Rat der Republiken und Provinzen waren die Republiken mit 12, die Provinzen mit 8 Delegierten vertreten.[84]

Die Nettolöhne waren in Slowenien und Kroatien um 20% bzw. 10% höher als in Serbien. Das wirtschaftliche Nord-Süd-Gefälle Jugoslawiens hatte die gleichen Ursachen wie die wirtschaftlichen Unterschiede in der BRD, wo Baden-Württemberg und Hessen per Länderfinanzausgleich Hamburg, Bremen, Nordrhein-Westfalen und das Saarland unterstützten: Während der Anteil der Schwerindustrie (nach Beschäftigten) in Kroatien und Slowenien je bei 11% lag, waren es in Montenegro und Kosovo 31% bzw. 40%.[85]

Auch in Deutschland und anderen gemischtkonfessionellen Ländern (z. B. Niederlande) gibt es starke konfessionelle Unterschiede. Fast in allen Bereichen scheinen Katholiken benachteiligt zu sein. Einige Beispiele aus Deutschland:

BRD (Grenzen vor dem 03.10.1990): Konfessioneller Anteil an Eliten:[86]

	Protestanten	Katholiken
Verwaltung	60%	28%
Wirtschaftsverbände	60%	31%
Wissenschaft	57%	28%
Militär	70%	21%
Justiz	63%	26%
Gesamtbevölkerung	48%	42%

Schüler an allgemeinbildenden Schulen in Baden-Württemberg und Bayern 1960 nach Konfession:[87]

	Baden-Württemberg		Bayern	
	Protestanten	Katholiken	Protestanten	Katholiken
Volksschüler	47%	51%	24%	75%
Mittelschüler	66%	31%	25%	74%
Gymnasiasten	58%	39%	37%	62%
Bevölkerung	49%	47%	27%	71%

Die Argumentation der Nationalisten, die auf der - hierzulande meist unkritisch übernommenen - These beruht, Moslems, Kroaten und Serben seien verschiedene "Ethnien", Jugoslawien sei ein künstlicher Vielvölkerstaat gewesen, ist natürlich nur ein Vorwand für ein Spiel, in dem es nicht um Selbstbestimmung, sondern um Macht und Geld geht.

---

[84] vgl. Banac 1976; 97f.

[85] vgl. Ramet 1992; 30f.

[86] vgl. Konfession 1984; 79.

[87] vgl. Schmidtchen 1973; 62f.

Die Lega Nord in Italien macht sich im Gegensatz zu den kroatischen und serbischen Kollegen nicht die Mühe, mit rassischer Überlegenheit zu argumentieren und Schädel zu vermessen: "Für uns ist Italien eine multinationale Republik, in der Sarden, Sizilianer, Lombarden mehr schlecht als recht zusammenleben." "Immer wenn ein Bürger der Lombardei auf ein Amt geht, trifft er auf unfähige, arrogante, rechthaberische Beamte aus dem Süden, die oft nicht mal unsere Sprache sprechen. [...] Da helfen nur Grenzpfähle zwischen denen und uns." Aber: "Mit Rassismus hat das nichts zu tun. Die Unterschiede sind keine Sache des Bluts oder der Genetik. Es sind historische, soziale und kulturelle Unterschiede".[88]

Die Sezession der jugoslawischen Republiken und deren Anerkennung wurde immer wieder mit dem "Selbstbestimmungsrecht der Völker" begründet. Wie unsinnig der Gebrauch dieses dehnbaren Begriffes ist, veranschaulicht der entgegengesetzte Gebrauch vor einigen Jahrzehnten. Der österreichische Autor Gilbert in der Maur schrieb 1936: "Im Zeichen des nationalen Selbstbestimmungsrechtes errangen die Südslawen ihre kleinsüdslawische Einheit".[89] Maur war, wie aus dem Werk hervorgeht, dem Nationalsozialismus zugeneigt. Wir haben bereits in Kapitel 1.2. darauf hingewiesen, daß Hitlers Unterstützung der Ustaše lediglich eine Notlösung angesichts des Putsches nach der Unterzeichnung des Drei-Mächte-Paktes war. Daher dürfte sich Maur durchaus im Einklang mit der zuvor herrschenden Linie befinden wenn er, der als Österreicher "wir Deutsche" schreibt, auch konsequenter Weise ausführt: "Mit dem Erwachen des Jugoslawismus begann der Volksgedanke der staatlichen Stammesideologie entgegenzutreten, die als Gifteinspritzung im Volkskörper wucherte."[90] Diejenigen Nationalisten außerhalb Kroatiens, die heute vorgeben, Kroatiens Unabhängigkeit der nationalen Selbstbestimmung wegen zu unterstützen (vgl. Kapitel 3.2.), kennen offenbar ihre eigene Ideologie nicht. Das Schlagwort vom "Völkergefängnis" Jugoslawien, von der extremen Rechten in Umlauf gebracht, wurde schließlich selbst vom Spiegel nachgebetet.[91] Völlig daneben greift daher auch ein Artikel aus "Nation und Europa": "Zweierlei lehrt uns der Ausbruch der Feindschaft zwischen Serben und Kroaten außerdem: Die »multikulturelle Gesellschaft« ist eine gefährliche Utopie. Wir Deutschen sollten uns hüten, noch mehr Ausländer hereinzulassen, wollen wir nicht

---

[88] So der Chefideologe der Lega Nord, Gianfranco Miglio, in Miglio 1992. Der frühere sozialistische Parteisprecher Ugo Intini warf dem Parteichef der Lega Nord Bossi vor, die Unregierbarkeit und Auflösung Italiens anzustreben. "Jugoslawien ist nicht so fern wie manche glauben." vgl. Süddeutsche Zeitung; 28.09.1993; 6.

[89] Maur 1936; I; XIV.

[90] Maur 1936; II; 603. Die Darstellung der Ustaše in diesem Werk ist durchaus realistisch. Nicht ohne Häme wird darauf hingewiesen, daß der Ustaša-Führer Eugen Kvaternik als Enkel Josip Franks "Judenstämmling" sei. vgl. Maur 1936; II; 581.

[91] vgl. Dehoust 1991a, Der Spiegel; 28/1991; 1.

daran schuldig werden, daß sich in einigen Jahrzehnten Deutsche und Türken in Mitteleuropa feindlich gegenüberstehen."[92] Es sind doch gerade nicht die Albaner, Ungarn, Türken und Roma, die sich in Jugoslawien bekriegen, sondern Menschen gleichen Aussehens und gleicher Sprache. Vielleicht sollte "Nation und Europa" daran denken, wenn es eine "Wiedervereinigung" Deutschlands mit Österreich propagiert.

Zum Bestandteil der UN-Charta wurde das "Selbstbestimmungsrecht der Völker" erst 1960, nachdem sich u. a. Jugoslawien hierfür eingesetzt hatte. Gedacht war es allerdings für die Entkolonisierung der 3. Welt, und nicht für die Schaffung neuer Kleinstaaten.[93]

Als 1918 Jugoslawien entstand, wurde die Bevölkerung nicht gefragt. Das war aber gerade auch in Deutschland nicht anders, auch wenn hier inzwischen niemand mehr zu den Kleinstaaten des 18. Jahrhunderts zurück will. Ein Bild von den Schwierigkeiten der Einigung Deutschlands kann man sich anhand eines Textes von Hegel aus dem Jahre 1802 machen: "Wenn alle Teile dadurch gewännen, daß Deutschland zu einem Staat würde, so ist eine solche Begebenheit nie die Frucht der Überlegung gewesen, sondern der Gewalt, und wenn sie auch der allgemeinen Bildung gemäß [wäre] und das Bedürfnis derselben tief und bestimmt gefühlt würde. Der gemeine Haufen des deutschen Volks nebst ihren Landständen, die von gar nichts anderem als von Trennung der deutschen Völkerschaften wissen und denen die Vereinigung derselben etwas ganz Fremdes ist, müßte durch die Gewalt eines Eroberers in eine Masse versammelt, sie müßten gezwungen werden, sich zu Deutschland gehörig zu betrachten. Dieser Theseus müßte Großmut haben, dem Volk, das er aus zerstreuten Völkern geschaffen hätte, einen Anteil an dem, was alle betrifft, ein[zu]räumen".[94]

Wie in vielen anderen osteuropäischen Staaten hat auch in Jugoslawien bzw. seinen Nachfolgestaaten der Nationalismus den Kommunismus als Ideologie abgelöst; das Ergebnis der Wahlen in Rußland im Dezember 1993, bei denen die Rechtsextremisten unter Žirinovski zweitstärkste Kraft wurden, zeigt ebenso wie die Entwicklung in Serbien und Kroatien, daß die Einführung von freien Wahlen nicht automatisch das Entstehen einer Demokratie bedeuten muß, zumal wenn, wie in den Nachfolgestaaten der SFRJ, die Einführung des Mehrparteiensystems mit der Einschränkung der Medienfreiheit einhergeht.[95] Zwar hat es in Jugo-

---

[92] Dehoust 1991b; 4.

[93] vgl. Grabert 1993a; 114.

[94] Hegel 1971; 580. Es handelt sich um die zu Hegels Lebzeiten nicht publizierte Schrift "Die Verfassung Deutschlands".

[95] Insbesondere in den 80er Jahren gab es kaum etwas, worüber die jugoslawischen Medien nicht berichtet hätten. So druckte die Borba im Mai und Juni 1987 einen sehr kritischen Bericht über die Behandlung politischer Gefangener in jugoslawischen Gefängnissen. vgl. Reuter 1987a.

slawien immer serbischen und kroatischen Nationalismus gegeben, aber nur eine Minderheit der Bevölkerung war nationalistisch. Selbst während der Zeit der nationalistischen Bewegung in Kroatien um 1970 vertrat weniger als ein Drittel der Bevölkerung die Auffassung, die Zugehörigkeit zu einer einzelnen Nationalität sei bedeutsamer als die Zugehörigkeit zur jugoslawischen sozialistischen Gesellschaft; ein Drittel hielt die einzelne Nationalität für weniger bedeutsam, ein weiteres Drittel sprach sich für eine einheitliche jugoslawische Nation ohne Einzelnationalitäten aus.[96]

Die Medien in Jugoslawien haben die verschiedenen "Völker" seit Jahren systematisch gegeneinander aufgestachelt. "Und der Krieg war schließlich nur die Fortsetzung der Abendnachrichten mit anderen Mitteln."[97]

Auch die in Deutschland lebenden Menschen aus dem geteilten Jugoslawien, die früher oft in "Jugoslawischen Vereinen" organisiert waren, haben sich zum großen Teil nach Nationalitäten getrennt organisiert. Neben allgemeinen und kulturellen Vereinen gibt es auch politische. So bestehen in Baden-Württemberg "mehrere Unterstützungsvereine der kroatischen Regierungspartei »Kroatische Demokratische Gemeinschaft« (HDZ). Auch die rechtsextremistische »Kroatische Partei des Rechts« (HSP) wird nach den Erkenntnissen des Landesamts für Verfassungsschutz von einigen im Land lebenden Kroaten unterstützt. In Baden-Württemberg lebende Muslime finden sich überwiegend in der »Gemeinschaft Demokratischer Aktion« (SDA) mit Sitz in Stuttgart zusammen. [...] Ein geringerer Teil der in Baden-Württemberg lebenden Serben unterstützt nach Erkenntnissen des Landesamtes für Verfassungsschutz die »Serbische Radikale Partei« (SRS) des »Tschetnikführers« Vojislav Seselj. Unter den kosovo-albanischen Organisationen in Baden-Württemberg ist an erster Stelle die »Demokratische Liga von Kosovo« zu nennen, die im Kosovo eine - von Serbien allerdings nicht anerkannte - »Regierung« stellt. Daneben sind in Baden-Württemberg auch Aktivitäten der extrem nationalistischen »Nationaldemokratischen Liga der Albanischen Treue« (N. D. S. H.) und der marxistisch-leninistischen »Volksbewegung für die Republik Kosovo« (LPRK) bekanntgeworden." In Baden-Württemberg wurden im Jahre 1993 im Zusammenhang mit dem Jugoslawienkonflikt 66 Straftaten bekannt. "Neben tätlichen Auseinandersetzungen standen Drohanrufe, Sachbeschädigungen und politisch motivierte Farbschmiereien im Vordergrund."[98]

---

[96] vgl. Denitch 1976; 204f.

[97] Dragica Mugoša in: Der Medien-Plan 1993; 13.

[98] VLBaWü-D; 11/2933 (16.11.1993); (Kleine Anfrage Reinhard Hackl, GRÜNE).

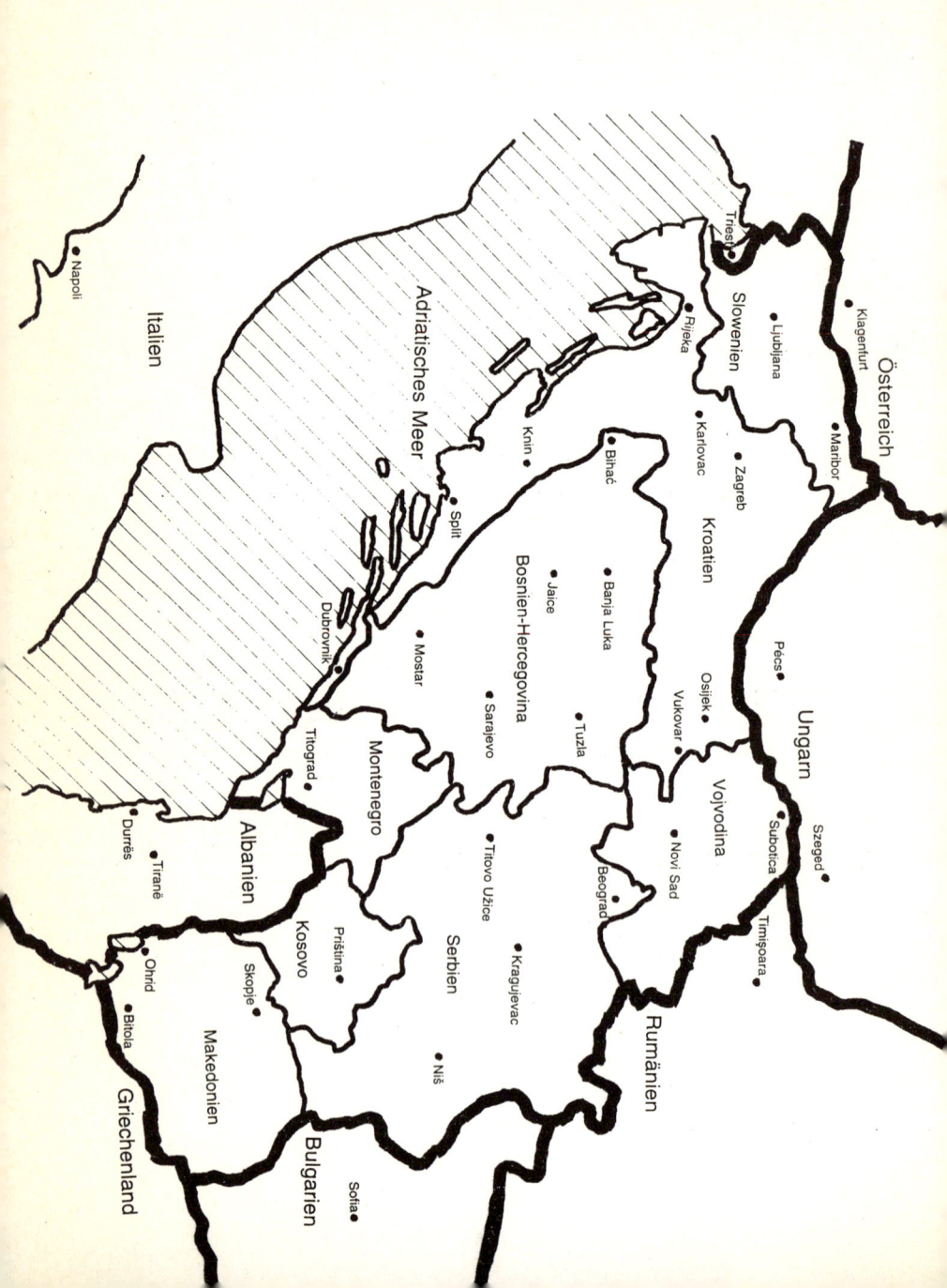

Jugoslawien 1954-1991

Minderheiten

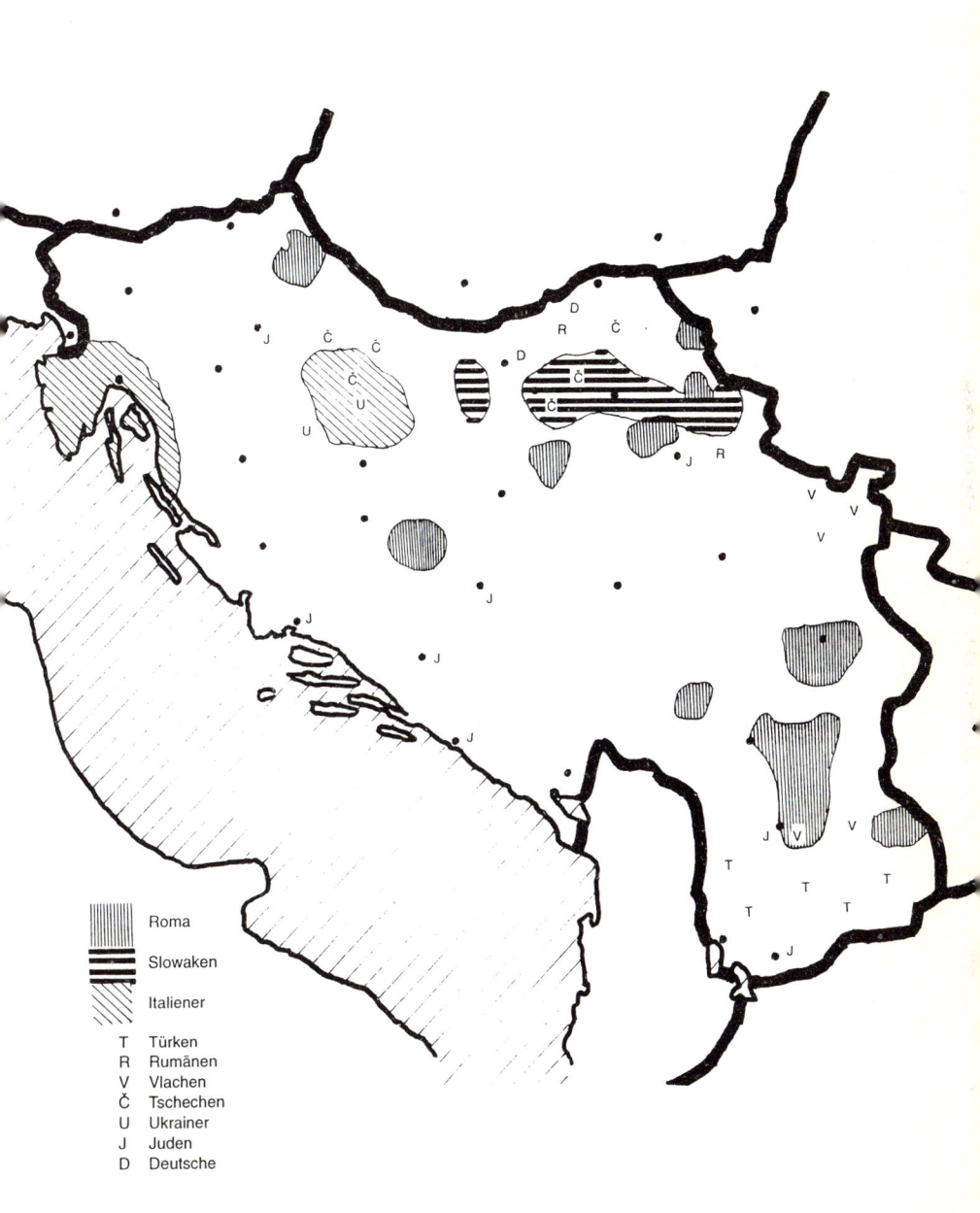

	Roma
	Slowaken
	Italiener

T Türken
R Rumänen
V Vlachen
Č Tschechen
U Ukrainer
J Juden
D Deutsche

Jugoslawien: "ethnische Mehrheiten"

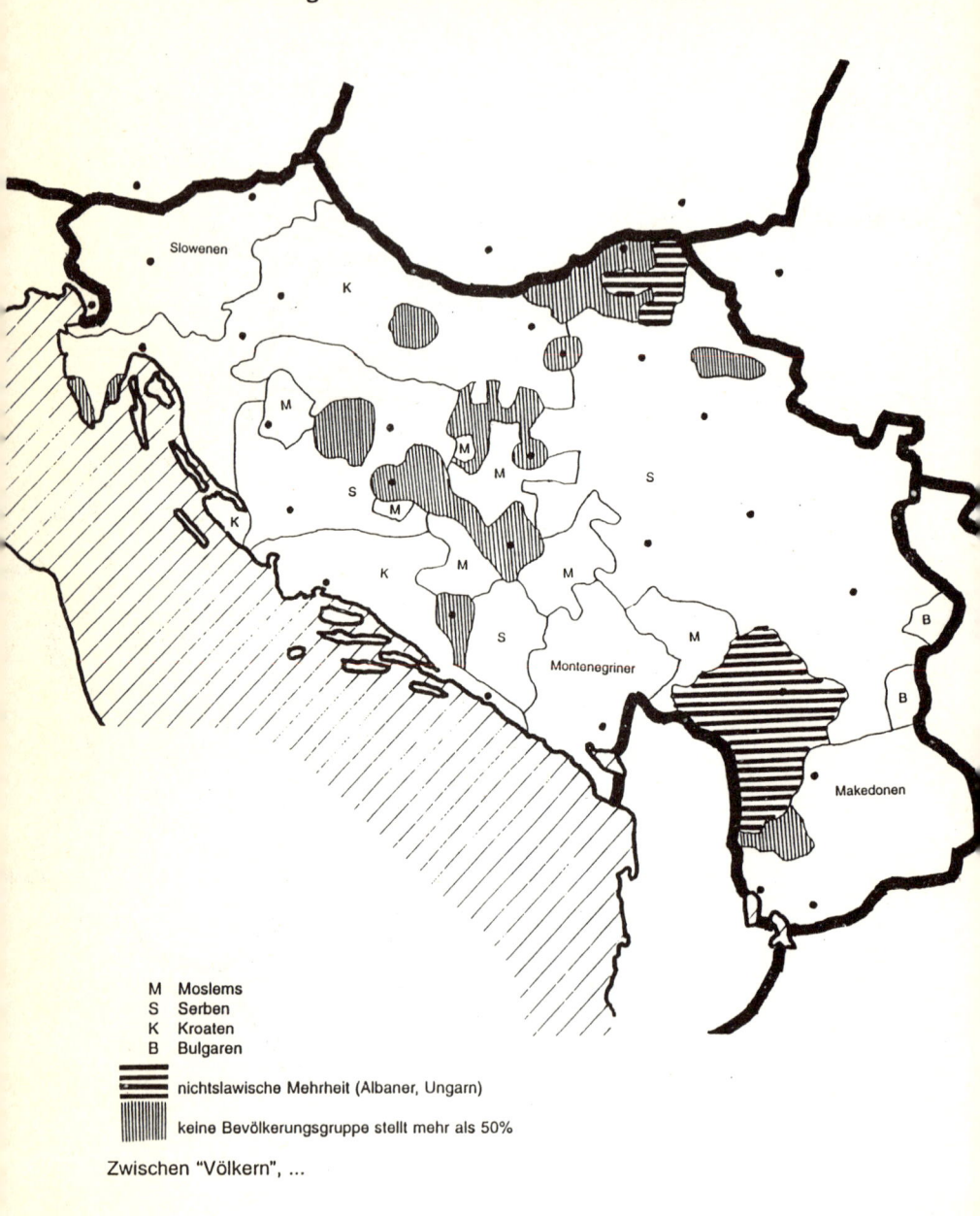

M Moslems
S Serben
K Kroaten
B Bulgaren

≡ nichtslawische Mehrheit (Albaner, Ungarn)

∥ keine Bevölkerungsgruppe stellt mehr als 50%

Zwischen "Völkern", ...

Jugoslawien "rassenkundlich" (Karten aus Škerlj 1938)

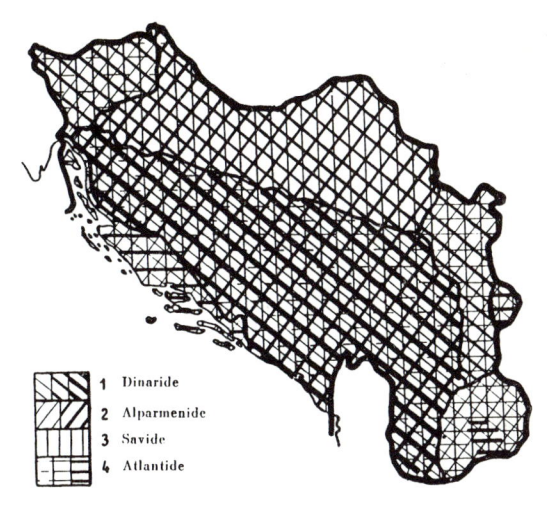

1 Dinaride
2 Alparmenide
3 Savide
4 Atlantide

Abb. 11. Die „Hauptrassen" Jugoslawiens

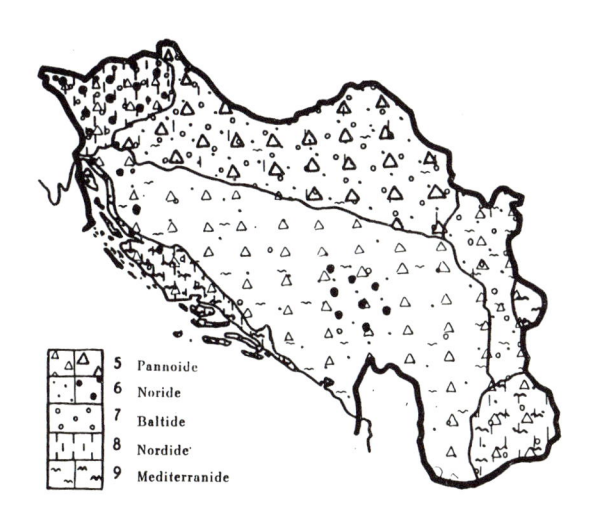

5 Pannoide
6 Noride
7 Baltide
8 Nordide
9 Mediterranide

Abb. 12. Die „akzessorischen" Rassen Jugoslawiens

... "objektiven Rassemerkmalen" (Schädelform etc.) ...

Dialekte und Sprachen

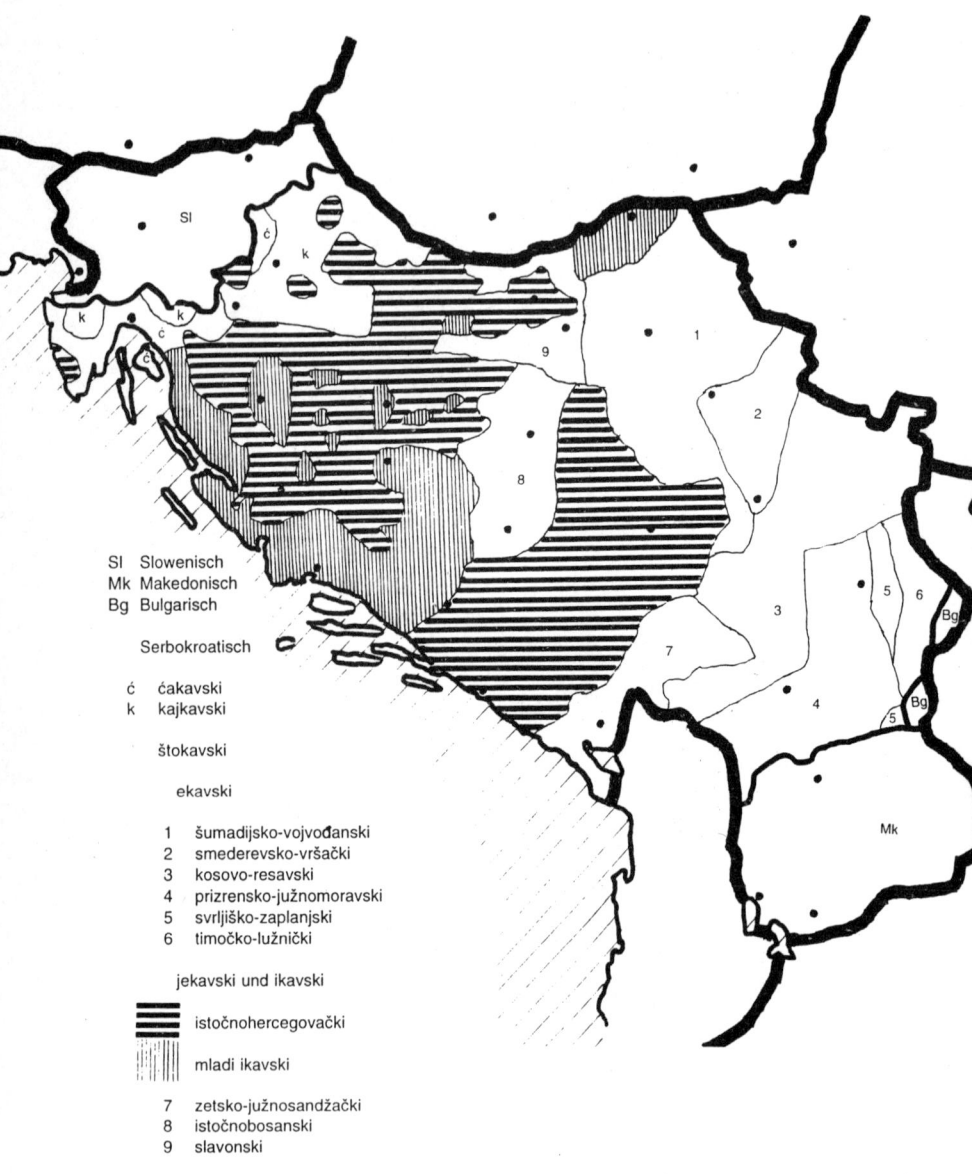

Sl Slowenisch
Mk Makedonisch
Bg Bulgarisch

Serbokroatisch

ć ćakavski
k kajkavski

štokavski

ekavski

1 šumadijsko-vojvođanski
2 smederevsko-vršački
3 kosovo-resavski
4 prizrensko-južnomoravski
5 svrljiško-zaplanjski
6 timočko-lužnički

jekavski und ikavski

istočnohercegovački

mladi ikavski

7 zetsko-južnosandžački
8 istočnobosanski
9 slavonski

... und "Sprachen" besteht kein erkennbarer Zusammenhang.

4. Woher kommen die Waffen?

4.1. Die Jugoslawische Volksarmee vor 1991.

Die Jugoslawische Volksarmee (JNA) hatte in den 80er Jahren eine Stärke von 240 000 Soldaten, davon Heer 190 000, Luftwaffe 37 000, Marine 13 000. Hinzu kamen 500 000 Reservisten, ca. 1 Million Angehörige der "Territorialverteidigung"[1] und ca. 2 Millionen der "zivilen Verteidigung". Die Wehrpflicht betrug 15 Monate. Ein Recht auf Kriegsdienstverweigerung existierte nicht; die Sozialistische Jugend Sloweniens forderte 1986 vergeblich die Schaffung dieses Rechts. Alle Schülerinnen und Schüler erhielten im 9. und 10. Schuljahr Unterricht im Fach "Landesverteidigung und Selbstschutz", in dem u. a. der Umgang mit Gewehren (einfachen, halbautomatischen und automatischen), Zielen und Schießen, Umgang mit Handgranaten und Panzerabwehrwaffen, sowie Theorie (geographische und militärstrategische Lage Jugoslawiens, psychologische Kriegsführung u. a.) gelehrt wurde.[2]

Zu Beginn des Krieges hatte die Jugoslawische Volksarmee 1850 Panzer, davon 300 vom Typ M-84 und 850 der Typen T-54 und T-55 (sowjetisch) sowie einige amerikanische M 47 Patton.[3] Daneben hatte sie 500 Schützenpanzerwagen (APC),[4] 19 030 Geschütze (davon 1800 Anti-Panzer-Geschütze, 4200 rückstoßfreie Geschütze, 6400 Mörser, 1934 "heavy towed guns", 250 Geschütze mit Eigenantrieb, 4286 Anti-Flugzeug-Geschütze), sowie 160 Mehrfach-Raketenwerfer. Die Luftwaffe besaß 490 Kampfflugzeuge (darunter ca. 60 "J-1 Jastreb", 30 "G-4 Super Galeb", 50 "J-22 Orao 2" und 25 "P-2 Kraguj" sowie mindestens 112 "MiG-21" und 25 "MiG-29") und 165 Helikopter. Die "G-4 Super Galeb" und die "J-1 Jastreb" sind mit in Lizenz produzierten Rolls-Royce-Triebwerken ausgestattet. Hersteller der Maschinen war die Firma SOKO in Mostar. Der "J-22 Orao 2" ist eine gemeinsame Entwicklung von SOKO und der rumänische Firma CNIAR; die Serienproduktion begann 1980, in Rumänien wird die Maschine unter der Bezeichnung "IAR-93" geführt. Nach politischen Streitigkeiten zwischen Jugoslawien und Rumänien wurde das

---

[1] Die Territorialverteidigung (TO) sollte im Falle eines Angriffes von außen das Land durch Partisanentätigkeit befreien und war nur leicht bewaffnet.

[2] vgl. Reuter 1987b, Rabitsch 1980; 216ff.

[3] vgl. Der Spiegel; 28/1991; 123.

[4] Das vierrädrige Modell BOV-M APC mit 12.7mm Geschütz, das Anfang der 80er Jahre eingeführt wurde, hat, wie auch der Panzer BOV Triple 20mm SPAAG mit drei 20mm-Geschützen, einen 6-Zylinder-Diesel-Motor von Deutz. vgl. Foss 1987; 165, 431.

Gemeinschaftsprojekt 1987 eingestellt.[5] Auch bei dieser Maschine stammen die Triebwerke von Rolls-Royce, das Fahrgestell stammt von Messier-Hispano-Bugatti und der Schleudersitz ist ein Martin-Baker 10J.[6] Unter den Transportflugzeugen der Jugoslawischen Volksarmee (JNA) waren u. a. zwei amerikanische "Gates Learjet", vier kanadische "Canadair CL-215", einige schweizer "Pilatus PC-6", verschiedene Typen des sowjetischen Herstellers Antonov, sowie zwei "Mystere Falcon" vom französischen Hersteller Dassault-Breguet. Die Marine hatte fünf U-Boote, vier Fregatten, 15 mit Raketen ausgerüstete Schiffe, und weitere 60 verschiedene Schiffe. Die Munitionslager wurden auf 250 000 bis 300 000 t geschätzt, was für die Größe des Landes sehr viel ist. Die Rüstungsindustrie Jugoslawiens umfaßte 56 Fabriken mit 8000 Wissenschaftlern und 72 000 Arbeitern. Weitere 100 000 arbeiteten in Zulieferfirmen. Etwa 60% der Produktion lag in Bosnien-Hercegovina. Jugoslawien lag zuletzt auf Platz 12 der internationalen Rüstungsexporte. Exportiert wurde hauptsächlich in blockfreie Länder wie Indien, Irak, Algerien, Lybien, Kuwait, Irak, Iran, Peru, Äthiopien, Sudan, Syrien, Angola usw. Zeitweise erwirtschaftete die Rüstungsindustrie bis zu 10% der Deviseneinnahmen Jugoslawiens. 70% des Bedarfs der JNA wurden aus heimischer Produktion gedeckt, davon wurden 10% in ausländischer Lizenz produziert. Für 1991 waren Absprachen über die Lieferung von Waffen für 500 Millionen $ getroffen, die in den Iran, nach Kuwait, Pakistan u. a. gehen sollten. Ende der 80er Jahre brachte der Export von Waffen Jugoslawien jährlich mehr als 1.2 Milliarden US$ ein. Im Jahr 1991 gingen 30% der Produktion in den Export. Neben dem Export in blockfreie Länder wurden z. B. die französischen Gazelle-Hubschrauber in der Fabrik "SOKO" in Mostar in Lizenz produziert und an die französische Armee geliefert.[7]

4.2. Die Waffen Sloweniens und Makedoniens.

Nach wie vor gilt gegen alle Nachfolgestaaten der SFRJ ein Waffenembargo. Doch überall gibt es neben den alten JNA-Waffen auch neu importierte Waffen, nicht selten aus Deutschland. Während der Kämpfe im Sommer 1991 erbeutete die slowenische Territorialvereidigung etwa 100 Panzer von der JNA, größtenteils vom Typ M-84.[8] Slowenien gab damals 50 Millionen $ für Waffenimporte aus, darunter waren Boden-

---

[5] vgl. Gabanyi 1992; 647.

[6] Der "J-1 Jastreb" und das ebenfalls bei SOKO produzierte Modell G-2A-E Galeb mit Rolls-Royce "Viper"-Triebwerken wurden in der 70er Jahren in größeren Stückzahlen nach Libyen geliefert. vgl. Gunston 1984; 182.

[7] vgl. Vego 1993d, Gow 1992; 359, Szuchanek 1990, Gunston 1984; 181ff, Lederer 1992, Jakovljević 1992; A 466f, Beaver 1992; 27.

[8] vgl. Gow 1992; 359.

Luft-Raketen wie die sowjetische SA-7 und in Singapur in Lizenz der Daimler-Tochter MBB produzierte Armbrust-Panzerfäuste. Auf welchem Wege die "Heckler&Koch MP5" Maschinengewehre nach Slowenien kamen, mit denen dort nach Angaben der Söldnerzeitschrift "Soldier of Fortune" Spezialeinheiten ausgerüstet sind, ist unklar.[9]

Das Jahrbuch "Military Balance" gibt den Materialbestand der slowenischen Armee folgendermaßen an: 150 Panzer (M-84, T-34, T-55), 20 Schützenpanzerwagen, einige Gazelle-Helikopter und 2 Helikopter vom Typ Agusta/Bell AB-412.[10]

Die etwa 20 000 Mann starke Makedonische Armee ist vor allem mit AK-47 Gewehren ausgerüstet, daneben hat sie 60mm- und 82mm-Mörser und andere Geschütze. Die Armee besitzt keine Luftfahrzeuge. Lediglich eine spezielle paramilitärische Polizeieinheit besitzt einige Gazelle-Hubschrauber. Am 29.10.1992 trat die bulgarische Regierung unter Filip Dimitrov zurück, nachdem der bulgarische Geheimdienst aufgedeckt hatte, daß der oberste Berater des Premierministers, Konstantin Mišev, versucht hatte, bulgarische Waffen nach Makedonien zu verkaufen. Mišev hat zugegeben, Makedonien besucht und über potentielle Waffenverkäufe diskutiert zu haben. Er gab jedoch an, daß keine tatsächlichen Waffenverkäufe zustande gekommen seien, da Bulgarien das Waffenembargo achte.[11]

4.3. Die Waffen der kroatischen Truppen.

Vor dem Krieg waren in Kroatien 700 000 Zivilisten als Waffenträger registriert.[12] Kroatien übernahm 235 Panzer von der JNA, davon 65 Stück vom Typ T-55 in Varaždin. Zwei Kampfflugzeuge vom Typ MiG-21 hat die JNA in Kroatien zurückgelassen, vier weitere brachten übergelaufene JNA-Soldaten mit nach Kroatien. Die neugeschaffene kroatische Marine hat etwa 30 JNA-Schiffe übernommen.[13]

Die bosnischen Kroaten haben zwischen 30 000 und 50 000 Soldaten. Neben einigen Hubschraubern besitzen sie etwa 50 Panzer. Die Kommandostruktur der bosnischen Kroaten gilt als unzulänglich und von internen Machtkämpfen beeinflußt. Die Zahl der Soldaten der Kroatischen Armee, die in Bosnien-Hercegovina kämpfen wird auf 10 000 bis 30 000 geschätzt; die Regierung in Zagreb bestreitet die Existenz dieser

---

[9] vgl. Isby 1991; 398, Soldier of Fortune; 10/1991; 86.
[10] vgl. The Military Balance; 1993-1994; 88.
[11] vgl. Gow/Pettifer 1993, FOF 1992; 862 B2.
[12] vgl. Huebbenet 1990b.
[13] vgl. Gow 1992; 359, Vego 1993d; 504, Vego 1993a; 11.

Soldaten und spricht von 1500 bis 2000 Freiwilligen.[14] Zwar befinden sich auf dem kroatisch kontrollierten Gebiet Bosnien-Hercegovinas einige Rüstungsfirmen, doch zu Beginn des Krieges gelang es den Serben, aus einigen Firmen Werkzeuge und technische Dokumentationen in serbisch kontrollierte Gebiete zu bringen. So wird mit den Anlagen des Helikopter- und Flugzeugwerks "SOKO" in Mostar inzwischen in der Fabrik "UTVA" in Pančevo (Vojvodina) produziert.[15]

Bereits Monate vor Ausbruch des Krieges soll Kroatien 20 000 - 30 000 Kalašnikov-Sturmgewehre aus Ungarn importiert und an die Reservepolizei und and HDZ-Aktivisten verteilt haben.[16] Zu Beginn des Krieges war die Bewaffnung der Kroaten eher schlecht, aber auf dunklen Kanälen gelangten schnell große Mengen Waffen ins Land. "Als der Krieg begann, hatten sie nur Jagdgewehre und Pistolen. Jetzt sind ihre Arsenale voll mit modernen Infanteriewaffen. Sie haben Maschinengewehre aus Deutschland, französische Mörser, israelische Uzis, russische Kalaschnikows und österreichische Panzerwagen. Nichts von alledem ist legal ins Land gekommen. Kroatische Gastarbeiter in Westeuropa helfen tüchtig beim Beschaffen. Es heißt aber auch, daß die internationale Drogenmafia einen starken Brückenkopf in Kroatien hat. Kroaten-Präsident Tudjman behauptet, er habe genug Waffen, um 150 000 Soldaten auszurüsten."[17] Nach Angaben von James Gow vom Institut für Verteidigungsstudien am King's College der Universität London sind bis Mitte 1992 rund 300 Millionen $ bei Spendensammlungen von Exilkroaten für Waffenkäufe zusammengekommen.

Gow zufolge hat Kroatien eine eigene Rüstungsindustrie aufgebaut, wo südafrikanische und israelische Sturmgewehre nachgebaut und Ersatzteile für Panzer produziert werden. Bei den israelischen Sturmgewehre handelt es sich um UZIs, zu deren nicht lizensiertem Nachbau vermutlich Originalwerkzeuge verwendet werden, die aus Israel oder aus Belgien stammen könnten, wo UZIs in Lizenz produziert wurden.[18] Die in Kroatien entwickelten und gebauten Gewehre Elmech EM-992 und EMM-992 sollen Ähnlichkeit mit dem Remington 700 haben. Sie sind mit Zielfernrohren des Typs Leupold Police/target 3.5-10X42 ausgestattet und sollen auch in den Export gehen.[19] Dobroslav Paraga gab an, daß bei den HOS-Truppen auch amerikanische M-16 Sturmgewehre verwendet

---

[14] vgl. Sächsische Zeitung; 10.02.1994; 5.

[15] vgl. Vego 1993d; 503.

[16] vgl. Bebler 1991; 309.

[17] Der Spiegel 26/1992; 162.

[18] vgl. Lederer 1992, Anthony 1992; 52f, Bošković/Vulić 1993.

[19] vgl. Anthony 1992; 50f.

wurden, die man teuer im Ausland eingekauft habe.[20] Im November 1991 flog eine Lieferung von 5 t Waffen im Wert von 5 000 000 $ auf, die von Italien nach Kroatien gehen sollte. Eine Lieferung von 5000 Stahlhelmen und 3800 Kampfanzügen, die eine südbayrische Firma nach Zagreb exportieren wollte, wurde vom österreichischen Zoll gestoppt.[21]

Einen bundesweit agierenden kroatischen Waffenhändlerring hat das LKA Baden-Württemberg 1992 ausgehoben. Schon im Mai war bei Durchsuchungen im Raum Rottweil/Tuttlingen ein umfangreiches Waffenarsenal beschlagnahmt worden. Gegen 14 der 40 Tatverdächtigen wurden Anklagen erhoben bzw. Strafbefehle beantragt. Ein Tatverdächtiger befand sich im März 1994 noch immer in Untersuchungshaft, vier Verfahren führten zu Freiheitsstrafen zur Bewährung, fünf zu Geldstrafen. Der Rottweiler Staatsanwalt Jürgen Rasenack erklärte, seiner Meinung nach müsse bei den Beschuldigten unterschieden werden, ob jemand aus Profitsucht gegen das Waffengesetz verstoßen habe oder aus ideellen Motiven. Das SDR-Fernsehen berichtete, einige der verdächtigen Kroaten hätten sich darauf berufen, "für Heimat und Vaterland" gehandelt zu haben. Einer von ihnen zeigte Dokumente, nach denen offizielle kroatische Behörden die Gastarbeiter in Baden-Württemberg zum Waffenschmuggel aufgefordert hatten. Auch der baden-württembergische Ableger der kroatischen Regierungspartei HDZ verbreitete solche Aufrufe. Die Lieferung der Waffen wurde von kroatischen Behörden quittiert. Ein Teil der Waffen war zuvor aus Jugoslawien nach Deutschland eingeführt und an hier lebende Kroaten mit Gewinn verkauft worden, die die Waffen im Kofferraum nach Kroatien zurücktransportierten. Anbahnungsgespräche über den Verkauf von Maschinenpistolen für 45 000 DM an muslimische Gruppen wurden nach Recherchen des SDR in der katholisch-kroatischen Mission in Ludwigsburg geführt.[22] Im Oktober 1992 nahm die deutsche Polizei mehrere Kroaten fest, darunter ein katholischer Priester. Sie wollten mehrere Kilo Uran$_{235}$ und 30 Panzer weiterverkaufen, die von den sowjetischen Truppen in der ČSFR stammten.[23]

In letzter Zeit wurden in Baden-Württemberg mehrere Geldsammelaktionen von Kosovo-Albanern, Serben, Kroaten und Bosniern durchgeführt. "Es kann nicht ausgeschlossen werden, daß auf diese Weise zum Teil auch Waffenkäufe finanziert werden. [...] Es liegen Hinweise vor, daß Spendenaktionen auch erpresserischen Charakter hatten". Im Jahre 1993 wurden in Deutschland 58 Straf- und Bußgeldverfahren wegen der Lieferung von militärischer Ausrüstung (Uniformen, Stahlhelme, Zelte usw.)

---

[20] vgl. Paraga 1992.

[21] vgl. Frankfurter Rundschau; 16.11.1991; 2.

[22] vgl. VLBaWü; 11/3167 (17.12.1993); (B-Antrag GRÜNE), Süddeutsche Zeitung; 29.08.1992, Stuttgarter Nachrichten; 28.08.1992; 7.

[23] vgl. Süddeutsche Zeitung; 26.01.1993; 6.

in die vom Waffenembaro betroffenen Staaten eingeleitet. Hinweise gab es auch auf die Lieferung von gebrauchten Militär-LKWs aus NVA-Beständen.[24]

Ein Memorandum der jugoslawischen Bundesregierung, das der deutschen Vertretung bei den Vereinten Nationen übergeben wurde, warf Deutschland, Österreich und Ungarn vor, das Waffenembargo unterlaufen zu haben. So habe Deutschland 60 Panzer über den Hafen von Rijeka und vier 203mm Haubitzen über Österreich nach Kroatien geliefert. Die Bundesregierung wies diese Vorwürfe zurück.[25] Besonders ehemalige DDR-Funktionäre sollen in den Waffenhandel mit Kroatien verwickelt sein. Der kroatische Generalstabschef der Luftwaffe erklärte 1992, seit der Anerkennung sei es für Kroatien wesentlich einfacher geworden, in Europa Waffen einzukaufen.[26]

Nach Erkenntnissen der UNO wurden Waffen, die in Österreich, Portugal und Osteuropa eingekauft worden waren, nach Kroatien und Bosnien-Hercegovina verschifft. Die gefälschten Frachtpapiere stammten von der in London ansässigen Firma Epicon des deutschen Geschäftsmannes Gunther Pausch, der inzwischen in Bolivien inhaftiert ist. Epicon verkaufte neben Frachtpapieren auch Führerscheine, Diplomatenpässe usw.[27]

Eine Lieferung von 11 t Raketenwerfern und automatischen Waffen aus Chile, die angeblich nach Sri Lanka gehen sollte, fiel dem Zoll auf dem Budapester Flughafen auf, als dort Lastwagen mit kroatischen Kennzeichen vorfuhren.[28] Deutsche Söldner bei der kroatischen "Brigade Tomislavgrad" berichten, neben Maschinengewehren aus China und Granatwerfern auf Südafrika seien sie auch mit Heckler&Koch G3 Gewehren ausgerüstet, die offenbar aus der Türkei kämen.[29] Neben Deutschland waren Österreich, Italien, Ungarn, Polen und die ČSFR Länder, aus denen Kroatien Waffen bezog. Wie ungehindert die Waffen über die Grenzen kommen, zeigt ein Schmuggelgeschäft, das der kroatische Geheimdienstchef Manolić aufdeckte: Waffen, die im Ausland für die Verteidigung Vukovars eingekauft worden waren, wurden von höchsten kroatischen Regierungsstellen immer wieder auf den Rundkurs Budapest-Graz-Zagreb und zurück geschickt; so kamen die Waffen zwar nicht zum Einsatz, aber die Regierungsstellen kassierten Runde für

---

[24] vgl. VLBaWü; 11/3167 (17.12.1993); (B-Antrag GRÜNE).

[25] vgl. VDB-S; 160; 12/73 (23.01.1992); 6188A-B (Mündliche Anfrage Katrin Fuchs, SPD).

[26] vgl. Evans 1993.

[27] vgl. Victor 1993.

[28] vgl. Lederer 1992.

[29] vgl. Stark 1993.

Runde neu ab.[30]
Cyrus Vance räumte ein: "Es ist klar, daß das Waffenembargo nicht funktioniert. Waffen kommen aus vielen verschiedenen Gebieten."[31]

4.4. Die Waffen der serbischen Truppen.

Die Jugoslawische Armee soll auf eine Truppenstärke von etwa 60 000 Mann reduziert werden. Allein im Kosovo sind jedoch noch ca. 40 000 bis 50 000 Mann stationiert.[32] Sie hat 2080 Geschütze, 950 Schützenpanzerwagen, 1420 Panzer, 136 Helikopter, 240 Kampfflugzeuge, fünf U-Boote, 4 Fregatten[33] und 12 mit Raketen ausgerüstete Schiffe. Die Munitionsvorräte für ihre 2.2 Millionen Gewehre reichen 5 Jahre. Auf dem Flughafen Batajnica bei Beograd stehen 20 Kampfflugzeuge vom Typ MiG-23, die der irakischen Luftwaffe gehören. Wegen des gegen den Irak verhängten Waffenembargos konnten sie nicht ausgeliefert werden.[34] Vorrangig produziert werden derzeit die Panzer M-84 (die jugoslawische Version des russischen T-72, bei "14 Oktobar" in Kruševac, wo 6200 Arbeitnehmer beschäftigt sind) und V-2001 Vihor,[35] das Kampfflugzeug G5 Super Galeb (eine Version der russischen MiG), sowie eine auf der russischen Scud basierende Mittelstreckenrakete (300 km). Munition wird z. B. bei "Krušik" (9000 Beschäftigte) in Valjevo produziert. Das Automobilwerk "Crvena Zastava" in Kragujevac, das früher mit FIAT-Lizenz produzierte, stellt heute fast nur noch Waffen her, wie z. B. die großen Maschinengewehre 7.62mm PKS/PKT und 12.7mm NSV. Auch der 125mm-Geschützlauf für den M-84 wird bei Crvena Zastava produziert. Im letzten Jahr wurde in Serbien eine neue Baureihe von Militärlastwagen mit Mercedes-Benz-Fahrgestell entwickelt, die auch für den Export produziert werden soll.[36] Nach Angaben von General Života Panić plant

---

[30] vgl. Oschlies 1992a; 39.

[31] vgl. Frankfurter Rundschau; 16.11.1991; 2.

[32] vgl. Gow 1992; 362.

[33] Die Kriegsschiffe spielen zwar im gegenwärtigen Krieg keine große Rolle, aber im Herbst 1991 wurde Split von Kriegsschiffen aus beschossen. vgl. Frankfurter Rundschau; 16.11.1991; 1.

[34] vgl. Beaver 1992; 28.

[35] Der V-2001 Vihor ist ein in Jugoslawien entwickelter Panzer. Technische Daten: Gewicht 44t, Höchstgeschwindigkeit 72 km/h, 125mm-Geschütz mit glattem Lauf, computergesteuertes Feuerleitsystem.

[36] vgl. Beaver 1993. Vermutlich werden die Fahrgestelle aufgrund einer alten Lizenzvergabe produziert. Die Antwort, die Edzard Reuter bei der Daimler-Benz-Jahreshauptversammlung auf die Frage von Tobias Pflüger nach diesen Fahrgestellen gab, wirkte ein wenig konfus: "Hier ist lang und breit das Beispiel eines angeblichen Exports von Militär-Lkw aus Serbien auf der Basis angeblicher Fahrgestellieferungen durch uns dargestellt worden. Weder haben wir irgendeine Lizenz für militärische Lkw-Aufbauten an dieses Unternehmen vergeben, noch wissen wir,

die "BRJ" für die nächsten fünf Jahre den Bau von Raketen mit einer Reichweite von 600 bis 1000 km, die Kosten werden etwa 100 000 000 US$ betragen. Vermutlich sollen hierfür irakische und nordkoreanische Teile verwendet werden. Unter französischer Lizenz (Aérospatiale) wird der SA 341/342 Gazelle-Hubschauber unter dem Namen "Partizan" bei "Utva" in Pančevo und dessen Motoren bei "21 Maj" in Rankovica bei Beograd gebaut. Es gibt Pläne, diesen Hubschrauber mit 68mm-Raketen zu bestücken. Die fünf in Kotor stationierten, aus sowjetischer Produktion stammenden Hormone-A Hubschrauber sollen mit in den USA konstruierten Mk 44 Torpedos ausgerüstet sein.[37]

Die Anlagen einer Chemiefabrik bei Mostar, die im Verdacht steht, bis zu 250 kg chemischer Waffen im Jahr produziert zu haben, wurden beim Abzug der JNA aus Bosnien-Hercegovina nach Serbien gebracht. Der Kessel dieser Anlage stammte von der französischen Firma De Dietrich. In einer Chemiefabrik in Barić soll Phosgen hergestellt werden.[38] Israel lieferte im Januar 1993 rund zehn leichte Panzer sowjetischer Bauart aus seiner Kriegsbeute über den Hafen Bar nach Rest-Jugoslawien. Außerdem lieferte es Ersatzteile für die Panzer und für das Kampfflugzeug MiG-21 und leistete technische Hilfe für den Bau eines neuen jugoslawischen Panzers.[39]

Die Handelsfirma "Genex", die mit ihren weltweit 45 Filialen bosnische Kriegsbeute verscherbelt, kauft auch in zahlreichen Ländern Waffen ein: russische T-55 Panzer für 360 Mio $ in Sofia, gebrauchte Handfeuerwaffen für 290 Mio $ von der libanesischen Christenmiliz "Kataïb". Der größte Teil dieser Waffen wird dann mit Gewinn weiterverkauft, u. a. nach Lateinamerika und Schwarzafrika, aber ausgewählte Stücke werden auch nach Serbien transportiert. Elektronisches Gerät aus

---

wofür unsere Fahrzeuge verwendet werden. Es ist nun einmal eine Tatsache, daß man auf einen Lkw Sand zum Transport verladen kann. Man kann aber auch Personen darauf verladen. Daran werden wir nichts ändern. Das Ganze, meine Herren, die hier vorgetragen haben, führt an sich in ihre grundsätzliche Einstellung, auch zum Automobil insgesamt: »Schafft doch eigentlich das Automobil ab, und baut nur noch Bratpfannen.« Dies ist nun wirklich nicht die Absicht, die wir mit unserer Konzernstrategie verfolgen, und sie wird es beim besten Willen auch nicht werden. Wir haben in diesem Sinn weder 1992 noch 1993 unzulässige Lizenzen für Waffenproduktion, wie sie es nennen, an ausländische Firmen oder ausländische Partner vergeben." Konkreter ist die schriftliche Antwort auf eine Frage von Jürgen Grässlin auf der gleichen Versammlung: "Die MBAG [Mercedes Benz AG] hat am 01.06.1992 die Lieferungen nach Serbien/Montenegro, d. h. also insbesondere an FAP Famos, vollständig eingestellt. Am 22.01.1993 wurden unsere jugoslawischen Partnern mitgeteilt, daß die vertragliche Zusammenarbeit aufgrund des Wegfalls der Geschäftsgrundlage als beendet angesehen wird. An der in der Presse bekanntgemachten angeblichen Weiterentwicklung des Sonderfahrzeugprogramms der FAP Famos war die MBAG nicht beteiligt."

[37] vgl. Vego 1994a; 105.

[38] vgl. Vego 1993d.

[39] vgl. Süddeutsche Zeitung; 26.01.1993; 6.

serbischer Produktion in amerikanischer und schweizer Lizenz im Wert von 100 Mio $ verkaufte Genex Ende 1993 nach Saudi-Arabien. Ehemalige Angehörige der sowjetischen Streitkräfte verkaufen viele Waffen nach Jugoslawien, das meiste geht an die serbische Kriegsseite, ein Teil aber auch an Kroaten und Moslems. Die "Vreme" berichtete 1992 über eine Lieferung von 13 000 t Waffen, von denen ein Teil von libaniesischen Christenmilizen stammte, über den montenegrinischen Hafen Bar eingeschmuggelt wurde.[40]

Die britische Zeitung "The Independent" berichtete, die serbischen Milizen in Bosnien-Hercegovina seien mit Jagdgewehren und leichten Maschinengewehren der Marke Heckler&Koch ausgerüstet. Serbische Behörden hätten der Zeitung gegenüber bestätigt, daß die letzte Ladung 1992 nach Beograd verfrachtet worden sei. Die G3-Gewehre, so der "Independent", stammten aus Oberndorfer Produktion. Heckler&Koch gab zwar zu, "daß eine kleine Menge von Jagdgewehren über ihre Vertretung in Belgrad ausgeliefert worden ist", die Lieferungen seien aber mit Verhängung des Waffenembargos eingestellt worden. Die Firma stellte gegen den "Independent" Strafantrag.[41]

Die serbische Krajina-Armee ist etwa 55 000 Mann stark, die Ausrüstung ist gut. Neben Panzern und einer großen Auswahl von Geschützen hat die Krajina-Armee Hubschrauber der Typen Gazelle und Mi-8 (letztere vom sowjetischen Hersteller Mil) von der JNA übernommen. Das russische Außenministerium dementierte im März 1993 Berichte der britischen Zeitung "Observer", nach denen Rußland an die "Republik Krajina" hochmoderne Waffen, darunter T-55 Panzer und Luftabwehrraketen mit teilweise erheblicher Reichweite geliefert haben soll.[42]

Die Truppenstärke der bosnischen Serben wird auf ca. 80 000 geschätzt, davon sollen 40 000 Soldaten und 40 000 Angehörige paramilitärischer Einheiten sein. Sie verfügen über knapp 300 Panzer, 200 gepanzerte Fahrzeuge und 1500 Artilleriegeschütze, sowie zehn mobile Abschußrampen für Kurzstreckenraketen (65 km) des veralteten aber wirksamen sowjetischen Typs Luna-7. Die bosnischen Serben besitzen auch große Mengen des schweizer Oerlikon 20mm-Dreifachgeschützes. Von der JNA haben die bosnischen Serben auch 80 000 t Munition übernommen.[43]

---

[40] vgl. Der Spiegel; 4/1994; 110ff, Lederer 1992.

[41] vgl. Bebber 1993, Reinkowski 1994.

[42] vgl. Vego 1993c; 444f, Süddeutsche Zeitung; 02.03.1993; 7.

[43] vgl. Sächsische Zeitung; 10.02.1994; 5, Vego 1992; 448, Vego 1993d; 503.

4.5. Die Waffen der bosnisch-moslemischen Truppen.

Bereits vor dem Krieg gab es in Bosnien-Hercegovina neben den Waffen der Armee einen extrem hohen Bestand von Schußwaffen im Besitz von Privatpersonen. In der folgenden Tabelle sind nur die registrierten Waffen aufgeführt; Schätzungen über die Zahl der nicht registrierten Waffen reichen von 100 000 bis über 900 000.

Registrierte Schußwaffen in Bosnien-Hercegovina im Juni 1991:[44]

Einw.	Einwohner	registr. Waffenbesitzer	Schußwaffen	Schußwaffen je 100 Einw.
Moslems	1 903 000	92 500	110 400	5.8
Serben	1 363 000	131 900	157 200	11.5
Kroaten	753 000	43 000	51 800	6.9
Summe	4 355 000	267 400	319 400	7.3

Da die bosnisch-moslemische Kriegsseite offenbar vom Kriegsausbruch überrascht war, war sie in der Anfangszeit uneinheitlich organisiert. Die ersten paramilitärischen Vereinigungen waren die "Patriotische Liga" (vgl. Kapitel 2.7.) und der militärische Arm der SDA "Grüne Barette", der mit AK-74 Gewehren, Anti-Panzer-Raketenwerfern, deutschen Panzerfäusten sowie Mörsern ausgerüstet gewesen sein soll.[45]

Nach eigenen Angaben hat die bosnische Armee 200 000 Soldaten, doch westliche Militärfachleute schätzen ihre Truppenstärke auf knapp 65 000. Die Zahl ihrer Panzer gibt die bosnische Armee mit 2 an,[46] was mit Sicherheit falsch ist, da allein mehrere Fälle bekannt sind, in denen korrupte Angehörige der Armee der bosnischen Serben Panzer an die bosnische Armee verkauft oder vermietet haben.[47] Nach eigenen Angaben hat die bosnische Armee 50 Artilleriegeschütze. Tatsächlich haben die Moslems wohl etwa 85 Panzer und über 300 schwere Geschütze. Zum Abschuß serbischer Helikopter werden vermutlich zumeist sowjetische SA-7 Raketen eingesetzt, gegen Panzer werden unter anderem chinesische "Red Arrow" Raketen verwendet.[48]

Am 04.09.1992 wurden in Zagreb in der Ladung eines iranischen Transportflugzeugs 4000 Geschütze und 1 000 000 Schuß Munition ent-

---

[44] vgl. Vego 1993b; 64.

[45] vgl. Vego 1993b; 63f, Judah 1992a.

[46] vgl. Sächsische Zeitung; 10.02.1994; 5.

[47] vgl. Schneider 1993c.

[48] vgl. Der Spiegel; 5/1994; 124, Collinson 1994; 12.

deckt, die vermutlich zu den moslemischen Truppen in Bosnien-Hercegovina geschmuggelt werden sollten. Im Januar 1993 entdeckten die NATO-Embargoüberwacher auf einem Schiff in der Adria russische und chinesische Luftabwehrflugkörper, hunderte Geschosse großen Kalibers, rund 60 Toyota-Geländewagen, leichte Waffen und Munition. Die Ladung kam aus Pakistan und war vermutlich für die bosnischen Moslems bestimmt. Im Jahr 1993 flossen rund 15 Millionen $ an Spenden auf die Konten bosnischer Auslandsvertretungen. Damit wurden, offenbar in Frankreich, zwei ultraleichte Spähflugzeuge und über russische Händler sechs Mi-8 Transporthubschrauber eingekauft, die dann im riskanten Tiefflug über Ungarn, Rumänien und Albanien nach Bosnien gebracht wurden, um die NATO-Luftraumüberwachung zu umgehen. Berichte über eine Lieferung von mindestens 60 t Sprengstoffen und anderem Material für die Waffenproduktion, die von der iranischen Luftwaffe am 04.05.1994 nach Zagreb transportiert wurde, wurden von der kroatischen Regierung dementiert. Ein hochrangiger Angehöriger der bosnischen Armee bestätigte jedoch, man habe den vereinbarten Anteil erhalten, nachdem ein Drittel der Ladung an die bosnischen Kroaten gegangen sei.[49]

Die Munitionsfabrik "Bratstvo" (Brüderlichkeit) in Novi Travnik, die bosnische Armee mit Nachschub versorgt, war Ziel des serbischen Luftangriffs vom 28.02.1994. Weitere Munitionsfabriken werden in Konjić und Sarajevo vermutet. In der immer wieder umkämpften Kleinstadt Goražde produziert die unterirdische, ca. 20 000 m² große Fabrik "Pobjeda" (Sieg) nach wie vor Munition. In Zenica wird das Sturmgewehr "Cobra" produziert, in Bugojno im Werk "Slavko Rodić" Gewehre, Luft-Boden-Raketen, Anti-Personen-Minen, Handgranaten und andere Waffen. Im Norden Bosniens erhalten die Moslems nach wie vor Material von den Kroaten.[50]

In dem von der bosnischen Regierung kontrollierten Gebiet sind etwa 15 000 Menschen in der Rüstungsindustrie beschäftigt. Es soll eine enge Zusammenarbeit mit der "Pakistani Ordnance Factories" geben.[51]

Im Sommer 1993 flog in Maribor (Slowenien) ein geplanter Waffenschmuggel nach Bosnien-Hercegovina auf. 120 t Waffen und Munition standen auf dem Flughafen; in die Schmuggelaffäre sollen "höchste Stellen" des slowenischen Verteidigungsministeriums verwickelt sein.[52]

Die britische Zeitschrift "The Economist" schätzt, daß allein im Jahre 1993 Waffen für 2 Milliarden $ an die Nachfolgestaaten der SFRJ

---

[49] vgl. FOF 1992; 874 B1, Süddeutsche Zeitung; 26.01.1993; 6, Der Spiegel; 5/1994; 124, International Herald Tribune; 14.05.1994; 2.

[50] vgl. Reimold 1994, Gruber 1994a, Vego 1994b; 214, Der Spiegel; 5/1994; 124, Collinson 1993; 547.

[51] vgl. Vego 1994b; 213.

[52] vgl. Gruber 1994b.

geliefert wurden, davon 80-90% an die bosnisch-moslemische Kriegsseite. Dagegen schätzt Paul Beaver von Jane's Information Group die Waffenlieferungen zwischen April 1992 und April 1994 auf 1.3 Milliarden $, davon 660 Millionen an die Kroaten, 476 Millionen an die Serben und 162 Millionen an die Moslems. Auch Beaver geht davon aus, daß seit Bestehen der moslemisch-kroatischen Föderation der Waffenschmuggel insbesondere zugunsten der moslemischen Kriegsseite stark zugenommen hat. So sei in den letzten Monaten in großen Mengen modernes amerikanisches Kriegsgerät (z. B. Stinger-Raketen, Nachtsichtgeräte) sowie 20 000 Sturmgewehre, Granaten und Mörser eingetroffen. Das Geld für die Waffenkäufe stammt zum großen Teil aus dem Iran, Saudi-Arabien, der Türkei und anderen islamischen Staaten. Weiter erklärte Beaver, die Finanzhilfen ermöglichten es der bosnischen Regierung auch, in der Türkei und in Deutschland Militärberater anzuwerben.[53] Der Spiegel schließt sich der Schätzung Gows an. Nach Angaben des Spiegel stammen etwa die Hälfte der an Kroatien gelieferten Waffen aus Deutschland; auf alle Kriegsparteien bezogen sei Deutschland der zweitgrößte Waffenlieferant.

Waffenlieferungen nach Ex-Jugoslawien April 1992 bis April 1994 in Millionen $ nach Angaben des Spiegel.[54]

von \ an	Serben	Kroaten	Moslems	Summe
GUS	360	50	20	430
Deutschland	-	320	6	326
Slowakei	100	60	10	170
Schweiz	-	90	9	99
Österreich	-	61	2	63
China	10	25	15	50
Saudi-Arabien	-	-	35	35
andere	6	54	65	125
Summe	476	660	162	1298

Eine weitere Geldquelle - wohl auch für Waffenkäufe - stellen die bei im Ausland lebenden Bosniern gesetzeswidrig eingetriebenen Steuern dar.[55]

---

[53] vgl. The Economist; 12.02.1994; 19f, Beelman 1994.

[54] nach Der Spiegel; 32/1994; 121. Wir halten die Angaben für die moslemische Kriegsseite in dieser Schätzung für zu niedrig.

[55] So heißt es in einem uns vorliegenden Schreiben des bosnischen Konsulats in Stuttgart an die in Südwestdeutschland lebenden bosnischen Staatsbürger: "Am 01. Januar 1994 ist der Erlaß mit Gesetzeskraft über die obligatorische Einzahlung des Beitrags für den Wiederaufbau der Republik Bosnien-Herzegowina in Kraft getreten. Die Verpflichtung beträgt 10% der Einkünfte (Einkommen, Rente, Honorar) und wird gleichzeitig mit dem Beziehen der Einkünfte entrichtet. Die Staatsangehörigen der Republik Bosnien-Herzegowina, die auf dem Territorium der Bundesländer Baden-Württemberg, Hessen, Rheinland-Pfalz und Saarland wohnen, überweisen die Steuer an das Sonderkonto des Generalkonsulats der Republik Bosnien-Herzegowina [...] bei der Württembergischen Handelsbank Stuttgart. [...] Bei dem Besuch im Generalkonsulat der

Seit dem Bestehen der moslemisch-kroatischen Föderation ist für die moslemische Kriegsseite die Waffenbeschaffung wesentlich einfacher geworden. So berichtet ein Times-Korrespondent im Juni 1994 über die Lieferung von 200 t chinesischer Waffen, die ein französischer Waffenhändler der bosnischen Armee verkauft hat, und die als Hilfskonvoi getarnt die Grenze passierten. Eine Kontrolle des Waffenembargos findet kaum statt. Ein Britischer UN-Offizier wird zitiert: "Wir wissen keineswegs, wieviel kommerzieller Verkehr nach Bosnien kommt oder was er transportiert. Das gehört nicht zu unserem Mandat." Ebenfalls über Kroatien wurden vom Iran gelieferte Produktionsanlagen für Munition und Waffen an die moslemische Kriegsseite geliefert. Obwohl die Lieferungen aus dem Iran dem amerikanischen Nachrichtendienst und der Clinton-Regierung bekannt sind, wird nichts unternommen, da man offenbar ohnehin nur halbherzig hinter dem Embargo steht.[56]

Unter den von der bosnischen Armee verwendeten Gewehren sind neben jugoslawischen M48, rumänischen AK-47 und in Jugoslawien gebauten Kalašnikov M70B AK-74 auch Heckler&Koch G3 (vermutlich aus einer der vielen Lizenzproduktionen) und die in Slowenien entwickelten MGV 176. Auch die MBB-Panzerfaust Armbrust wird eingesetzt.[57] Von Tobias Pflüger auf der Jahreshauptversammlung 1993 der Daimler-Benz AG, deren Tochterunternehmen MBB ist, gefragt, wie die Armbrust trotz des Waffenembargos nach Bosnien-Hercegovina gekommen sei, antwortete Vorstandschef Edzard Reuter: "Nach unserer Kenntnis - wir haben das geprüft - stammen sie aus Singapur. Sie sind damals ordnungsgemäß im Rahmen der gesetzlichen Möglichkeiten und der gesetzlichen Erlaubnisse nach Singapur geliefert worden. Was danach mit ihnen geschehen ist, können wir heute beim besten Willen nicht mehr nachvollziehen." In großen Mengen vorhanden und im Einsatz sind immer noch die von der deutschen Wehrmacht zurückgelassenen, inzwischen 50-60 Jahre alten Mauser-Gewehre.

Republik Bosnien-Herzegowina Stuttgart sind die Steuerpflichtigen verpflichtet, die Beweise für den eingezahlten Betrag vorzulegen, um die Rechte aus dem Bereich der konsularischen und anderen Problematik wahrnehmen zu können." Nach einem Bericht des Beograder Magazins NIN vom 06.01.1994 erhebt die "Serbische Republik" in Bosnien-Hercegovina von im Ausland lebenden bosnischen Serben eine Kriegssteuer von pauschal 100 DM im Monat. vgl. VDB; 12/6549 (Kleine Anfrage Barbara Höll, PDS).

[56] vgl. Loyd 1994, Adams 1994.

[57] vgl. Vego 1993b; 66.

Armeen in Bosnien-Hercegovina 1992/1993.[58]

```
Bosnien-Hercegovina      Aktive     Reserve    Panzer  APCs  Artillerie
                         Soldaten

Regierungstruppen        60 000ca   120 000ca   20ca    30ca    •
Bosnische Kroaten        50 000ca      -        50ca     •     500
Bosnische Serben         80 000ca      -       330ca    400    800
HOS                       1 000        -         •       •      •
```

Daten zu den Armeen der Nachfolgestaaten der SFRJ 1992.[59]

```
Land           "Verteidi-       pro    Anteil    Soldaten   Reserve   Parami-
               gungs"-ausg.     Kopf   am GDP                         litärs

Slowenien        341 mio $      177    1.9 %      15 000     85 000    4 500
Makedonien         •              •      •        20 000ca   80 000      •
Kroatien       4 330 mio $      913   24.1 %     105 000    100 000   50 000
Serbien+M.     3 760 mio $      342   27.8 %     135 000    400 000      •

D 1992        19 252 mio $      250    2.4 %     447 000    904 700   25 400

BRD 1985      19 922 mio $      320    3.2 %     478 000       •         •
YU 1985        1 692 mio $      160    3.8 %     240 000       •         •
```

4.6. Waffenexporte aus den Nachfolgestaaten Jugoslawiens.

Noch im Herbst 1992 wurden im Betrieb "Đuro Đaković" in Bosanski Brod in serbisch-kroatischer Kooperation Panzer hergestellt, die angeblich nach Kuwait exportiert werden sollten. Auf welchem Weg die M-84 Panzer nach Kuwait gebracht werden sollten, ist unklar.[60]

Im Februar 1993 transportierte ein Schiff unter griechischer Flagge serbische Waffen nach Kenia, von wo aus sie auf dem Landweg nach Somalia gebracht werden sollten. Damit wäre sowohl gegen das Handelsembargo gegen Serbien als auch gegen das Waffenembargo gegen Somalia verstoßen worden. Einige Monate später verhandelte das indische Verteidigungsministerium mit der in Singapur ansässigen "Jugoimport Asia" über den Kauf serbischer Waffen im Wert von 52 Millionen US$, darunter 150 Stück des Panzer-Feuerleitsystems SUV-55, die in der Fabrik "Rudi Čajavec" in Banja Luka im serbisch kontrollierten Teil Bosnien-Hercegovinas produziert werden, und von denen ein Stück etwa 135 000 US$ kostet. Auch 13 000 Schuß Munition aus einer noch vor der Teilung Jugoslawiens unterzeichneten, bisher nur teilweise ausgelieferten

---

[58] nach The Military Balance; 1993-1994; 74f. APC = Armoured Personal Carrier, Schützenpanzerwagen.

[59] nach The Military Balance; 1993-1994; 224f.

[60] vgl. Hofwiler 1992a; 87, Hofwiler 1992c.

Bestellung von insgesamt 25 000 Schuß (für 7.8 Millionen US$) will "Jugoimport Asia" noch an Indien liefern.[61]

Ein besonders dreister Fall ist der Export von 12 t Uzi-Maschinenpistolen und Munition nach Algerien. Die fingierte Firma "International Transservice" hatte von London aus 12 t "lackierte Besenstiele" bei einer serbischen Firma bestellt, die angeblich nach Mauretanien geliefert werden sollten. Am 12.12.1993 tritt der Container seine Reise mit einem Schiff auf der Donau an, zweimal wird die Fracht per Fax umgeleitet, bis sie über Ungarn, Slowakei, Polen, Rostock, nach Hamburg, von dort per Zug und LKW über Frankreich, Karlsruhe und Köln zum belgischen Hafen Dunkerque gelangt, von wo aus ein Schiff, dessen Besitzer der algerische Staat ist, den Container nach Algier transportiert. Die Waffen waren für die fundamentalistischen Untergrundkämpfer bestimmt und wurden nur zufällig entdeckt, weil Banditen, die Nahrungsmittel oder Autoteile in dem Container vermutet hatten, diesen aufbrachen. Der Container hatte 12 000 km zurückgelegt, acht Grenzen passiert, war aber nicht ein einziges mal kontrolliert worden.[62]

---

[61] vgl. Süddeutsche Zeitung; 25.02.1993; 7, Jane's Defence Weekly; 14.08.1993; 5.

[62] Nach einem Beitrag von Thomas Jung (Paris), der am 05.03.1994 auf SWF3 gesendet wurde.

5. Die Lage der Flüchtlinge.

5.1. Flüchtlinge im Kriegsgebiet.

Durch den Krieg sind insgesamt etwa 4.4 Millionen Menschen aus dem geteilten Jugoslawien auf der Flucht. Ein großer Teil der Flüchtlinge schafft es nicht einmal, aus Bosnien-Hercegovina herauszukommen, da Kroatien und Slowenien schon seit mehr als einem Jahr Flüchtlinge aus Bosnien-Hercegovina, die keine Kroaten sind, nur einreisen läßt, wenn diese ein Visum für ein anderes Land haben und nur durchreisen. Seit Juni 1994 erlaubt Kroatien nur noch die Durchreise von 60 bosnischen Moslems im Monat. Viele Flüchtlinge aus der "Serbischen Republik" weichen daher nach Zentralbosnien aus, wo heute etwa eine Million Menschen mehr leben als vor dem Kriegsausbruch 1992.[1] Viele Flüchtlinge irren innerhalb Bosnien-Herecgovinas umher. So flüchten vor allem Menschen, die zu einer in ihrer Stadt als Minderheit existierenden Bevölkerungsgruppe gehören, in andere Städte, wo sie in der Mehrheit sind. Die Bevölkerung kleinerer Dörfer flieht meist in die nächstgelegene Stadt, wo sie sich sicherer vor Angriffen fühlt. So lebten in Srebrenica und Goražde teilweise mehr als dreimal so viele Menschen wie vor dem Krieg. "Mitte August 1993 registrierte der UNHCR für Bosnien-Herzegowina [...] mehr als 600 000 grenzüberschreitende Flüchtlinge sowie 2,3 Millionen Flüchtlinge und »displaced persons« innerhalb von Bosnien-Herzegowina, die von der Versorgung der internationalen Organisationen abhängen."[2]

Die Bosnische Regierung versucht, größere Fluchtbewegungen zu unterbinden, damit die Verteidigung nicht zusammenbricht. So war der moslemischen Bevölkerung von Mostar der Weg in Richtung Zentralbosnien während der kroatischen Belagerung versperrt, obwohl der Belagerungsring der Kroaten nach einer Seite hin offen war und der Waffennachschub ununterbrochen funktionierte. Die Regierung der neuen moslemisch-kroatischen Föderation in Bosnien-Hercegovina versucht, Flüchtlinge zur Rückkehr ins Land zu bewegen. Mit einer Amnestie für Deserteure sollen die Flüchtlinge geködert werden, die angeblich zum Wiederaufbau benötigt werden. Der Staatssekretär im Justizministerium Sead Hodžić gab aber zu, daß die Rückkehrer nicht von ihren Verpflichtungen gegenüber dem Staat befreit seien, zu denen auch die Mobilisierung oder Arbeitsdienst gehören könne.[3] Mit dem Wiederaufbau hin-

---

[1] vgl. Rossig 1994d.

[2] VLBaWü-D; 11/2939 (18.11.1993); (Kleine Anfrage Monika Schnaitmann, GRÜNE).

[3] vgl. Sudetic 1994.

gegen wird im allgemeinen nach dem Krieg begonnen, nicht mitten im Krieg.

Von den etwa 31 000 Flüchtlingen, die in Makedonien leben, sind etwa ¾ aus Bosnien-Hercegovina, ¼ aus Kroatien. Nicht eingerechnet sind albanische Flüchtlinge aus dem Kosovo, deren Zahl unbekannt ist. In Slowenien lebten im Sommer 1993 etwa 70 000 Flüchtlinge, davon 16 000 in Flüchtlingslagern. Inzwischen hat rund die Hälfte der Flüchtlinge das Land wieder verlassen, teilweise in ihre Heimat, teilweise in andere Aufnahmeländer.[4]

In Serbien gab es Ende August 1993 460 000 registrierte und schätzungsweise 150 000 nicht registrierte Flüchtlinge. 96% der Flüchtlinge sind bei Verwandten oder Bekannten untergebracht, der Rest in Flüchtlingslagern. In Montenegro gibt es etwa 60 000 Flüchtlinge aus Kroatien und Bosnien-Hercegovina.[5]

In Kroatien sind die Flüchtlinge hauptsächlich in Lagern untergebracht. Unterschieden wird zwischen den "Flüchtlingen" aus Bosnien-Hercegovina (etwa 280 000) und "Vertriebenen" aus den UNPAs (etwa 370 000). Im Gegensatz zu Serbien erhält der kroatische Staat für die Versorgung der Flüchtlinge von der UNO 7 DM je Flüchtling und Tag. Nur ein kleiner Teil dieses Geldes wird tatsächlich für die Flüchtlinge verwendet. Einige in Hotels an der Adriaküste untergebrachten Flüchtlinge wurden vor der Urlaubssaison 1993 nach Asien geschickt, davon mindestens 379 nach Pakistan und 263 nach Malaysia.[6]

Die Hilfsorganisationen im Kriegsgebiet helfen zwar offiziell allen, aber inoffiziell wird oft genau nach Bevölkerungsgruppen getrennt. Dies scheint weniger von der Hilfsorganisation als ganzer sondern mehr von den einzelnen Verantwortlichen vor Ort abzuhängen.

Flüchtlinge innerhalb des Gebietes der ehemaligen SFRJ, Sommer/Herbst 1993:[7]

Land	absolut	je 1 Mio Einw. des Aufnahmelandes	je Mrd $ GDP
Serbien+Montenegro	670 000	63 773	34 536
Kroatien	650 000	137 044	28 888
Slowenien	70 000	35 534	3 677
Makedonien	31 000	14 591	8 116

---

[4] Zur Situation der Flüchtlinge in Slowenien vgl. Lešnik 1994.

[5] vgl. VLBaWü-D; 11/2939 (18.11.1993); (Kleine Anfrage Monika Schnaitmann, GRÜNE).

[6] vgl. Jung/Pflüger 1993; 8, Rathfelder 1993b, Schmidt 1994; 47.

[7] vgl. VLBaWü-D; 11/2939 (18.11.1993); (Kleine Anfrage Monika Schnaitmann, GRÜNE). Andere Quellen geben zum Teil gravierend abweichende Zahlen an. So meldete die Nachrichtenagentur Reuters am 31.07.1993, Makedonien habe allein 50 000 bosnische Moslems aufgenommen. vgl. Schmidt 1994; 48. Die Abweichungen kommen wohl daher, daß ein großer Teil der Flüchtlinge nicht registriert ist, und daher Schätzungen angestellt werden.

Flüchtlinge aus der ehemaligen SFRJ in verschiedenen Aufnahmeländern, Stand 05.02.1993.[8]

Land (Auswahl)	absolut	je 1 Mio Einw. des Aufnahmelandes	je Mrd $ GDP
Deutschland	250 000	3 135	159
Schweden	74 141	8 542	301
Schweiz	70 450	10 342	304
Österreich	66 500	8 563	402
Frankreich	58 000	1 015	48
Ungarn	50 000	4 810	1 619
Kanada	26 500	969	45
Italien	17 000	294	15
Türkei	15 000	253	134
Dänemark	9 708	1 878	75
Großbritannien	4 000	69	4
Luxemburg	1 200	3 145	128
Spanien	120	3	0
Griechenland	100	10	1
andere	28 387		

So gesehen sind also Ungarn, Österreich, die Schweiz und Schweden die Länder außerhalb Jugoslawiens, die im Verhältnis zu ihren Möglichkeiten am aufnahmebereitesten waren.

5.2. Asylanträge: "Offensichtlich unbegründet".

Asylbewerber aus der SFRJ bzw. den Nachfolgestaaten der SFRJ in der BRD und in Österreich.[9]

	BRD	Österreich
1986	1 242	488
1987	4 713	402
1988	20 812	477
1989	19 423	634
1990	22 114	768
1991	74 854	6 436
1992	122 666	7 410
1993	96 625	•

Nach Angaben des damaligen Innenministers Zimmermann, ist seit Ende 1987 "ein sprunghafter Anstieg bei Jugoslawen festzustellen".[10] Dieser fällt zeitlich mit dem Beginn von Miloševićs Kosovo-Kampagne zusammen; es handelt sich wohl zum größten Teil um Kosovo-Albaner.

---

[8] vgl. Roggemann 1993; 89.

[9] vgl. Statistisches Jahrbuch für die Bundesrepublik Deutschland; 1993; 73, Statistisches Jahrbuch für die Republik Österreich; 1993; 51, Bulletin des Presse- und Informationsamtes; 1994; 40. • = Zahl liegt noch nicht vor.

[10] vgl. Zimmermann 1989; 26.

Österreich war hiervon noch nicht betroffen; die Asylbewerberzahlen stiegen erst mit dem Ausbruch der Kämpfe 1991 an.

Asylbewerber aus den Nachfolgestaaten der SFRJ in der BRD:[11]

```
         Asylb.    Ex-SFRJ   Serbien    BiH      Kroat.   Mak.   Slow.
         insges.             u. Mon.

1991:    256 112    74 854      •        •         •       •      •
1992:    438 191   122 666   115 395*  6 197    1 024            50
1993:    322 842    96 625    72 476  21 240    1 242   615      52
1994**:   62 802    21 640    17 194   3 704      280   460       2
* einschließlich Makedonien,  ** 1. Halbjahr
```

Von den inzwischen ca. 350 000 Flüchtlingen in Deutschland kommt etwa die Hälfte aus der "Bundesrepublik Jugoslawien", je ein Viertel aus Bosnien-Hercegovina und Kroatien.

Sehr vielen Flüchtlingen gelingt es nicht, nach Deutschland zu kommen. So wurde alleine in den Monaten Juli bis Oktober 1993 15401 Menschen aus dem geteilten Jugoslawien die Einreise verweigert, 3935 wurden "nach illegaler Grenzüberschreitung sofort zurückgeschoben".[12]

Flüchtlinge aus Kroatien und Serbien.

Die in Baden-Württemberg lebenden Flüchtlinge aus Kroatien erhielten im August 1993 einen von Landesinnenminister Birzele und dem kroatischen Botschafter Ilić gemeinsam verfaßten Brief. Ihnen wird mitgeteilt, daß ihre bis zum 30.09.1993 befristeten Duldungen nicht verlängert werden. "Wir bitten Sie um Verständnis für unsere Maßnahmen. Doch Kroatien braucht Sie jetzt beim Wiederaufbau!"[13] Doch offensichtlich ist die kroatische Regierung lediglich an Nachschub für ihre Armee interessiert. Bei einer Arbeitslosenrate von mehr als 30% ist Kroatien gewiß nicht auf rückkehrende Flüchtlinge für den Wiederaufbau angewiesen. Jedenfalls bekommen bosnische Flüchtlinge in Kroatien keine Arbeitserlaubnis. Und auch die Unterbringung der Menschen ist nicht gesichert: Kroatien weigert sich, neue Flüchtlinge aus Bosnien-Hercegovina aufzunehmen, da - so Josip Esterajher vom Regierungsamt für Flüchtlinge - die Aufnahmekapazitäten erschöpft seien.[14] Sicherlich ist die kroatische Regierung auch an dem Wiederaufbauprogramm interes-

---

[11] vgl. Bulletin des Presse- und Informationsamtes.

[12] Aufgeschlüsselt nach Herkunftsländern (Einr. verw./n. Grenzüb. zurückgesch.): "BRJ" 11996/3602, Bosnien-Hercegovina 1871/274, Kroatien 1020/18, Makedonien 349/41, Slowenien 165/0. vgl. VDB-S; 171; 12/189 (11.11.1993); Mündliche Anfrage Jürgen Schmieder, FDP.

[13] Zur Vorgeschichte des Briefes vgl. VLBaWü-D; 11/2932 (16.11.1993); (Kleine Anfrage Reinhard Hackl, GRÜNE).

[14] vgl. Schmidt 1994, Stuttgarter Nachrichten; 18.06.1994.

siert, das die deutsche Innenministerkonferenz mit der Abschiebung der Flüchtlinge verknüpft hat. Die 30 Millionen DM sollen nach Ansicht der Innenminister der Länder Bund und Länder je zur Hälfte aufbringen; die Bundesregierung sieht sich jedoch außerstande, ihren Anteil aufzubringen, und so wird aus dem Programm wohl nichts werden.[15]

Im baden-württembergischen Landtag nahm Rolf Wilhelm von den "Republikanern" am 20.01.1994 die Selbstdarstellung Kroatiens durch den Chef der kroatischen Tourismuszentrale zum Anlaß, die Abschiebung aller kroatischen Flüchtlinge zu fordern. Nachdem sich Kroatien auf der Stuttgarter Tourismusmesse CMT als sicheres Touristenland präsentiert habe, sei die Voraussetzung für ein Bleiberecht kroatischer Flüchtlinge hinfällig geworden.

Abgesehen davon, daß es ein Unterschied ist, ob man sich als deutscher Tourist in Rijeka aufhält oder ob man als mittelloser, wehrpflichtiger, der serbischen Bevölkerungsgruppe angehörender kroatischer Staatsbürger ins zerstörte Daruvar abgeschoben wird, hat Kroatien es bisher stets vermieden, Angriffe auf die Krajina in die Hauptreisezeit zu legen. Solange keine für beide Seiten akzeptable Lösung der Kontrolle über die Krajina gefunden ist, muß man davon ausgehen, daß es nur eine Frage der Zeit ist, bis hier wieder Kämpfe ausbrechen.

Wegen der Kämpfe in Kroatien im September 1993 wurden die Abschiebungen noch für einige Monate ausgesetzt. Die vor dem 22.05.1992 eingereisten Flüchtlinge aus Kroatien, die bisher als Bürgerkriegsflüchtlinge geduldet wurden, haben seit dem 01.05.1994 keine Duldung mehr und können abgeschoben werden. Derzeit scheinen die Behörden jedoch zu hoffen, daß ein großer Teil von ihnen "freiwillig" geht. Ende Oktober 1994 soll die "Rückführung" abgeschlossen sein, nur die Flüchtlinge aus den serbisch besetzten Gebieten sollen bis Juni 1995 hier bleiben können.[16]

Der Wehrdienst in Kroatien dauert zehn Monate. Darüberhinaus werden Männer bis zum 65. Lebensjahr für einige Wochen zu Übungen eingezogen. Es gibt auch einen Arbeitsdienst für Männer und Frauen vom 18. bis 65. Lebensjahr, der aber bisher keine große Bedeutung hat. Desertion kann mit 5 Jahren Haft, in "schweren Fällen" auch härter bestraft werden. Wie Zoran Ostrić von der Antikriegskampagnie in Zagreb berichtet, werden tausende kroatischer Staatsbürger, die in Bosnien-Hercegovina geboren sind, in den Krieg geschickt. Zwar existiert ein Recht auf Kriegsdienstverweigerung, aber dies ist nur wenigen bekannt. Kroatien ist nicht bereit, abgeschobenen Deserteuren Straffreiheit zu gewähren; es soll aber deutschen Vertretern erlaubt werden, den

---

[15] vgl. Frankfurter Allgemeine; 09.02.1994; 5, Rossig 1994b.
[16] vgl. Gaserow 1994.

Prozessen beizuwohnen.[17]

Eine im März 1994 geplante Massenabschiebung von Flüchtlingen nach Restjugoslawien scheiterte in letzter Minute an der Weigerung Rumäniens, die Abschiebung über Timişoara zu dulden.[18] Eine direkte Abschiebung auf dem Luftweg nach Beograd ist wegen des Embargos nicht möglich. Der nordrhein-westfälische Innenminister Schnoor verteidigte die Abschiebungspläne, da "nach dem jüngsten Lagebericht des Auswärtigen Amtes an dem Krieg in Bosnien nicht mehr die serbische Armee beteiligt ist."[19]

In der "Bundesrepublik Jugoslawien" besteht keine Möglichkeit, statt des Wehrdienstes einen Wehrersatzdienst außerhalb der Armee zu leisten. Der Grundwehrdienst beträgt 11 Monate. Wehrdienstentzug wird mit Haftstrafen zwischen 5 und 20 Jahren bestraft. "Bei Rückkehr von Personen aus dem Ausland, die sich dem Wehrdienst entzogen haben - selbst wenn sie sich nur auf der Durchreise durch die »BRJ« befinden -, ist es nach Kenntnis der Botschaft mehrfach vorgekommen, daß Festnahmen mit dem Ziel der unmittelbaren Zuführung zum Wehrdienst oder Strafverfahren stattfinden. Dies gilt auch für jugoslawische Staatsangehörige mit Wohnsitz in Deutschland, die mit deutschen Autokennzeichen einreisen."[20]

Zu Beginn des Krieges folgten in Beograd nur 15% der Reservisten ihren Einberufungsbefehlen.[21] Nach Angaben von Menschenrechtsorganisationen sind unter den Asylbewerbern, die in die "BRJ" abgeschoben werden sollten, viele, denen der Einsatz in der serbischen Armee bevorstand. Der FDP-Politiker Westerwelle, der als Anwalt mit solchen Fällen befaßt ist, sagte, es sei widersprüchlich, einerseits den Serben Tadić wegen des Verdachts von Menschenrechtsverletzungen in dem Serbischen Konzentrationslager Omarska vor ein Gericht zu stellen, andererseits aber der serbischen Armee Personal zuzuführen. Die Rechtssprechung der Gerichte, die Desertion nicht als Asylgrund anerkennen, widersprächen dem Geist der Sanktionsbestimmungen, auch wenn deren Wortlaut nur die Lieferung von Waffen, nicht aber von Soldaten untersage. Nach Angaben des "internationalen Deserteursnetzwerks" sind in

---

[17] vgl. VLBaWü-D; 11/2939 (18.11.1993); (Kleine Anfrage Monika Schnaitmann, GRÜNE), Helwig/Thompson 1994; 16f, Schmidt 1994; 50.

[18] Im Oktober 1993 hatte Makedonien den Rücktransport abgelehnter Asylbewerber, vor allem aus Schweden, in den Kosovo über Skopje nach Protesten der PDP gestoppt.

[19] Schnoor 1994.

[20] VLBaWü-D; 11/2939 (18.11.1993); (Kleine Anfrage Monika Schnaitmann, GRÜNE), VDB-D; 444; 12/2438 (14.04.1992); (Kleine Anfrage Andrea Lederer, PDS/Linke Liste). Die Todesstrafe wurde auf der Ebene der "BRJ" abgeschafft, kann aber in Ausnahmefällen verhängt werden, wenn die Gesetze der einzelnen Republiken angewandt werden. vgl. Riegger 1994.

[21] vgl. Seewald/Euteneier 1991; 15.

Wie in Deutschland, so auch in Jugoslawien: Autos und Waffen vom gleichen Hersteller. Sowohl der Kleinwagen als auch das Geschützrohr des M-84 Panzers stammen von Crvena Zastava in Kragujevac. (Photo: AP)

Serbien mindestens 1300 Deserteure inhaftiert.[22]

Das Europäische Parlament hat die EU-Mitgliedstaaten im Oktober 1993 zur Aufnahme von Deserteuren aus der ehemaligen SFRJ aufgerufen. Die einzelnen Staaten nehmen diese Resolution aber nicht allzu ernst, schließlich ist sie ja nicht bindend, wie der britische Minister Douglas Hogg die dortigen negativen Asylentscheidungen rechtfertigt. In Dänemark haben sich 200 von der Abschiebung bedrohte Deserteure in Kirchen geflüchtet.[23]

Eine Entscheidung des Oberverwaltungsgerichts Lüneburg, das wegen der Gruppenverfolgung der Albaner im Kosovo allen Kosovo-Albanern Asyl zugebilligt hatte, wurde im Juli 1994 vom Bundesverwaltungsgericht aufgehoben. Baden-Württemberg hat zwischen September und November 1993 etwa 217 Kosovo-Albaner zur Ausreise gezwungen; auch aus Rheinland-Pfalz wurden Abschiebungen gemeldet.[24]

Der UNHCR hat inzwischen die Regierungen aufgefordert, Kosovo-Albaner nicht mehr abzuschieben, da zusätzlich zu den im Kosovo seit langem stattfindenden Menschenrechtsverletzungen seit einiger Zeit gezielt zurückgekehrte Asylbewerber verhaftet und mißhandelt werden.[25] Die Innenminister aller deutschen Bundesländer außer Baden-Württemberg und Bayern kommen dieser Aufforderung derzeit nach.

Flüchtlinge aus Bosnien-Hercegovina.

Im Sommer 1992 wurden tausende von bosnischen Flüchtlingen an der österreichisch-deutschen Grenze aufgehalten: Im Gegensatz zu Kroaten benötigen Bosnier für die Einreise nach Deutschland ein Visum. Ein Visum erhält nur, wer in Deutschland Verwandte hat, die eine Verpflichtungserklärung unterzeichnen. Darin verpflichten sie sich, den Einreisewilligen zu beherbergen und für alle Kosten aufzukommen. Die zuständige Gemeindebehörde muß bescheinigen, daß der Unterzeichner hierzu in der Lage ist. Mietvertrag, Verdienstbescheinigung und eine Unbedenklichkeitsabfrage aus dem Ausländerzentralregister müssen vorliegen. Bis das Formular dann endlich beim Einreisewilligen angekommen ist, vergehen einige Tage.

Dann geht das Warten los: Der Einreisewillige erhält einen roten

---

[22] vgl. Frankfurter Allgemeine; 18.02.1994; 6, Jakobs 1994. Die Todesstrafe kann verhängt werden, wenn statt der Bundesgesetze der BRJ die Republikgesetze der beiden Republiken zur Anwendung kommen. vgl. Riegger 1994.

[23] vgl. Helwig/Thompson 1994; 16. Zur Situation der Flüchtlinge in verschiedenen Aufnahmeländern vgl. Schmidt 1994; 50f.

[24] vgl. Süddeutsche Zeitung; 07.07.1994; 5. Schmidt 1994; 49.

[25] vgl. Wolff 1994.

Zettel, mit dem Datum, an dem er abgefertigt wird. "Drei Wochen Wartezeit, das ist noch gut", erklärt Otakar Pitsch vom deutschen Generalkonsulat in Salzburg, "im April und Mai gab es Wartezeiten von bis zu sechs Wochen." Die Flüchtlinge, die meist kein Geld haben, übernachten in dieser Zeit unter freiem Himmel. Nur wer Kinder hat, kann in einer völlig überfüllten Turnhalle übernachten. Unterdessen bereitet der Flüchtlingsansturm den Konsulatsmitarbeitern Sorgen und Nöte: "»Vor dem Ansturm war der Zustand der Vertretung noch repräsentativ«, klagt Konsul Otakar Pitsch,»aber schauen Sie sich den Teppich im Warteraum an, der ist gerade sechs Wochen alt. Und erst das Treppenhaus, wo die Menschen stundenlang warten und sich anlehnen. Ich will nicht sagen, die Leute sind unsauber, die sind ja auf der Flucht vor dem Krieg. Aber soll ich das Treppenhaus alle vierzehn Tage neu streichen?«"[26]

Die Süddeutsche Zeitung schrieb damals: "Was sich derzeit an Deutschlands Südostgrenze abspielt, erinnert oftmals an bürokratische Praktiken der DDR."[27] So verlangten die deutschen Konsulate in Österreich oftmals eine "Vorabzustimmung" der Ausländerbehörde des Wohnorts der Aufnahmewilligen; die Ausländerbehörden jedoch verweigerten die Ausstellung solcher Dokumente, und beriefen sich auf Erlasse ihrer Landesinnenministerien, wonach diese nicht nötig seien. Für diejenigen, die an den bürokratischen Hindernissen scheiterten, blieb vor der Grundgesetzänderung noch der Weg ins Asylverfahren. Die Asylanträge von Kriegsflüchtlingen aus Bosnien-Hercegovina wurden zwar fast ausnahmslos als "offensichtlich unbegründet" abgelehnt, da Krieg keine individuelle politische Verfolgung darstelle, es wurde aber ein befristetes Bleiberecht aufgrund der Genfer Flüchtlingskonvention erteilt. Die Bundesregierung benutzte diese Situation, um darzustellen, daß ein großer Anteil aller Asylanträge abgelehnt werde, und suggerierte, die meisten Asylbewerber kämen grundlos nach Deutschland. Tatsächlich aber kann der überwiegende Teil aller abgelehnten Asylbewerber wegen der Genfer Flüchtlichskonvention nicht abgeschoben werden.[28]

---

[26] Kruse/Scheytt/Schwelien 1992. Die Bundesregierung erklärte hierzu, 1. laute die korrekte Dienstgradbezeichnung nicht "Konsul", sondern "Kanzler I. Klasse", und 2. sei die Bewertung der in der Zeit "außerhalb des Zusammenhangs wiedergegebenen Äußerungen von Herrn Pitsch [...] nicht nachzuvollziehen." VDB-D; 451; 12/3155 (12.08.1992); (Kleine Anfrage Ulla Jelpke, PDS/Linke Liste).

[27] Frank 1992.

[28] Im Gegensatz zur Genfer Flüchtlingskonvention von 1951 (mit dem Zusatzprotokoll von 1967), die die aus "begründeter Furcht vor Verfolgung wegen ihrer Rasse, Religion, Nationalität" u. a. fliehenden Menschen schützt, sieht das deutsche Asylrecht seit der Reform von 1982 nur den Schutz von Flüchtlingen vor, die von den Organen einer diktatorischen Regierung verfolgt werden. Um den Verpflichtungen aus der Genfer Flüchtlingskonvention nachzukommen, werden die Flüchtlinge, die nach Art. 16 Abs. 2 Satz 2 GG nicht als asylberechtigt gelten, vom §51 Abs. 1 AuslG (früher §14 Abs. 1 AuslG) und §32a AuslG (Regelung für Bürgerkriegsflüchtlinge) aufgefangen. Während deutsche Gerichte heute mit gewundenen Begrün-

Entscheidungen über Asylanträge 1993.[29]

```
                         bearbeitete Anträge    Anerkennungen
Asylbewerber insgesamt    513 561              16 396  =  3.2%
YU insgesamt               90 441               4 939  =  5.5%
Serbien+Montenegro         84 447               4 871  =  5.8%
Bosnien-Hercegovina         4 653                  59  =  1.3%
Kroatien                      900                   6  =  0.7%
Makedonien                    401                   0  =  0.0%
Slowenien                      40                   3  =  7.5%
```

Abschiebungen aus Baden-Württemberg nach Jugoslawien.[30]

```
                    1990    1991    1992    1993
YU insgesamt         565     519     688     700
Serbien+Montenegro    •       •       •        2
Bosnien-Hercegovina   •       •       •        0
Kroatien              •       •       •        7
Makedonien            •       •       •      687
Slowenien             •       •       •        4
```

Für Entscheidungen über Asylanträge werden die vom Auswärtigen Amt herausgegebenen Lageberichte herangezogen.[31]

Bundesinnenminister Seiters verteidigt das Verfahren und gefällt sich in der Rolle des Wohltäters: "Großzügige Aufnahme dient letztlich dem Ziel der serbischen Aggressoren."[32] Ob er damit die bosnischen Flüchtlinge überzeugen können wird, daß es besser ist, im Kriegsgebiet zu bleiben?

Seit Jahresbeginn 1994 erkennen die deutschen Behörden die alten SFRJ-Pässe bei bosnischen Bürgerkriegsflüchtlingen nicht mehr an und drängen sie, neue bosnische, kroatische oder "restjugoslawische" Pässe anzunehmen. Ob Absicht oder Gedankenlosigkeit, mit diesem Schritt

---

dungen Flüchtlinge zurückweisen, waren sie in den ersten Jahren nach Unterzeichnung der Genfer Flüchtlingskonvention teilweise bemüht, auch solchen Flüchtlingen das Asylrecht zuzusprechen, die nicht unter den Schutz der GFK fielen. So z. B. im Falle eines Kriegsdienstverweigerers aus Jugoslawien, der 1958 Asyl beantragt hatte. Vor der Aufnahme des Zusatzprotokolls galt die GFK nur für Flüchtlinge, deren Fluchtgrund vor dem 01.01.1951 eingetreten war. Das Gericht argumentierte, das Ereignis, das die Furcht vor Verfolgung des Mannes begründe, sei weder die Kriegsdienstverweigerung selbst noch das - nach 1951 erlassene Gesetz, das die Verurteilung von Kriegsdienstverweigerern vorschreibt, sondern die - vor 1951 eingetretene - Machtübernahme durch den Kommunismus. (BVG 1 C 120.60 vom 29.06.1962). Heute werden den "Konventionsflüchtlingen", die nicht als asylberechtigt anerkannt werden, einige in der GFK enthaltene Rechte vorenthalten. Der UNHCR hat daher Deutschland aufgefordert, wieder die GFK zur Grundlage der Asylentscheidung zu machen. vgl. Nicolaus 1991, VLBaWü-D; 11/2939 (18.11.1993); (Kleine Anfrage Monika Schnaitmann, GRÜNE).

[29] vgl. asyl-info; 4/1994; 35.

[30] vgl. VLBaWü-D; 11/2939 (18.11.1993); (Kleine Anfrage Monika Schnaitmann, GRÜNE).

[31] Die im November 1993 aktuellen Lageberichte sind veröffentlicht in: VLBaWü-D; 11/2939 (18.11.1993); (Kleine Anfrage Monika Schnaitmann).

[32] vgl. Kruse/Scheytt/Schwelien 1992.

zwängen die deutschen Behörden nun auch den hier lebenden Bosniern die Logik der "ethnischen Säuberung" auf. Denn die Entscheidung für einen der möglichen Pässe hat für die Flüchtlinge den Beigeschmack einer Loyalitätserklärung für eine der Kriegsseiten. Viele, die sich als Jugoslawen verstehen, betrachten sich als ehemalige Bürger eines nicht mehr existierenden Staates, folglich als Staatenlose. Ein seit 25 Jahren im Hamburg lebender Jugoslawe: "Wenn ich mir meine Familie angucke. Da gibt es Kroaten, Makedonier, Bosnier, alles durcheinander. Das kann man nicht teilen." Den neuen "bosnischen" Paß mit der Lilie sieht er, der keiner Religion angehört, als muslimischen Paß an. Die Arbeiterwohlfahrt forderte deshalb, den Jugoslawen solle ein Ersatzpapier mit Lichtbild ausgestellt werden. Die Hamburger GAL-Abgeordnete Anna Bruns vermutet als Motiv des Paßzwangs: "Die wollen wissen, wohin sie die Leute abschieben können."[33]

Zahlreiche Flüchtlinge aus Bosnien-Hercegovina haben sich kroatische oder serbische Pässe ausstellen lassen, da ihre Einreise mit einem bosnischen Paß nicht ohne ein Visum möglich gewesen wäre. Nun aber werden sie zurückgeschickt, weil in ihren "Herkunftsländern" Kroatien und Serbien kein Krieg mehr ist.[34]

Auch sonst warten allerlei Schikanen auf die bosnischen Flüchtlinge: So sieht die Stadt Freudenstadt im Schwarzwald in der Unterbringung kriegsverletzter bosnischer Kinder in einer Villa, die der Eigentümer der Hilfsorganisation "Kinderberg e. V." zur Verfügung gestellt hat, eine "genehmigungspflichtige Nutzungsänderung": Das Wohnhaus werde als "soziale Anlage" zweckentfremdet.[35]

Auf dem Rücken der Flüchtlinge wird ein Streit um Aufnahmequoten zwischen den europäischen Staaten ausgetragen. Nachdem die BRD und Österreich sich immer stärker abschotteten, blieben immer mehr Flüchtlinge in Ungarn und Slowenien hängen, die nun ihrerseits ihre Grenzen für Flüchtlinge dichtmachten.[36]

Um die Sozialhilfe für Bürgerkriegsflüchtlinge entstand 1993 ein langwieriges Tauziehen zwischen Ländern und Kommunen. Die Kommunen, die im Normalfall für die Sozialhilfe aufkommen müssen, beklagten sich über die zusätzlichen Kosten. Einige Städte (z. B. Stuttgart, Biberach) weigerten sich, die Sozialhilfe auszuzahlen. Leidtragende waren wieder einmal die Flüchtlinge, die mangels sprachlicher und juristischer Kenntnisse meist nicht in der Lage waren, ihren Rechtsanspruch durchzusetzen. Inzwischen übernimmt in Baden-Württemberg das Land 57% der Sozial-

---

[33] vgl. Kutter 1993.
[34] vgl. die tageszeitung; 17.03.1994.
[35] vgl. Hahn-2 1994.
[36] vgl. Verseck 1993.

hilfekosten für Bürgerkriegsflüchtlinge.[37] Dennoch werden weiterhin bosnische Bürgerkriegsflüchtlinge von manchen Kommunen (z. B. Reutlingen) gedrängt, Asyl zu beantragen, weil dann das Land für die gesamte Sozialhilfe aufkommen muß.

Asylbewerber aus Restjugoslawien, Bosnien-Hercegovina und Kroatien in der BRD:[38]

Quartal	Asylbew. insges.	ehem. SFRJ	Serbien u. Mont.	Bosnien-Hercegovina	Kroatien
1/92	97 397	38 288	•	•	•
2/92	90 126	34 183	33 855**		311
3/92	132 346	26 785	24 428*	1 987	359
4/92	118 322	23 410	•	•	•
1/93	118 081	19 124	13 724*	4 933	453
2/93	106 071	33 304	24 280*	4 689	349
3/93	51 860	21 077	14 609*	6 182	277
4/93	46 830	23 120	17 077	5 402	163
1/94	35 822	13 786	10 915	2 477	146
2/94	26 980	7 854	6 279	1 227	134

*einschließlich Makedonien, **einschl. Makedonien und Bosnien-H.

Auffällig ist, daß im Vergleich zwischen dem 2. und 3. Quartal 1993, wo die Gesamtzahl der Asylbewerber um 51% zurückging, bei den Asylanträgen von Menschen aus Bosnien-Hercegovina ein Anstieg von 32% zu verzeichnen ist. Offensichtlich handelt es sich bei ihnen um Menschen, die sich schon seit längerem als Bürgerkriegsflüchtlinge in Deutschland aufhielten, und nun in Asylverfahren gedrängt wurden.

Nach Angaben der Bundesregierung hielten sich bereits im Frühjahr 1993 in Deutschland 300 000 Menschen auf, die vor dem Krieg in Jugoslawien geflohen sind, davon seien 157 000 Asylbewerber und 12 000 Kontingentflüchtlinge.[39]

Seit dem 01.11.1993 gilt das neue Asylbewerberleistungsgesetz, das die Geldleistungen für Asylbewerber durch sogenannte Sachleistungen ersetzt: Freßpakete, die keinerlei Rücksicht auf herkunftsbezogene und individuelle Vorlieben oder auf Vegetarier nehmen. Dabei verursachen die Sachleistungen zusätzliche Kosten von etwa 125 DM pro Person und Jahr für Einkauf, Verteilung und Verwaltung.[40]

---

[37] vgl. Wieselmann 1993.

[38] vgl. Bulletin des Presse- und Informationsamts.

[39] vgl. VDB-D; 472; 12/4997 (21.05.1993); Schriftliche Anfrage Konstanze Wegner, SPD. Als Kontingentflüchtlinge wurden Flüchtlinge aufgenommen, die in serbischen Gefangenenlagern gewesen waren. Der baden-württembergische Ministerpräsident Erwin Teufel verkündete im Dezember 1992, das Land werde 2000 Kontingentflüchtlinge aufnehmen. Später hieß es jedoch, man habe sich nur zur Aufnahme von 732 Kontingentflüchtlingen verpflichtet. Bis zum Juli 1993 seien 633 aufgenommen worden, wann das Kontingent ausgeschöpft sei wisse man nicht. vgl. VLBaWü; 11/2931 (16.11.1993); Kleine Anfrage Reinhard Hackl.

[40] vgl. Wieselmann 1993.

Aufnahme von Flüchtlingen.

Nach der faktischen Abschaffung des Asylrechts ist ein Besuchervisum inzwischen die einzige Möglichkeit für bosnische Flüchtlinge, nach Deutschland zu kommen. Voraussetzung dafür ist die Einladung durch eine dauerhaft in Deutschland lebende Person. Es ist nicht notwendig, daß man mit dem Eingeladenen verwandt ist oder ihn kennt. Wenn Sie bereit sind, einem bosnischen Flüchtling die Einreise nach Deutschland zu ermöglichen, indem Sie ihn für drei Monate einladen und während dieser Zeit finanziell für ihn aufzukommen, kann Ihnen die Initiative "Den Krieg überleben" (vgl. Kap. 6.2.) einen Flüchtling vermitteln.

Ein aktueller Rechtsleitfaden kann jeweils bei "Den Krieg überleben" angefordert werden. Hier das wichtigste in Kürze: Beim zuständigen Ausländeramt geben sie eine "Kostenübernahmeerklärung" bzw. "Garantieerklärung" ab; Sie verpflichten sich darin, die Kosten für den Aufenthalt des Flüchtlings zu übernehmen. Dies ist Voraussetzung für die Vorabzustimmung des Ausländeramtes, die an die Deutsche Botschaft nach Zagreb geschickt wird, die dann das Visum erteilt.[41] Für die Garantieerklärung verwenden die Ausländerämter uneinheitliche Formulare; sie können auch ein Formular bei "Den Krieg überleben" anfordern. Manche Formulare sehen die Übernahme auch von Krankheitskosten vor, obwohl die Innenminister der Länder am 22.05.1992 festgelegt haben, daß die Haftung für Krankheitsfall und Pflegekosten keine Voraussetzung für die Visaerteilung sind.[42] Es gibt auch Formulare, die die Übernahme eventueller Abschiebekosten vorsehen. Versuchen sie daher, die Garantieerklärung auf die Sicherung von Lebensunterhalt und Obdach für die Dauer des Besuchsvisums zu begrenzen (§ 84 AuslG). Wenn der Flüchtling nach Ablauf des Visums eine Duldung erhält, läuft Ihre Kostenhaftung nicht automatisch weiter. Formulare, die eine unbefristete Haftung vorsehen, dürften sittenwidrig nach § 59 I VwVfG sein. Nach Ablauf des Visums erhält der Gast eine Duldung nach § 55 AuslG. In Baden-Württemberg, Hessen, Niedersachsen, Nordrhein-Westfalen, Saarland und Sachsen-Anhalt kann ein Flüchtling, der keine Sozialhilfe in Anspruch nimmt, eine Aufenthaltsbefugnis nach § 32 AuslG bekommen, die mehr Sicherheit vor Abschiebung bietet. Es hat keinen Sinn, einen Asylantrag zu stellen, da ein Bürgerkrieg keine individuelle staatliche Verfolgung im Sinne des Asylrechts darstellt. Eine Arbeitserlaubnis kann beim Arbeitsamt beantragt werden. Ein Anspruch auf Kindergeld oder Erziehungsgeld

---

[41] Es sind jedoch Fälle bekanntgeworden, wo trotz Garantieerklärung kein Visum ausgestellt wurde. Die Menschen, die ein Visum beantragen, müssen meist alle möglichen Dokumente (Geburtsurkunde etc.) vorweisen, was wohl reine Schikane ist.

[42] In Niedersachsen und Nordrhein-Westfalen übernehmen die örtlichen Sozialämter die Krankenkosten, das Land Schleswig-Holstein schließt für bosnische Flüchtlinge eine Krankenversicherung ab.

besteht nicht. Schwangere können eine Unterstützung durch die Stiftung Mutter und Kind bekommen, die bei Diakonie, Caritas oder anderen Wohlfahrtsverbänden beantragt wird. Die Schulpflicht gilt auch für Flüchtlingskinder.[43]
Baden-württembergische Ausländerbehörden haben in einigen Fällen hier lebenden bosnischen Familien die Ausstellung von Garantieerklärungen für Verwandte verweigert, obwohl dies klar rechtswidrig ist.[44]

5.3. Der Zusammenhang zwischen Waffenlieferung und Flucht.

Die BRD exportiert legal jährlich alleine Großwaffen im Wert von rund 3 500 000 000 DM.[45] Unter den Empfängerländern waren 1992 und 1993 u. a. die Türkei, Indien und Südkorea. Nicht enthalten sind in dieser Zahl sogenannte Kleinwaffen, die jedoch eigentlich wesentlich wichtiger sind als die Großwaffen: Kriegsschiffe und Kampfflugzeuge sind zwar mit Abstand am teuersten, die meisten Toten aber sind auf Maschinengewehre, kleine Geschütze und Minen zurückzuführen. In zahlreiche weitere Länder wird illegal exportiert. Hinzu kommen Lieferungen von Teilen oder Produktionsanlagen für den Waffenbau, "Dual-Use-Güter", i. e. Waren, die zivil oder militärisch nutzbar sind. Auch an dem Verkauf von Lizenzen verdienen deutsche Firmen. So wird z. B. das Maschinengewehr MP5 von Heckler&Koch in 12 Staaten in Lizenz produziert. Das G3 Gewehr von Heckler&Koch, dessen Lizenzen direkt von der Bundesregierung vergeben werden, weil sie die Entwicklung finanziert hatte, wird in 10 Ländern in Lizenz hergestellt.[46] Wenn dann in einem Krieg, z. B. in Jugoslawien, solche Waffen auftauchen, ist schwer nachprüfbar, ob es sich um "echte" deutsche Waffen oder um Lizenzprodukte handelt. So oder so wurde in Deutschland an der Waffe Geld verdient.

---

[43] Über die Möglichkeit, ein Studium aufzunehmen, informiert die Otto Benecke Stiftung, Bonner Talweg 57, 53113 Bonn.

[44] vgl. Hofmann 1994.

[45] 1990: 1.677 Mrd US$, davon an Industrieländer 0.820 Mrd US$, an Entwicklungsländer 0.857 Mrd US$; 1991: 2.530 Mrd US$, davon Industriel. 2.106 Mrd US$, Entwicklungsl. 0.425 Mrd US$; 1992: 1.928 Mrd US$, davon Industriel. 1.632 US$, Entwicklungsl. 0.296 US$. vgl. SIPRI Yearbook 1993; 444.

[46] Lizenzvergaben des G3: Portugal 1961, Pakistan 1963, Schweden 1964, Norwegen 1967, Iran 1967, Türkei 1967, Saudi-Arabien 1969, Großbritannien 1970, Frankreich 1970, Thailand 1971, Griechenland 1977, Mexiko 1979, Burma 1981. vgl. Grässlin 1994. Neben diesen 13 Ländern wurden bis 1983 Lizenzen für Handfeuerwaffen und Maschinenwaffen bzw. -gewehre auch an Brasilien, Italien, Kanada, Kolumbien, Malaysia und Spanien vergeben. vgl. VDB-D; 308; 10/1915 (29.08.1984); (Kleine Anfrage Walter Schwenninger, Die Grünen). Bis 1982 wurde die Lizenzvergabe nicht an Bedingungen wie Endverbleibsbestätigung geknüpft.

Diese Kriegswaffen werden zum Töten benutzt - auch im Jugoslawienkrieg. Hier in der Bundesrepublik gilt der Rüstungssektor als ganz normaler Wirtschaftszweig. Seine Bedeutung wird sogar gerne von den Rüstungslobbyisten über die tatsächliche Bedeutung hinaus überhöht, ganz besonders bezüglich der Arbeitsplätze. Waffenlieferungen sorgen hier in der Bundesrepublik Deutschland für Wohlstand. Sie bringen aber in den arm gehaltenen Ländern, in die sie - in der Regel mit Unterstützung von bundesdeutschen Behörden und Regierenden - geliefert werden, Tod und unsägliches Leid. Notwendig ist deshalb ein Stop von Rüstungsproduktion und Rüstungsexport. Rüstungsbetriebe müssen in zivile Betriebe umgewandelt werden. Das Rüstungsinformationsbüro Baden-Württemberg hat hierzu verschiedene Initiativen gestartet, über die wir gerne informieren.

Es kann doch nicht wahr sein, daß für Kriegswaffen die Grenzen offen sind, nicht aber für Menschen, die vor Kriegen fliehen. Kriege und ihre schrecklichen "Begleiterscheinungen" (wie Menschenrechtsverletzungen, Freiheitsberaubung, Folter, Vergewaltigungen und Vertreibungen) müssen endlich als Fluchtgründe in der Bundesrepublik anerkannt werden.

Ausfuhrgenehmigungen für endgültige Ausfuhr nach Abschnitten der Ausfuhrliste in Mio. DM.[47]

Jahr	1991	1992	
A	8361.5	5347.9	Waffen, Munition, Rüstungsmaterial
B	2574.0	1352.6	Kernenergie: Materialien, Anlagen, Ausrüstung, Software
C	10460.2	7495.6	sonst. Waren, Software, Technologien von strategischer Bed.
D	976.4	1573.1	Chemieanlagen, Chemikalien
E	6.2	36.0	Anlagen zur Erzeugung biologischer Stoffe
SAG	11106.0	13194.6	Sammelausfuhrgenehmigungen
Summe	33484.3	28999.8	

---

[47] vgl. VDB-D; 460; 12/3884 (09.11.1992); (Kleine Anfrage Andrea Lederer, PDS/Linke Liste), 470; 12/4794 (27.04.1993); (Kleine Anfrage Gerd Poppe, Bündnis 90/Die Grünen).

Hauptabhnehmerländer von Exporten mit Genehmigung nach Außenwirtschaftsgesetz nach Abschnitt A der Ausfuhrliste.

```
          1991                           1992
Summe              8361.5    Summe              5347.9
 1. Griechenland    967.9     1. Südkorea        636.1
 2. Südkorea        863.3     2. Griechenland    506.2
 3. Portugal        622.8     3. Schweden        504.2
 4. Dänemark        600.4     4. Saudi-Arabien   435.0
 5. Saudi-Arabien   544.7     5. Niederlande     360.4
 6. Türkei          469.0     6. Frankreich      333.3
 7. Norwegen        455.2     7. Schweiz         324.3
 8. Frankreich      426.3     8. Australien      318.3
 9. USA             417.1     9. USA             245.3
10. Großbritannien  397.4    10. Großbritannien  220.2
11. Schweiz         385.2    11. Venezuela       165.8
12. Israel          330.1    12. Italien         159.8
13. Niederlande     314.5    13. Belgien+Luxemb. 135.0
14. Italien         194.6    14. Norwegen        128.3
15. Belgien+Luxemb. 186.2    15. Indonesien      120.7
weitere 105 Länder 1186.8    weitere 90 Länder   755.0
```

Ausfuhrgenehmigungen nach Außenwirtschaftsgesetz in Mio. DM nach Jugoslawien:[48]

```
1991
Jugoslawien
A         *
B         *
C       190.0
D         3.2
E         *
```

```
1992
Jugoslawien      Bosnien-Herc.    Kroatien        Slowenien
A       -        A       -        A       -       A       -
B       -        B       -        B       -       B       *
C      2.7       C      1.2       C     15.0      C     27.5
D      0.4       D       *        D      1.0      D      2.4
E       *        E       -        E       -       E       *
```

Unter den Ländern, in die 1991 oder 1992 Genehmigungen nach Außenwirtschaftsgesetz, Ausfuhrliste Teil I Abschnitt A geliefert wurden, sind folgende Länder, in denen 1991 oder 1992 Kriege zu verzeichnen waren:[49] Jugoslawien, Türkei, Indien, Phillipinen, Sri Lanka, Äthiopien, Liberia, Mosambik, Ruanda, Südafrika, Sudan, Uganda, Kolumbien, Guatemala, Peru. Darüberhinaus wurden nach Abschnitt B, C, D oder E genehmigt Exporte nach Afghanistan (C), Myanmar (C), Angola (C,D). In diese 18 Länder zusammen wurden 1991 und 1992 Genehmigungen nach

---

[48] ebenda. * bedeutet, daß 1 oder 2 Genehmigungen erteilt wurden. Um Rückschlüsse auf die Höhe einzelner Genehmigungsvorgänge zu verhindern, macht die Bundesregierung in solchen Fällen keine genaueren Angaben.

[49] nach Wallensteen/Axell 1993.

Außenwirtschaftsgesetz erteilt in Höhe von mindestens:[50]

	Mio. DM	Länder	
A	616.5	15	Waffen, Munition, Rüstungsmaterial
B	1.2	6	Kernenergie: Materialien, Anlagen, Ausrüstung, Software
C	882.8	17	sonst. Waren, Software, Technologien von strategischer Bed.
D	259.7	15	Chemieanlagen, Chemikalien
E	0.0	5	Anlagen zur Erzeugung biologischer Stoffe
Summe	1760.2	18	

---

[50] Da Genehmigungshöhen nicht bekanntgegeben werden, wenn für ein Land in einem Jahr für einen Abschnitt nur 1 oder 2 Genehmigungen erteilt werden, dürften die tatsächlichen Zahlen deutlich höher liegen.

6. Pazifistische Handlungsperspektiven.

6.1. Militäreinsatz - die Patentlösung?

Der Beginn der Debatte im Sommerloch 1992.

Schon im August 1991, als der Krieg in Kroatien gerade begonnen hatte, forderte der österreichische Außenminister Mock eine Militärintervention zugunsten Kroatiens.[1]

Die eigentliche Interventionsdebatte begann mit aller Heftigkeit im Juli 1992, interessant ist, wer damit begann: Am 10.07.1992 wurde Daniel Cohn-Bendit (Die Grünen) in der Zeit zitiert: "»Auf nach Sarajevo« rief der Multi-Kulti-Dezernent vor einigen Wochen, als sich rund zweihundert 68iger Veteranen in Frankfurt trafen. Er wollte die Pazifisten unter den Versammelten reizen: Dem Morden in Jugoslawien sei endlich mit militärischer Gewalt Einhalt zu gebieten".[2]

Egon Bahr, Leiter des Institutes für Friedenssicherung und Sicherheitspolitik an der Universität Hamburg und prominentes SPD-Mitglied, hielt einen Tag danach dagegen: "Übrigens: Hinter diesen Bergen gibt es weitere, das hat schon die deutsche Wehrmacht erfahren. Es ist also kompletter Wahnsinn, von militärischen Einsätzen in Jugoslawien zu reden, unverantwortlich besonders aus deutschem Munde, denn wir würden uns jedenfalls auch nicht beteiligen. Seltsame Helden, die mit den Säbeln anderer rasseln. [...] Es ist jedenfalls aussichtsreicher, den Kampf von innen zu beenden als durch Gewalt von außen".[3]

Am 21.07.1992 forderten die CDU-Politiker Karl Lamers (außenpolitischer Sprecher der CDU/CSU-Bundestagsfraktion) und Johannes Gerster (stellvertretender Vorsitzender der CDU/CSU-Bundestagsfraktion) eine militärische Intervention. Lamers sagte dem in Halle erscheinenden Mitteldeutschen Express, ein internationaler Militärschlag sollte insbesondere von der EG gegen Serbien und Montenegro vorbereitet werden. Unter UNO-Kommando müßten alle serbischen Artilleriestellungen vernichtet, ein Landkorridor zur Küste errichtet und der Flughafen frei gemacht werden.[4] Gerster, der schon einer der Vorreiter für die spätere faktische Abschaffung des Asylgrundrechts war, meinte im

---

[1] vgl. McElvoy 1991.
[2] Kostede 1992.
[3] Bahr 1992.
[4] zit. n. Kalmann 1992; 23.

Hessischen Rundfunk: "Wenn ein Angriff, dann schnell. Dann aber keinen Dauerkrieg mit Landtruppen, sondern einen gezielten Schlag gegen Luftwaffe, Flugplätze und gegen die Raketenbasen der Serben"; außerdem meinte er, ein früherer Militärschlag hätte die Eskalation verhindern können.[5]

Am 23.07.1992 faßte der bekannte Antimilitarist Gerhard Zwerenz in der tageszeitung (taz) Argumente gegen eine militärische Intervention zusammen: "Da namhafte Politiker seit geraumer Zeit fordern, die Bundeswehr an »Kampfeinsätzen« zu beteiligen - ob unter UNO- oder NATO-Flagge - kann Jugoslawien zum ersten Probefall werden. [...] [Es] lassen sich durchaus Eskalationen vorstellen, wonach die Bundeswehr, ist sie vor Ort erst einmal präsent, in sich ausweitende Kampfhandlungen verwickelt wird. [...] Niemand weiß, wie sich der Konflikt entwickelt. Wer ihn aber durch das Militär zu lösen beabsichtigt und mit Truppen nach Jugoslawien geht, kann nie wieder von dort weggehen".[6]

Der Zagreber Politologe Žarko Puhovski schrieb in der tageszeitung am 25.07.1992 unter der Überschrift "Die Intervention als Chance begreifen" u. a.: "Die unerträgliche Situation von Millionen Menschen im ehemaligen Jugoslawien gebietet die internationale Intervention. [...] Eine Intervention aus dem Ausland ist immer eine heikle Angelegenheit. Den Ausländern stellen sich prinzipielle, aber auch ganz pragmatische Fragen. Warum sollen »unsere« Soldaten »dort« kämpfen (und eventuell auch sterben), fragt sich jeder Staatsbürger und natürlich, jede Regierung. Und wenn eine solche Intervention gelingt (und bis jetzt war das praktisch nie der Fall!) wird so etwas nicht allzu leicht zur politischen Routine der mächtigen Staaten (die ihre Eigeninteressen sicher an erster Stelle berücksichtigen)? Aber auch für »Inländer« ist es riskant, eine Intervention »von außen« zu befürworten. Plädiert er doch - und das in einer angespannten Lage - für die Verletzung der nationalen Souveränität »seines« Vaterlandes. [...] Zivilisten müssen schon seit langem sehr vorsichtig leben, so daß der Zahl der Opfer unter ihnen - wenn eine solche Intervention gut vorbereitet ist - nur kleiner sein kann als die tägliche »Quote« als Konsequenz des »lokalen« Krieges. So eine Intervention - die mit der Luftbrücke nach Mitterrands Besuch in Sarajevo faktisch begonnen hat - muß der jugo-serbischen Seite ganz klar zeigen, daß ständige Bombardierungen von Sarajevo (und anderen Städten) auch für sie gefährlich werden können. [...] Diese Intervention sollte eine Operation der Luftwaffe sein. Jedes andere Vorgehen würde zu viele Opfer verlangen. Am wichtigsten ist sowieso der symbolische Effekt. Seine Folgen würden höchst wahrscheinlich bald nicht nur auf der serbischen Seite spürbar werden. Denn auch die kroatische in Selbstverteidigung unternommene

---

[5] zit. n. Kalmann 1992; 22.

[6] Zwerenz 1992.

Gegenintervention hat in Bosnien-Hercegovina Züge einer Intervention von außen in der neuen, als unabhängig anerkannten Republik angenommen. Nach dieser Intervention wird aber auch eine zivile Intervention der internationalen Gemeinschaft notwendig sein".[7]

Johannes Gerster forderte erneut am 27.07.1992 "angesichts des Völkermords" einen Militärschlag gegen serbische Militärstützpunkte. Eine deutsche Beteiligung an einem solchen begrenzten Einsatz schloß er nicht aus. Der neue Generalinspekteur der Bundeswehr, Klaus Naumann, sprach sich am 27.07.1992 gegen jedes militärisches Engagement des Westens aus: Wenn man die Ursache des Konflikts analysiere, komme man zu dem Ergebnis, daß er militärisch nicht zu lösen sei.[8]

Rechte Gruppierungen wie die DVU forderten dagegen Militärhilfe für die kroatische (!) Kriegseite: "Politische, wirtschaftliche und humanitäre Hilfe, aber auch Waffenlieferungen für die um ihr Lebensrecht kämpfenden, überfallenden Völker, insbesondere die Kroaten im Sinne der alten deutsch-kroatischen Freundschaft, sind nach Meinung der DVU dringend geboten".[9]

International setzte sich Anfang August Papst Johannes Paul II mit einer Stellungnahme zum Bosnienkrieg in die Nesseln. Die Süddeutsche Zeitung meldete am 12.08.1992: "Aus dem Vatikan kam [...] die Meldung, der Papst rufe zur internationalen Einmischung auf,»um den zu entwaffnen, der töten wolle«. [...] Mediengerecht verkürzt und falsch interpretiert, nahmen sich die Erklärungen aus dem Vatikan so aus, als befürworte der Papst internationales militärisches Eingreifen gegen die Serben", kurz darauf dementierte der Vatikan: "»Der Heilige Stuhl hat nie von einem militärischen Eingreifen gesprochen«". Ebenfalls am 12.08.1992 zitiert BILD den Papst: "Wer tötet, muß entwaffnet werden. Die UNO muß eingreifen. Es gibt kein Recht, untätig abseits zu stehen. Untätigkeit ist ein Verbrechen."[10]

Am 01.08.1992 fand eine Bundestagsdebatte zum Thema Militärintervention in Bosnien statt. Dort hieß es beispielsweise von Ulrich Klose (SPD-Fraktionsvorsitzender): Ein Kampfeinsatz würde "mit hoher Wahrscheinlichkeit" zu einem noch größeren Blutbad führen. Trotz Wut und Verzweiflung gebe es die militärische Option nicht.[11] Hermann Otto Solms, seines Zeichens FDP-Fraktionsvorsitzender, meinte: Alle Militärexperten sagen, "daß dies barer Unsinn wäre. Man muß nur an die Geschichte des Auftritts deutscher Truppen im damaligen Jugoslawien

---

[7] Puhovski 1992.

[8] vgl. Süddeutsche Zeitung; 27.07.1992; 2.

[9] Deutsche National-Zeitung; 31.07.1992; 7.

[10] vgl. Kassebeer 1992, Bild Stuttgart; 12.08.1992; 2.

[11] vgl. Das Parlament; 07.08.1992; 17.

während des Weltkrieges zurückdenken. Selbst 40 Divisionen waren nicht in der Lage, dort einen Partisanenkrieg zu befrieden; das macht überhaupt keinen Sinn. Ich glaube diese Diskussion ist nicht ernstzunehmen".[12] Der Bundesverteidigungsminister Volker Rühe (CDU) sagte in dieser Debatte: "Eine militärische Option in Jugoslawien kommt für mich nicht in Frage. Ich teile auch die Skepsis, die es auch in befreundeten Ländern diesbezüglich gibt". Norbert Gansel (SPD), einer der Hauptförderer der Anerkennung Kroatiens und Sloweniens, die ja nicht unwesentlich zur Eskalation des Krieges beigetragen hat, meinte ebenfalls: "Wer eine militärische Intervention fordert, verrät seine Unkenntnis über die spezifischen Bedingungen auf dem Balkan und über die allgemein schlechten Erfahrungen mit militärischen Interventionen von Dritten in einem Bürgerkrieg".[13]

Nun meldet sich Margret Thatcher aus dem Ruhestand zurück: Was sich in Bosnien abspiele, sei kein Bürgerkrieg, sondern ein kommunistischer Angriffskrieg und erinnere an die "ärgsten Verbrechen der Nazis. [...] Die Bosnier brauchen militärische Hilfe und zwar innerhalb von Tagen".[14]

Am 08.08.1992 begann in der Bundesrepublik dann eine organisierte Diskussion in der als alternativ geltenden tageszeitung über eine militärische Intervention im ehemaligen Jugoslawien. Den Eröffnungskommentar übernahm der Hauptkorrespodent der taz für Ex-Jugoslawien Erich Rathfelder. Abwägend hieß es bei ihm, "das gerade in Deutschland geforderte Bombardement militärischer Anlagen der serbischen Armee könnte diese tatsächlich schwächen und den Vormarsch muslimanisch-kroatischer Verbände möglich machen. Das Risiko ist es allerdings, sich damit den Denkmustern konkurrierender Nationalismen auszusetzen. [...] Vordergründig wird die Diskussion über die Intervention jedoch, wenn sie in das Kräftefeld politischer Tagesinteressen gerät". Abschließend ist jedoch auch bei ihm zu lesen: "Bei allen Risiken und bei aller Kritik an mitschwingenden politischen Kalkülen muß den Opfern aber geholfen werden, wenn es sein muß, auch mit Gewalt".[15]

Über die engstirnige Interventionsdebatte hinaus wies der Debattenbeitrag von György Konrad in der taz vom 08.08.1992: "Die Verabsolutierung nationalen Selbstbestimmungsrechts in Gebieten mit gemischter Bevölkerungsstruktur ist ein gefährliches Spiel. [...] Warum sollte das Selbstbestimmungsrecht einer Nation weniger wert sein, als das der anderen? Erkennen wir die Übereinstimmung eines Staates mit seinen international festgelegten Grenzen nicht an, warum sollten wir dann

---

[12] zit. n. Das Parlament; 07.08.1992; 19.
[13] vgl. Das Parlament; 07.08.1992; 22.
[14] zit. n. Kalmann 1992; 23.
[15] Rathfelder 1992c.

innerhalb dieses Gebildes die ziemlich willkürlich gezogenen Binnengrenzen als gültig hinnehmen, wo diese doch den ethnischen Siedlungsgegebenheiten nicht entsprechen und durch internationale Verhandlungen nicht abgesichert sind? [...] Akzeptieren wir in einem und demselben Gebiet mehrere Legitimitäten und gehen wir ohne konstitutionelle internationale Rechtsprozedur von einer Souveränität zur Anerkennung einer anderen über, dann übernehmen wir für den Krieg der Milizen unvermeidlich Verantwortung. [...] Erkennen wir das Prinzip des homogenen Nationalstaates an, dann sind wir verantwortlich für die nationale Homogenisierung der Territorien mit gemischter Bevölkerungsstruktur. [...] Kann es als weise bezeichnet werden, in ethnischen Stammeskonflikten durch ein Machtwort Stellung zu beziehen? Sollte es nicht weiser sein, darauf zu beharren, daß die Rechte eines jeden Bewohners dort gariatert sein müssen, wo er lebt, und zwar unabhängig davon, welcher Religion und Nation er angehört? [...] Es scheint lohnenswert, über einen mitteleuropäischen Ausgleich nachzudenken, der über eine Zwischenstufe zu einer gesamteuropäischen Integration führt, zu einer demokratischen Verfassung Europas, damit wir nicht meinen, uns wegen der Nervosität, die angesichts der Spannung des Wartens gegenseitig schlagen zu müssen."[16]

Der Spiegel widmete sich nun dem Thema, dort wurde am 10.08.1992 die europäische Diskussion zusammengefaßt: "Die Verteidigungsminister von Spanien, Italien, England und Deutschland taten letzte Woche was ihres Amtes ist: Sie erwogen einen Krieg, die militärische Intervention im ehemaligen Jugoslawien. Das Ergebnis war ebenso eindeutig wie deprimierend: Luftangriffe allein seien nicht geeignet, das Blutbad im auseinanderfallenden Vielvölkerstaat zu beenden. Und ein »Angriff zu Fuß«, faßte der britische Verteidigungsminister Malcolm Rifkind zusammen, sei »nicht machbar«".[17]

Der baden-württembergische Ministerpräsident Erwin Teufel (CDU) und Bayerns Sozialminister Gebhard Glück (CSU) konstatierten, daß ihrer Ansicht nach eine Militärintervention Sinn machen würde. Drei ehemalige parlamentarische Staatsekretäre im Verteidigungsministerium, Andreas von Bülow (SPD), Peter Kurt Würzbach (CDU) und Lothar Rühl (CDU) forderten massive Bombardements gegen serbische Verbände. "Gezielte Luftangriffe gegen Feuerstellen, Depots, Nachschubstraßen, Führungsanlagen und Flugplätze würden ausreichen",[18] so Lothar Rühl.

Im Gegensatz zur französischen Regierung, die konkrete Planungen für eine Militärintervention unternahm ("Die Verbände stehen bereit für

---

[16] Konrad 1992. Gemeint ist das Warten der osteuropäischen Peripherie(staaten) in ein irgendwie geartetes Gesamteuropa zu kommern.

[17] Der Spiegel; 33/1992; 20f.

[18] zit. n. Der Spiegel; 33/1992; 20f.

den Fall, daß alles schiefgeht") und der türkischen Regierung, die sich für ein "begrenztes militärisches" Vorgehen im Bosnienkrieg aussprach, war die deutsche Regierung nicht mehr so forsch vorneweg wie bei der Anerkennung Sloweniens und Kroatiens: Verteidigungsminister Volker Rühe (CDU) meinte: "Ich weigere mich, eine öffentliche Diskussion über einen Militäreinsatz unter dem Motto zu führen: Wir müssen das machen, aber ohne uns." Und weiter: "Insgesamt wird das Blutvergießen noch viel größer".[19] Außenminister Klaus Kinkel (FDP) sah in einer Militärintervention ebenfalls "immer weniger Sinn", aber "Ich bleibe dabei, das Problem ist am Ende vielleicht nur militärisch zu lösen, wir dürfen das Damokles-Schwert nicht wegnehmen." Der CDU/CSU-Fraktionsvorsitzende Wolfgang Schäuble meinte "in ein paar Monaten kommt der Militäreinsatz doch".[20]

Unklarheit herrschte über die Position des Bundeskanzler. Laut Spiegel vom 10.08.1992 widersprach Kohl seinem pfälzer Parteikollegen Johannes Gerster: "Ich bin nicht dafür. [Ich kenne] keinen Staats- und Regierungschef, der bereit wäre zu einem Krieg - darum geht es ja letztlich". Die tageszeitung vom selben Tag meldete, Kohl habe die unentschiedene Haltung gegenüber dem Völkermord in Serbien (sic!) beklagt. "Unsere Position in der Welt, unser Ansehen in der Welt und unsere Fähigkeit zum Engagement sind in gar keiner Weise mehr in Übereinstimmung zu bringen". Er forderte die SPD auf, endlich einer Grundgesetzänderung zuzustimmen, damit Deutschland an militärischen Einsätzen teilnehmen könne. Desweiteren forderte Kohl die Staatengemeinschaft zu einem härteren Vorgehen gegenüber Rest-Jugoslawien auf und schlug ein militärisches Eingreifen in Bosnien zum Schutz von Hilfskonvois vor.[21]

Einer umfassenden Kritik unterzogen wurde im Spiegel vom 10.08.1992 die Diskussion um Militärinterventionen von Gerd Schmückle, ehemaliger Bundeswehrgeneral und von 1978 bis 1980 Stellvertreter des NATO-Oberbefehlshabers in Europa: Unter anderem sagte er darin: "Wenn deutsche Politiker heute einem kriegerischen Eingreifen ins balkanische Gemetzel das Wort reden, jeder deutsche Soldat sollte ihnen zu gut sein, um dort verwundet oder gar Menschendünger für Bürgerkriegsschlachtfelder zu werden. Der Golfkrieg verstellt den Blick für Realitäten, wenn seine Wiederholung auf dem Balkan gefordert wird. Er ist nicht wiederholbar."[22]

Am 10.08.1992 erklärte Claus Leggewie in der taz in der Überschrift

---

[19] vgl. Der Spiegel; 33/1992; 20ff, 128. Rühe hat sich allerdings später in einem BILD-Interview für Waffenlieferungen an die Moslems ausgesprochen. vgl. Rühe 1994.

[20] vgl. Der Spiegel; 33/1992; 21.

[21] vgl. Der Spiegel; 33/1992; 20, die tageszeitung; 10.08.1992; 2.

[22] Schmückle 1992.

seines Debattenbeitrages: "Wir sind alle bosnische Muslime". Darin zieht er Parallelen zwischen Balkankrieg und Golfkrieg und untersucht hauptsächlich den religiösen, islamischen Aspekt des Jugoslawienkrieges: "Es muß jetzt zu einer Neuauflage der gescheiterten Golfallianz kommen, die Amerikaner, Europäer, Israelis und einen großen Teil der arabischen Welt vereinte - ein Militärbündnis, das keine friedliche Fortsetzung gefunden hat. Für die gemeinsame Abwehr von Verbrechen gegen die Menschlichkeit könnten nun auch die arabischen Massen gewonnen werden, ein Vorgang der auf islamische Länder selbst zurückwirken wird. [...] Dieses Mal werden sich die Deutschen nicht mehr mit fadenscheinigen Hinweis auf die Geschichte" herausreden können. Auch sie müßten beim "Akt der europäischen Selbstbehauptung" dabei sein - damit ist eine Militärintervention gemeint.[23]

Die Debatte in der taz ging weiter: Am 11.08.1992 interviewte Erich Rathfelder den nach Kroatien (!) geflohenen serbischen Schriftsteller Mirko Kovač. Beide ergänzten sich: Rathfelder: "Wenn sich die Machtverhältnisse nicht ändern lassen, [...] dann ist es durchaus gerechtfertigt, eine militärische Intervention der UNO zu fordern", Kovač: "Ich glaube tatsächlich, daß solch ein Angriff ihnen [den Serben] gut tun würde. [...] In diesem Sinne unterstütze ich die Idee von einer militärischen Intervention". Später hieß es dann in einer Antwort Kovačs: "Ich glaube sogar, so wie sie mit großer Leidenschaft zu töten, auch mit großer Leidenschaft zu sterben bereit sind. Aus der serbischen Literatur kennen wir diese Faszination".[24] Die aufgeführte Antwort zeigte die Problematik der Person Kovač, der einer ganzen Bevölkerungsgruppe, "den Serben", Leidenschaft zum Töten (und Sterben) unterstellte. Auf der Kommentarseite der taz schrieb die taz-Redakteurin Sabine Herre: "Und so wächst nach mehr als einem halben Jahr Bürgerkrieg in Bosnien die verunsichernde und erschreckende Erkenntnis, daß »man« diesen Krieg nicht beenden kann, daß es für ihn kein schnelles Ende geben wird. Humanitäre Hilfe ist notwendiger denn je. Aber mit dieser Hilfe sollten keine Illusionen transportiert werden. Dieser Krieg wird uns noch jahrelang mit Entsetzen erfüllen."[25]

Auch außerhalb der taz ging die Diskussion weiter: Der frühere Generalinspekteur der Bundeswehr, Wolfgang Altenburg, der bis 1990 zugleich Vorsitzender des Militärausschusses der NATO war, forderte am 11.08.1992 - anders als sein Nachfolger Naumann - in der Zeitung Neue Presse Hannover: "So bitter es ist, für Maßnahmen unterhalb einer kriegerischen Schwelle ist es sehr spät. Der Westen, die EG und die UNO

---

[23] Leggewie 1992.

[24] zit. n. Mobilmachung im Kulturteil 1992.

[25] Herre 1992.

haben viele Möglichkeiten verpaßt, Entschlossenheit zu demonstrieren".[26] Er plädierte deshalb für einen Luftangriff auf einen Flugplatz der Serben, von dem aus Angriffe geflogen würden. Allerdings lehnte er eine umfassende Militäraktion ab, da dadurch das Leid der Bevölkerung verstärkt würde.[27] Der eher als kritisch geltende ehemalige Admiral Elmar Schmähling[28] ging in eine ähnliche Richtung, er ist für einen geographisch und zeitlich begrenzten militärischen Einsatz westlicher Staaten zum Schutz der humanitären Hilfslieferungen in Bosnien. Er will allerdings - so in einem Interview im Saarländischen Rundfunk - den militärischen Einsatz des Westens beschränkt haben auf den Raum, in den die Hilfe gebracht werden soll und die Zeit in der die Hilfe geleistet werde. Der Vorsitzende des Bundeswehrreservistenverbandes und CDU-Bundestagsabgeordnete Peter Kurt Würzbach wollte mehr. "Er forderte in »Bild der Frau«, was Altenburg Unfug nannte: Eine internationale Gemeinschaft technisch befähigter Luftwaffen muß mit Kampfflugzeugen unter UNO-Hoheit die serbischen Artelleriestellungen ausschalten". Der Militärexperte meinte zu wissen: "Dazu braucht man zwei Tage". Er formulierte - ohne Rücksicht auf verfassungsrechtliche und historische Bedenken, auf die Frage, ob er Ideen habe, welche Staaten die intervenierenden UNO-Kontingente stellen könnten: "Zum Beispiel Frankreich, Italien [!], Österreich [!], die Schweiz [sie ist gar kein UNO-Mitglied!] und Schweden. Und wir Deutschen mit unserer Luftwaffe. Der Einsatz von Bodentruppen kommt für uns nicht in Frage. Das gäbe ein zweites Vietnam".[29]

Außer politisch für den Bereich der Außen- und Friedenspolitik Verantwortlichen äußerten sich immer mehr Fachfremde, so der SPD-Sozialexperte Rudolf Dreßler, der sich für einen militärischen Schutz von Hilfstransporten ausspricht. Gegenüber seinem Hausblatt, der Westdeutschen Allgemeinen Zeitung (WAZ), meinte er: "Wenn die Begleitung realisiert wird, können wir nicht ablehnen, aber wir können aus verfassungsrechtlichen Gründen auch nicht mitmachen", deshalb war Dreßler für eine UNO-Begleitung der Hilfstransporte. Der Beitrag von Oskar Lafontaine zur Interventionsdebatte in einem Interview im Deutschlandfunk war, wie in Sachen Sozialpolitik, entgegengesetzt zu seinem Widersacher innerhalb der SPD, Dreßler: Man könne Frieden nicht herbeibomben, so Lafontaine, derzeit tobten auch Bürgerkriege in Somalia und Berg-Karabach. Die Sozialdemokraten seien nicht bereit, einen außenpolitischen Kurs mitzutragen, der sich vordergründig auf militärische Ein-

---

[26] zit. n. Süddeutsche Zeitung; 12.08.1992; 2.

[27] vgl. Süddeutsche Zeitung; 12.08.1992; 2.

[28] Schmähling unterzeichnete z. B. ein Memorandum zu einem Moratorium bei Bundeswehr-out-of-area-Entscheidungen von vielen Organisationen der Friedensbewegung im August 1992. vgl. die tageszeitung; 12.08.1992.

[29] vgl. Süddeutsche Zeitung; 12.08.1992; 2. Anmerkungen in Klammern durch den Verfasser.

sätze stütze.[30]

Eine große Wirkung in der Öffentlichkeit hatte die Erklärung der beiden Grünen-PolitikerInnen Helmut Lippelt (Bundesvorstand) und Claudia Roth (Europaabgeordnete) vom 19.08.1992: "In der zentralen Frage der Form der Intervention befinden sich die Grünen im selben Dilemma wie die Friedensbewegung in Belgrad. Der militärische Eingriff birgt eindeutig die Gefahr in sich, in seinen Konsequenzen nicht abschätzbar zu sein, zu einer unkontrollierbaren Eskalation des Krieges zu führen, und er ist ein Schritt hin zur Logik der »militärischen Lösung«, die wir prinzipiell ablehnen. Er kann zudem kontraproduktiv wirken, weil er Milosevic in seiner Position stärken und die Opposition [...] schwächen kann. [...] Die Vorgänge in Bosnien machen die Notwendigkeit deutlich, internationale quasi »polizeiliche« Eingriffsmöglichkeiten zu haben, und werfen die Frage auf, inwieweit eine demokratisierte UNO ein Gewaltmonopol ausüben darf und muß, um ihre Glaubwürdigkeit im Eintreten für Friedenserhaltung und Konfliktlösungen wiederzuerlangen. Die Tragödie im ehemaligen Jugoslawien darf in unserer innenpolitischen Debatte nicht funktionalisiert werden, mit dem Ziel, zur »Normalisierung« des deutschen »Status« zu gelangen, um ein weltweites militärisches Eingreifen der Bundeswehr über NATO und WEU möglich zu machen".[31]

Kurze Zeit später, am 24.08.1992, wird Helmut Lippelt[32] im Spiegel interviewt: "unter dem Eindruck von vielen Gesprächen in Belgrad und unter dem Eindruck der Hungerlager und der ethnischen »Säuberungen« müssen wir und fragen, ob wir diesen Erscheinungsformen des Faschismus noch mit den Mitteln des reinen Pazifismus [...] begegnen können. [...] Einerseits sind wir gegen Militäreinsätze, andererseits ist zum Beispiel der militärische Schutz der Lebensmitteltransporte absolut notwendig - und damit bejaht man die Gewalt schon. [...] Es ist eine archaische Gewaltausübung im Gange mit diesen Ausrottungsformen, mit diesen ethnischen »Bereinigungsformen«. So etwas können wir nicht tolerieren. Vorschlägen, wie den Menschen zu helfen ist - auch notfalls unter Anwendung von Gewalt -, werde ich nicht mehr aus einem grünen Prinzip widersprechen".[33]

Beide Stellungnahmen wurden in den etablierten Medien breit gewürdigt, wurden doch Roth und insbesondere Lippelt als Kronzeugen benutzt für die allgemeine Kritik am Pazifismus, speziell auch im Zusammenhang mit dem Jugoslawienkrieg. In der Oktobernummer der Zeit-

---

[30] vgl. Süddeutsche Zeitung; 12.08.1992; 2.

[31] Lippelt/Roth 1992.

[32] Helmut Lippelt nahm seine mit Claudia Roth verfaßte Erklärung zu Militärinterventionen quasi wieder zurück bzw. fühlte sich mißverstanden, wie der Text Lippelt 1993 zeigt.

[33] zit. n. Der Spiegel; 35/1992; 68f.

schrift des Bundesverbandes der Reservisten "loyal" heißt es beispielsweise: "Gedanken über ihren bisherigen Pazifismus machen sich Mitglieder der Partei Die Grünen. [...] Dr. Lippelt hatte sich über die Zustände in Bosnien und Kroatien informiert und war mit der Einstellung aus Belgrad zurückgekehrt, er könnte als Grüner nicht mehr sagen, »aus dem Prinzip der Gewaltfreiheit lasse ich Morde weiter geschehen«. Was im ehemaligen Jugoslawien vor sich ginge, sei »eine archaische Gewaltausübung« die Ausrottungsformen habe. »So etwas können wir nicht tolerieren«".[34]

Die Interventionsdebatte war zu einer innerparteilichen Debatte von Bündnis 90 und den Grünen geworden. Deshalb eine kurze Darstellung der jetzt folgenden Debatte einiger bekannter Figuren der Grünen: Joschka Fischer sagte in einem Interview am 21.08.1992 in der taz u. a.: "Ich glaube nur, daß wir zwei Dinge trennen müssen: Das eine ist eine militärische Intervention, die meiner Ansicht nach zu einer Ausdehnung des Krieges und damit nicht zu einer Beendigung des Mordens führen würde. Die andere Frage ist aber, wie sich eine pazifistische Partei in einer Situation verhalten soll, wo die Grundlagen ihres Pazifismus nicht mehr wie zur Zeit des Kalten Krieges gegeben sind und gleichzeitig ein extremistischer Nationalismus zum Vorschein kommt, der sich durchaus in Richtung Nationalsozialismus bewegt. Da bekenne ich mich zu meiner inneren Zerrissenheit. [...] In der gegenwärtigen Situation kann ich aber nicht sehen, daß eine begrenzte Intervention zu einer Beendigung der Massaker führen würde. Im Gegenteil, die Situation würde eskalieren."[35]

Frieder Otto Wolf schrieb einen Tag später - ebenfalls in der taz. Er unterschied zwischen "polizeilicher" und "militärischer" Gewaltanwendung und beschrieb die Gewaltanwendung im Falle der militärischen Verteidigung der UdSSR gegen die Deutschen und das Eingreifen der USA in den 2. Weltkrieg "als völlig gerechtfertigt, sogar für moralisch geboten". Und weiter hieß es bei ihm: "Daß im konkreten Fall Ex-Jugoslawien keine militärische Intervention zu legitimieren ist, ist offenbar breiter Konsens: einfach weil es - ohne Friedenswillen der Bürgerkriegsparteien - nicht einmal ein sinnvoll definierbares Interventionsziel gäbe. Das notwendige »Austrocknen« des Konflikts, von dem alle sprechen, die sich ein Minimum an Einblick verschafft haben, könnte aber weit wirksamer betrieben werden: Wer stoppt die Tanklastwagen, die noch immer über Greichenland und Mazedonien ins Land kommen, wer macht die Waffenschmuggler dingfest, [...] wer beschlagnahmt die Gelder im Ausland, die dazu dienen das Embargo zu unterlaufen?"[36]

Kritik an Forderungen zu einer Militärintervention kam zu diesem

---

[34] vgl. loyal; 10/1992; 1.

[35] zit. n. die tageszeitung; 21.08.1992.

[36] Wolf 1992.

Zeitpunkt auch noch von der Bundestagsgruppe Bündnis 90/Die Grünen, für sie erklärten in einer Pressemitteilung vom 24.08.1992 Gerd Poppe und Vera Wollenberger: "Angesichts dieser Situation ist es zwar verständlich, wenn von den verschiedensten Seiten ein Militäreinsatz von außen gefordert wird, um wenigstens die Lebensmittel- und Medikamentenlieferungen an die hungernden und verletzten Menschen zu sichern, aber es ist auch gefährlich. Nicht umsonst warnen gerade Militärs von NATO bis US-Army davor, sich in ein militärisches Abenteuer zu stürzen. [...] Angesichts dessen ist der Ruf nach Militäreinsätzen in Bosnien-Hercegovina nicht nur prinzipiell falsch und militärisch unsinnig, sondern auch heuchlerisch. Solange die Mordenden in Bosnien mit Waffen, Munition und Öl versorgt werden können, bedeutet diese Forderung, den Teufel mit dem Beelzebub austreiben zu wollen. [...] Die einzige Möglichkeit zur Eindämmung des Krieges ist seine Austrocknung. Dazu ist die bedingungslose Durchsetzung des Embargos erforderlich. Wenn es eines erweiterten Einsatzes von Truppen bedarf, dann den von Blauhelmen für diese Aufgabe".[37] Später dann wurden Poppe und Wollenberger zu den heftigsten BefürworterInnen von militärischen Interventionen in Bosnien.[38]

Schon zu diesem Zeitpunkt gab es Stimmen von Menschen, die eigentlich der Friedensbewegung zugeordnet wurden, wie die des früheren Bundesvorstandsmitgliedes der Grünen von 1987 bis 1991, Jürgen Maier, der über diese Jahre hinweg der Ansprechpartner der Friedensbewegung bei den Grünen war. Maier führte in einem Text vom 24.08.1992, der am 08.09.1992 auch in der taz veröffentlicht wurde, zuerst aus, welche Entwicklungen im Außen- und Militärbereich in der Bundesrepublik während der Interventionsdebatte ablaufen: "Deutsche Politiker sinnen zur Zeit besonders intensiv über neue Verwendungsmöglichkeiten für die Bundeswehr nach. Alle wollen sie plötzlich das Grundgesetz ändern, out-of-area Aktionen - selbstverständlich unter UNO-Aufsicht - sollen möglich werden. Eine aktive militärische Rolle der Bundesrepublik ist wohl auch eine Voraussetzung für einen ständigen Sitz im Sicherheitsrat - Kinkel hat es jetzt offen ausgesprochen. Und sie ist natürlich auch eine Grundvoraussetzung für die angestrebte militärische Dimension der »Politischen Union EG«. Von Dregger und Rühe über die SPD bis zu Lippelt wollen sie jetzt beim nächsten Golfkrieg dabeisein. [...] Es gibt keine Gründe dafür, anzunehmen, daß in Zukunft solche westlichen Interventionen anderen Interessen dienten als in allererster Linie den eigenen, imperialistischen, und daher gibt es keinen Grund, nun plötzlich für weltweite Eingreiftruppen, sprich in der Regel Angriffskriege, unter

---

[37] in: Z. Krieg im e. Jugoslawien 1993.

[38] vgl. beispielsweise die Stellungnahmen der beiden Abgeordneten in der Bundestagsdebatte am 21.04.1993.

Beteiligung der Bundeswehr zu plädieren. In aller Regel dienen westliche Militärinterventionen der Aufrechterhaltung der alten »Neuen Weltordnung« und sonst nichts, und daran ändert auch der Segen der UNO nichts. Wegen fehlender eigener Interessen wird in Bosnien eben auch nicht militärisch eingegriffen, den bosnischen Moslems geht es auch nicht besser als den irakischen Kurden". Trotzdem plädierte Maier für militärische Schläge: "Luftangriffe auf die stark verbunkerte serbische Kommandozentrale nördlich von Sarajewo, auf sämtliche bekannten Munitionslager in serbisch kontrollierten Zonen Bosniens und in Serbien selbst, auf sämtliche serbischen Luftwaffenstützpunkte, auf die wichtigen Nachschublinien von Serbien nach Bosnien, auf die militärischen Führungsstäbe und Fernsehstationen in Belgrad gekoppelt mit Waffenlieferungen an die bosnischen Moslems beenden den Krieg natürlich nicht. Aber sie schwächen den Aggressor und hindern ihn daran, irreversible Fakten zu schaffen. Das ist ein sehr klares Ziel. Mitten in Europa entsteht ein neues Palästinenserproblem - serbische Landnahme geht einher mit der Entwurzelung einer ganzen Volksgruppe, die ihr Heimatland verliert". Abschließend hieß es bei Maier: "Krieg und Gewalt darf kein Mittel der Politik sein, aber wenn Völkermord praktiziert wird, hilft Pazifismus nicht weiter, sondern ist bewaffnete Notwehr gerechtfertigt. Ein grosser Teil der Linken hat dies zurecht etwa im Falle Zentralamerikas nie bestritten und für Waffen für El Salvador gesammelt oder tourte mit der PKK durch Kurdistan. Merkwürdigerweise halten viele dieser Leute - darunter sogar auch Leute, die den Golfkrieg noch befürwortet haben! - jetzt den Pazifismus hoch und lehnen militärische Einsätze gegen die serbischen Kriegsverbrecher ab. Ich halte eine solche Position nicht für moralisch ehrenwert, sondern für politisch falsch. Aber sie ist wenigstens ehrlich. Verlogen dagegen argumentieren diejenigen, die glauben, mit weltweitem westlichem Interventionismus irgendetwas für Frieden und Demokratie beizutragen, solange es nur von der UNO abgesegnet ist und Bosnien als Beispiel anführen, in Wirklichkeit aber nur beim nächsten Golfkrieg an der Seite der USA dabeisein wollen".

Auch die Militärs beschäftigten sich weiterhin mit der Debatte um eine Militärintervention am Balkan: General Georg Bautzmann, Chef der Abteilung Nachrichtenwesen im Führungsstab der Streitkräfte warnte nach Angaben des Spiegel vom 24.08.1992 "vor den völlig unübersichtlichen, sich ständig verändernden Fronten und den auf einen langen Partisanenkrieg eingestellten Soldaten der Armee Ex-Jugoslawiens. [...] Über das ganze Land verteilt gebe es unzählige Waffen- und Munitionsdepots, aus denen sich die Kombattanten jederzeit üppig mit Kriegszeug bedienten. [...] Resümee des Führungsstabes: bloß nicht einmischen." Der Spiegel zeigte schlüssig auf, wie der Krieg in Jugoslawien zu einer Verschiebung des Umgangs mit Militär allgemein und mit Kampfeinsätzen im Besonderen führte: "Angesichts des Chaos auf dem Balkan gerät das politische Koordinatensystem zunehmend durcheinander. Grüne verlangen militärischen Schutz für humanitäre Hilfe, Verteidigungsminister Rühe warnt davor: Das sei »eine hochgefährliche Angelegenheit«". Deutsche Politiker jedweder Couleur denken laut über eine Intervention nach: "Außenminister Klaus Kinkel würde gern »die Serben in die Knie zwingen«. Gegenwärtig könne Deutschland jedoch »aus den bekannten verfassungsrechtlichen und historischen Gründen kein militärisches Personal entsenden«. [...] CSU-Entwicklungshilfeminister Carl-Dieter Spranger möchte die Bundeswehr am liebsten ohne Grundgesetzänderung zu Kampfeinsätzen nach Bosnien schicken. Der DGB-Vorsitzende Heinz-Werner Meyer spricht sich für eine Intervention aus, und auch die Evangelische Kirche in Deutschland lehnt das nicht grundsätzlich ab. [...] auch bei den Sozialdemokraten mehren sich die Stimmen für eine gewaltsame Intervention auf dem Balkan: »Wenn mein Nachbar erschossen, gefoltert, geschlagen wird, dann muß ich eingreifen«, meint Franz Müntefering, Vorsitzender des mitgliederstärksten SPD-Bezirkes Westliches Westfalen."[39]

Der Bundesvorstandssprecher der Grünen, Ludger Volmer schrieb Ende August 1992 wiederum in der taz: "Das Grauen des serbischen Faschismus macht Besonnenheit schwer. Davon zeugt auch die Forderung nach »polizeilicher« Intervention, die selbst in den Reihen der Grünen erhoben wurde. Aber wer KZ-ähnliche Lager befreien will, würde das Leid ins Unermeßliche eskalieren. Invasion, Landkrieg, Terroranschläge europaweit - noch mehr zivile Opfer, Tausende toter Soldaten. Selbst die Herren Kinkel und Rühe haben sich nach Konsultationen mit den Militärs entschlossen, vom bewaffneten Eingreifen abzurücken. Scheinbar bestätigte sich ein breiter Konsens für die Ablehnung militärischer Gewalt.[40] Was aber, wenn die Militärs einen geballten Schlag für relativ risikoarm erklärt hätten? Hätte ein Pazifist dann auf die mögliche Rettung von KZ-Häftlingen verzichten dürfen, um sein Prinzip zu retten? [...] Ein militärisches Eingreifen in quasi polizeilicher Funktion ist daran gebunden, daß die Institutionen einer zivilen Weltgesellschaft zumindest in Umrissen deutlich sind. Heute ist davon wenig zu sehen. Wer heute für Militäraktionen plädiert, tut das unter der Herrschaft anderer Interessen und Ordnungsvorstellungen. Er läuft Gefahr, von der herrschenden Logik aufgesogen zu werden, statt sie zu durchbrechen. Unser politischer Pazifismus kann auch in Bosnien etwas bewirken, wenn wir von den europäischen Regierungen die Durchsetzung einer vollständigen Blockade und die Ächtung der Milosevics als Kriegsverbrecher und Verbrecher gegen die Menschlichkeit verlangen. Wenn sie sich sperren, hilft -

---

[39] Der Spiegel; 35/1992; 66ff.

[40] Wie man sich doch täuschen kann...

bei aller Verzweiflung - ... nichts".[41] Soweit die Interventionsdebatte im Sommer 1992.

Fortgang der Debatte bis zum Sommer 1994.

Daniel Cohn-Bendit (Bündnis 90/Die Grünen), der die deutsche Interventionsdebatte angestoßen hatte, bekräftigte seine Forderungen immer wieder: "Eine kontrollierte militärische Intervention" sei notwendig, um die Führer der kroatischen und serbischen Volksgruppe zu zwingen, "in Genf oder anderswo wirklich zu verhandeln".[42] Konkret: "Als erstes wird dann von der Nato Pale bombardiert."[43] Daß es in Pale neben Karadžićs Hauptquartier tausende Einwohner und Flüchtlinge gibt, interessiert Cohn-Bendit offenbar nicht.

Einer der wenigen Militärs, die sich für eine Intervention aussprachen, war der ehemalige US-Luftwaffenchef Dugan. Er versprach sich von einer Intervention nicht eine Beendigung des Krieges, sondern lediglich eine Befähigung der bosnischen Armee zur Selbstverteidigung. "Ich glaube nicht, daß die Europäer oder die USA dort einmarschieren und eine politische Lösung durchsetzen können. Das würde kaum Spannungen auflösen, unter denen die Region seit Jahrhunderten leidet. Aber genausowenig können wir untätig zusehen, wie ein ganzes Land ethnisch gesäubert wird."[44]

In der taz vom 09.03.1993 erklärt ein gewisser J. P. Mackley, der als "Vietnam-Veteran" vorgestellt wird - das soll offensichtlich Fachkenntnis suggerieren, wo diese schon nicht in seinem Text zu finden ist - wie man "in 30 Tagen Bosnien aufräumen" kann. Zwei US-Divisionen hält er für ausreichend, da die Serben mit uraltem schrottreifen Kriegsgerät kämpfen. Nur von der Entsendung der 82. Luftlandedivision zum Schutz der Blauhelme rät Mackley ab, das "würde amerikanische Leben unnötig aufs Spiel setzen".[45]

UNO-Generalsekretär Boutros-Boutros Ghali warnte, ein Militäreinsatz könne den "Beginn einer Zuspitzung, eines umfassenderen Krieges, der die benachbarten Staaten, Kosovo, Mazedonien und vielleicht den ganzen Balkan verschlingen könnte" bedeuten.[46]

Peter Glotz (SPD) erklärte: "Es hat keinen Zweck, vom Abschuß aller Kampfflugzeuge oder vom Lufteinsatz gegen strategische Ziele zu

---

[41] Volmer 1992; 93.

[42] vgl. Frankfurter Rundschau; 17.02.1994; 22.

[43] Cohn-Bendit 1994.

[44] Dugan 1992; 136.

[45] Mackley 1993.

[46] vgl. die tageszeitung; 25.01.1994; 8.

fabulieren, wenn das Kriegsgeschehen vor Ort vor allem von mobilen Mörsertrupps bestimmt wird. [...] Eine echte Militärintervention, also eine »Operation Balkansturm«, verlangt zwischen 400 000 und einer Million Soldaten. Der stellvertretende Befehlshaber der UN-Truppen in Jugoslawien, General Morillon, schätzt die Opfer auf Seiten der Interventionstruppen auf bis zu 100 000."[47]

Was die NATO-Militärs vor einer Intervention zurückschrecken läßt, ist beispielsweise die Gefährdung der Blauhelmsoldate durch Racheakte. Weit schwerer aber wiegt ein anderes Argument: "»Militärisches Eingreifen hat nur dann einen Sinn, wenn klar ist, was es bewirken soll, welches politische Ziel und welche Lösung des Konflikts es durchsetzen soll.« Doch diese notwendige politische Vorgabe fehlt völlig."[48]

Eine andere Variante ist die Forderung nach Aufhebung des Waffenembargos: Jörg Haider (FPÖ), ehem. Landeshauptmann von Kärnten verlangte, der Westen müsse die Lufthoheit über den umkämpften Gebieten im ehemaligen Jugoslawien erringen und zusammen mit Österreich "den angegriffenen und von der Vertreibung bedrohten Völkern Waffen geben, damit sie sich verteidigen können".[49]

Bernard-Henry Lévy versucht, seinen Forderungen nach Waffenlieferungen an die moslemische Kriegsseite durch zahlreiche Aktionen Publizität zu verleihen, so etwa durch die Kandidatur seiner "Sarajevo-Liste" zum Europaparlament oder durch seinen Propagandafilm "Bosna!". Die Begeisterung des französischen Philosophen für die moslemische Kriegsseite kam nicht überraschend, hatte er sich doch schon vor Jahren als Rambo-Verschnitt bei den Mudahedin in Afghanistan ablichten lassen.[50]

Wolfgang von Geldern (CDU) forderte: "Bosnier und Kroaten brauchen von uns jetzt dringend Waffenhilfe zur Selbstverteidigung gegen die Mörderbande der Serben. [...] Klar ist aber: Die Bundeswehr darf nicht in den Bürgerkrieg eingreifen." Heinrich Lummer (CDU) forderte die Lieferung von "Defensivwaffen" wie "Minen und Stacheldraht" an die bosnische Kriegsseite.[51]

Auf dem EG-Gipfel in København im Juni 1993 setzte sich Bundeskanzler Kohl für die Aufhebung des Waffenembargos gegen die moslemische Kriegsseite ein. Waffenlieferungen seien "moralisch geboten". Kohls Vorstoß wurde von allen übrigen Regierungschefs abgelehnt.[52]

---

[47] Glotz 1993b.
[48] Gack 1993, Eyal 1993, Bertram 1993.
[49] vgl. ADG 1992; 37177.
[50] vgl. Kaps 1994, Niroumand 1994.
[51] vgl. Voelkel/Drechsler 1992.
[52] vgl. Hahn-1 1993.

In den USA haben im Mai und Juni 1994 der Senat und das Repräsentantenhaus die Aufhebung des Waffenembargos für die moslemische Kriegsseite gefordert. Das Repräsentantenhaus forderte, das Waffenembargo solle auch unilateral, also unter Umgehung des UNO-Embargos, aufgehoben werden.[53]

Auch Franjo Tudman sprach sich scheinheilig für eine Militärintervention aus: Die serbisch-montenegrinische Aggression gegen die beiden Nachbarrepubliken nehme an Intensität zu, stelle eine Gefahr für Frieden und Stabilität in ganz Südosteuropa dar und müsse mit einer entschiedenen internationalen Intervention beendet werden.[54]

Der türkische Außenminister Hikmet Çetin meinte: "Ohne entschlossene militärische Schritte ist den Menschen in Bosnien nicht mehr zu helfen." Ministerpräsident Süleyman Demirel erklärte, er sei unverständlich, daß der Westen nicht eingreife, wo doch offensichtlich sei, daß die Serben "Menschenschlächter" seien.[55] Das zunehmende Bosnien-Engagement der türkischen Regierung (so auch der Besuch der Ministerpräsidentin Çiller in Sarajevo Anfang 1994) muß als Versuch gewertet werden, von der Verfolgung der Kurden im eigenen Land abzulenken. Doch welche Motive haben die Interventionsbefürworter in Deutschland?

Christian Schwarz-Schilling, gelernter Sinologe und seit 1982 amtierender Bundespostminister nutzte die Interventionsdiskussion, um seiner bevorstehenden Abberufung zuvorzukommen und erstmals in seiner zehnjährigen Amtszeit Schlagzeilen zu machen. Er reichte im Dezember 1992 seinen Rücktritt ein, da er keinem Kabinett angehören wolle, das in Bosnien nichts unternehme.

Auch der deutsche katholische Militärbischof und Bischof von Fulda, Johannes Dyba, sprach sich für eine deutsche Beteiligung an einem Militäreinsatz in Bosnien-Hercegovina aus.[56] Dyba, der seit jeher keine Peinlichkeit ausläßt,[57] plädierte schon im Herbst 1991 für Bundeswehreinsätze außerhalb des NATO-Gebietes. Der FDP-Abgeordnete Koppelin erklärte, Dyba sei als Militärbischof "untragbar" geworden.

Karl-Heinz Hornhues (CDU): Die Bundesregierung trage die Bereitschaft der NATO voll mit, dem Terror in Sarajevo ein Ende zu machen. Deutschland dürfe "aber auch nicht unbeteiligt abseits stehen, wenn es gilt, diesen Willen in die Tat umzusetzen: Hier müssen wir alles tun, was

---

[53] vgl. Böhm 1994.

[54] vgl. ADG 1992; 36928.

[55] vgl. Der Spiegel; 33/1992; 128, Erzeren 1992; 124.

[56] vgl. Frankfurter Rundschau; 10.05.1993; 2.

[57] Er bezeichnete Abtreibungen als "Kinder-Holocaust", richtete wiederholt scharfe Angriffe auf Homosexuelle und beschimpfte kritische Theologen wie Uta Ranke-Heinemann auf dem Katholikentag 1994 als "Parasiten".

möglich ist."[58]

Im Gegensatz zu Hornhues, Würzbach und Dyba schließen jedoch die meisten deutschen Befürworter einer Militärintervention eine deutsche Beteiligung aus. Das macht die Forderung aber kaum weniger problematisch. Helmut Lippelt stellt fest: "Deutsche Forderungen nach Intervention konnten zynisch nur so verstanden werden, daß »Deutschland bereit ist, bis zum letzten französischen Soldaten in Jugoslawien zu intervenieren«."[59]

Einfache Lösungen setzen einfache Weltbilder voraus, und die trifft man bei den Interventionisten durchgängig an. Für Tilman Zülch, Daniel Cohn-Bendit und Stefan Schwarz ist klar, daß "die Serben" die Aggressoren, "die Moslems und Kroaten" die Opfer sind. Die Kämpfe zwischen Moslems und Kroaten ab April 1993 und zwischen Moslems und Moslems ab Oktober 1993 wurden überhaupt nicht oder nur als Kuriosum zur Kenntnis genommen. Auf die Idee, auch gegen Kroatien militärisch zu intervenieren, kam keiner. Insgesamt versuchte man, sich sein Weltbild nicht durch Sachkenntnis zerstören zu lassen.

Zu dumm, daß differenziertere Informationen zeigen, daß eine militärische Intervention keinen Sinn hat. Doch auch hier weiß Cohn-Bendit Rat: "Ich verlange von den Medien, daß sie klar Position beziehen, damit die Menschen in Europa selbst zu einer Entscheidung kommen."[60] Auffallend bei den deutschen Befürwortern der Intervention ist die Zusammenarbeit der rechten Ränder von CDU/CSU und Bündnis 90/Die Grünen.

War während des Golfkrieges Saddam Husain "der Hitler von Bagdad" (Bild),[61] so wird auch im jugoslawischen Bürgerkrieg der Vergleich zum deutschen Nationalsozialismus herangezogen, so z. B. von Daniel Cohn-Bendit und Eva Quistorp,[62] wobei diesmal sowohl der Vergleich zwischen "den Serben" und den Nazis gezogen wird als auch der zwischen "den Moslems" - ohne jede Differenzierung zwischen Zivilbevölkerung und Armee - und den jüdischen KZ-Opfern. Der baden-württembergische Landtagspräsident Fritz Hopmeier erklärte: "Gegen diese Serben sind die deutschen KZ-Führer reine Musterknaben gewesen."[63] Die in letzter Zeit inflationär gebrauchten Vergleiche - gerade in Deutschland - scheinen uns ein Versuch zu sein, die Greuel der Nationalsozialisten zu relativieren, und stehen unseres Erachtens im Zusammen-

---

[58] vgl. Süddeutsche Zeitung; 12.02.1994; 1.

[59] Lippelt 1993; 137.

[60] Cohn-Bendit 1994.

[61] Den Vergleich nahm auch die tageszeitung auf. vgl. Schönberger/Köstler 1992; 17.

[62] z. B. Cohn-Bendit 1993, Quistorp 1993.

[63] zit. n. Reutlinger General-Anzeiger; 18.02.1994; 18.

hang mit dem Versuch, die Sonderstellung Deutschlands, die es aufgrund seiner Geschichte noch hat, als unbegründet darzustellen, steht sie doch Bundeswehreinsätzen in aller Welt oder einem ständigen Sitz im UN-Sicherheitsrat im Wege.

In dem von der Gesellschaft für bedrohte Völker herausgegebenen Faltblatt "Vierte Welt Aktuell" wird der Schauspieler und Salzburger Grünen-Stadtrat Herbert Fux zitiert: "Diese Greueltaten an moslemischen Kindern, Frauen und Männern übersteigen sogar in ihrer Grausamkeit die KZ-Methoden der Nazis."[64] Mit diesem und anderen Statements (Rupert Neudeck, Stefan Schwarz, Daniel Cohn-Bendit u. a.) soll die Kampagne der GfbV unterstützt werden mit dem Ziel "endlich intervenieren". In dem Organ der GfbV "Pogrom" schrieb regelmäßig Hans Peter Rullmann, ein ehemaliger Spiegel-Korrespondent in Beograd, der jetzt den Pressedienst "Ost-Dienst" herausgibt. Rullmann ist Vorsitzender der Deutsch-Kroatischen Gesellschaft, Herausgeber der in Hamburg erscheinenden kroatisch-nationalistischen Zeitschrift "Domovina" ("Heimat"), und beliefert die rechten Zeitschriften "Europa Vorn" und "Ostpreußenblatt" sowie das Militärmagazin "Barett" mit Artikeln und Berichten.[65]

Von zahlreichen Befürwortern von Intervention oder Waffenlieferung wird die moslemische Kriegsseite als von den beiden anderen grundsätzlich verschieden dargestellt und idealisiert, so z. B. von taz-Journalist Rathfelder: "Die Bosnier verteidigen deshalb nicht nur ihr Land und ihr multikulturelles Erbe, sondern ein allgemeingültiges, ein humanes Prinzip."[66] Izetbegović sieht das anders, er erklärte auf dem SDA-Parteitag im März 1994: "Wir sind uns als Volk selbst genug ... Das multinationale Zusammenleben ist eine nette Sache, aber, das darf ich ganz offen sagen, es ist doch eine Lüge ... Ein Soldat stirbt nicht für ein multinationales Zusammenleben, sondern verteidigt ... sein eigenes Volk!"[67]

Rathfelder propagierte im Juni 1994, die wiederhergestellte moslemisch-kroatische Allianz solle Brčko erobern. "Erst der erfolgreiche Waffengang dort ist Voraussetzung für eine tragfähige Friedens-

---

[64] Vierte Welt Aktuell; 104=Frühjahr 1993.

[65] vgl. Siegler 1992.

[66] Rathfelder 1992d.

[67] vgl. Beham 1994. Izetbegović hatte 1970 in der Islamischen Deklaration geschrieben: "Sowohl ein Volk, als auch ein Individuum, das den Islam angenommen hat, ist danach unfähig, für irgendein anderes Ideal zu leben oder zu sterben. [...] Ein Moslem darf nur mit dem Namen Allahs auf seinen Lippen sterben, oder für die Ehre des Islams - oder er muß von dem Schlachtfeld fliehen." (Izetbegović 1983; 58.)

lösung".[68]

Wer nach der Militärintervention im Irak noch immer an die "chirurgischen Schläge gegen strategische Ziele" glaubt, muß als naiv bezeichnet werden. Die über Bosnien abgeworfenen Hilfspakete jedenfalls erreichten gelegentlich statt den Moslems die Serben, weil sie ihre Ziele um viele Kilometer verfehlten. Bei dem Bombardement gegen serbische Panzer bei Goražde am 11.04.1994, das von amerikanischen McDonnell Douglas F/A-18 Jagdbombern ausgeführt wurde, funktionierte gerade eine von vier Bomben: zwei detonierten nicht, eine löste sich erst gar nicht aus ihrer Aufhängevorrichtung.[69] Und selbst wenn die Technik so perfekt wäre, wie naive Gemüter glauben, so käme es dennoch auch auf diejenigen an, die mit dieser Technik umgehen müssen. Gerade amerikanische Bomberpiloten haben in den vergangenen Jahren wiederholt eigene Leute abgeschossen, wie zuletzt am 14.04.1994 im kurdischen Nordirak.[70] Auch im Golfkrieg Anfang 1991, wo das Schlagwort von den "chrirurgischen Schlägen", dem "sauberen Krieg" aufkam, kamen bei amerikanischen Bombardements neben zigtausenden Zivilisten auch 35 US-Soldaten um, 72 wurden verletzt.[71] 70% der Raketen und Bomben verfehlten ihr Ziel, wie Luftwaffenstabschef McPeak nach dem Golfkrieg eingestand. Die Patriot-Raketen, die entgegenkommende Scud-Raketen abfangen sollten, trafen nur selten; die abstürzenden Patriots richteten jedoch beträchtliche Schäden an. Noch heute erkranken im Irak Kinder an Leukämie, die mit leeren amerikanischen Munitionshülsen spielen, in denen radioaktives Uran aus Atommüll (billig und sehr hart) enthalten ist.[72]

Es ist auch unrealistisch zu glauben, "zivilisierte" westeuropäische oder nordamerikanische Soldaten begingen keine Kriegsverbrechen. So wurden beim Falkland-Krieg 1982 von britischen Soldaten zahlreiche Kriegsverbrechen begangen, dennoch kam es zu keiner Strafverfolgung. Vier kanadische UN-Soldaten standen 1993 vor Gericht, weil sie bei ihrem Somalia-Einsatz einen Somalier zu Tode gefoltert hatten.[73]

Der UNHCR hat von den 338 Millionen $, die für 1994 für die humanitäre Hilfe in Jugoslawien vorgesehen waren, im ersten Halbjahr

---

[68] Rathfelder 1994b. Zur Kritik dessen vgl. Rossig 1994c.

[69] vgl. Süddeutsche Zeitung; 02.03.1993; 1, 14.04.1994; 6.

[70] Ein amerikanischer Jagdbomber schoß zwei Hubschrauber ab, in denen amerikanische, türkische, französische und britische UN-Beobachter saßen. Alle 26 Beobachter kamen dabei ums Leben. Nach Angaben des US-Verteidigungsministeriums hat der Bomberpilot die Hubschrauber irrtümlich für irakische gehalten. vgl. Frankfurter Rundschau; 15.04.1994; 1.

[71] vgl. FOF; 1991; 936 A2. Gegenüber insgesamt 160 "Gefallenen" und 66 Vermißten in allen Armeen der Golfkriegsallianz ein beachtlicher Wert. vgl. Munzinger-IHZZ; 28.02.1991.

[72] vgl. Ege 1992; 1372, Hoskins 1993.

[73] vgl. Süddeutsche Zeitung; 16.07.1994; 6, The Times; 21.05.1993; 9.

erst 133 Millionen erhalten. Die Hilfskonvois nach Bosnien-Hercegovina müssen demnächst eingestellt werden, wenn die Finanzierung nicht gesichert wird. Auch das UN-Kriegsverbrechertribunal droht an finanziellen Kürzungen zu scheitern.[74]

Blauhelme in Bosnien-Hercegovina Anfang Februar 1994:[75]

Frankreich	3350	Bihać 1260, Sarajevo 2090
Großbritannien	2140	Zentralbosnien um Vitez
Spanien	1180	Međugorje
Malaysia	1490	Sarajevo (teilw. noch in Kroatien)
Kanada	785	Visoko, Srebrenica
S, DK, N	1337	davon 860 in Tuzla
Niederlande	570	ber. s. auf Ablösung der CDN in Srebr. vor
Ägypten	429	Sarajevo
Ukraine	408	Sarajevo, zusätzl. kl. Kontingent in Žepa
Belgien	180	für Transport- und Pionierarbeiten
Portugal	10	Sanitäter und Ärzte
zusammen	12813	

Am 26.06.1994 kam der 44. UN-Blauhelmsoldat in Bosnien-Hercegovina ums Leben.[76] Boutros-Ghali forderte am 11.03.1994 die Entsendung weiterer 8675 Blauhelme; die USA lehnten dies jedoch aus Kostengründen ab. Am 31.03.1994 genehmigte der Sicherheitsrat schließlich 3500 zusätzliche Blauhelme. Der UNPROFOR ("United Nations Protection Forces") Blauhelmeinsatz hat bis zum Dezember 1993 1.42 Milliarden US$ gekostet, er ist der teuerste Blauhelmeinsatz in der Geschichte der UNO. Derzeit gibt es weltweit 17 UN-Friedensmissionen, die zusammen etwa 3.5 Milliarden US$ im Jahr kosten. Gleichzeitig wird die Zahlungsmoral der Mitgliedstaaten immer schlechter, sie sind allein mit ihren Verpflichtungen für UNO-Operationen mit insgesamt 2 Milliarden US$ im Rückstand; größter Schuldner sind die USA, aber auch Deutschland hat Schulden bei der UNO. Wenn man sich als Vergleich vor Augen hält, daß der Golfkrieg 70 Milliarden US$ gekostet hat - davon haben die USA 18 Milliarden, Deutschland 6.6 Milliarden bezahlt - wird klar, daß ein wirkungsvoller Blauhelmeinsatz mit 60 000 statt 16 000 Blauhelmen bezahlbar wäre - wenn die Regierungen wirklich ein Interesse an einer friedlichen Lösung hätten.[77] Andererseits ist es vielleicht auch nicht nur die Vernunft der Militärs, die die Politiker von einer militärischen Intervention abhält, sondern auch die Aussicht, daß eine Intervention in Jugoslawien langwieriger und teurer wäre als der Golfkrieg, ohne sich nachher durch niedrigere Ölpreise bezahlt zu machen.

---

[74] vgl. Zumach 1994b, stern; 19/1994; 161.

[75] vgl. Gustenau 1994; 272.

[76] vgl. Süddeutsche Zeitung; 28.06.1994.

[77] vgl. Ebbing 1994; Frankfurter Rundschau; 22.07.1994; 5, Munzinger-IHZZ; 28.02.1991.

Ein konsequent angewandtes Waffenembargo könnte den Krieg sicher nicht von heute auf morgen beenden, aber ein Embargo, das alle am Krieg beteiligten Republiken auch von der Lieferung von Treibstoff, Transportfahrzeugen, Ersatzteilen und anderem kriegswichtigen Material abschneidet, könnte innerhalb kurzer Zeit zumindest die Intensität des Krieges abschwächen. Viele Interventionsbefürworter halten von dieser Option jedoch offenbar schon aus Prinzip nichts, weil sie nicht militärisch genug ist, dabei wäre es doch gerade für eine mögliche spätere Militärintervention angenehm, nicht, wie z. B. die Briten im Falklandkrieg - Wiedersehen macht Freude - mit Waffen aus der Heimat angegriffen zu werden.

Die Befürworter der Aufhebung des Waffenembargos für die bosnischen Regierungstruppen führen an, diese hätten wegen des Embargos keine Waffen und könnten sich nicht verteidigen. Dabei verschweigen sie, daß nicht das - ohnehin lasch gehandhabte - Waffenembargo, sondern die gegnerischen Kriegsparteien dafür sorgen, daß sich die bosnische Armee bei der Beschaffung von Waffen etwas schwerer tut. So fingen die Truppen der HVO schon 1992, als Kroaten und Moslems noch verbündet waren, fast alle für die Moslems bestimmten Waffen ab.[78]

Wahr ist, daß die moslemische Kriegsseite weniger Waffen hat als ihre Gegner, auch wenn sie inzwischen aufholt. Daher wird die Aufhebung des Waffenembargos oft auch mit der Begründung gefordert, es sei ja ungerecht, durch ein gegen alle Kriegsparteien gerichtetes Waffenembargo diesen ungerechten Zustand zu erhalten. Hier schwingt ein vielleicht typisch menschliches, in der Praxis aber verheerendes Denkmuster durch, nämlich in einem Konflikt automatisch den schwächeren zu unterstützen - ein Gleichgewicht mag zwar "fair" sein, wäre aber die beste Garantie dafür, daß der Krieg endlos fortgesetzt würde, weil jede Kriegspartei darauf hoffen könnte, irgendwann die überlegene zu sein.

Es bedarf inzwischen eines gehörigen Ausmaßes an Blindheit, noch zwischen "guten" und "schlechten" Kriegsparteien zu unterscheiden; bestenfalls gibt es verschieden stark schlechte. Den vier spielenden Kindern, die am 22.01.1994 im kroatischen Teil Mostars Opfer eines Granatenangriffs der moslemischen Truppen wurden,[79] und tausenden anderen Opfern des Krieges kann es gleichgültig sein, ob ihr Tod von den "Aggressoren" oder den "Verteidigern" verursacht wurde.

Zur wirksamen Durchführung eines Embargos gehört neben dem Beschluß einer Resolution vor allem auch eine gründliche Kontrolle. Diese findet aber bisher nicht statt. Der deutsche Botschafter in Kroatien Weisel sagte uns, seiner Meinung nach sei das Embargo ohnehin nur der Öffentlichkeit wegen da.

---

[78] vgl. Hofwiler 1992b.

[79] vgl. Munzinger-IHZZ; 22.01.1994.

Statt das Waffenembargo wirksam zu kontrollieren, beschäftigen sich Behörden westlicher Länder mit Lapallien: So kam es vor dem Landgericht Mannheim zu einem langwierigen Prozeß gegen einen Busunternehmer aus dem Enzkreis, der Busfahrten nach Serbien durchgeführt hatte. Die Anzeige hatte ein Konkurrenzunternehmen erstattet.[80] Dem Schachspieler Bobby Fischer, der sich vermutlich in Beograd aufhält, droht bei seiner Rückkehr in die USA eine Gefängnisstrafe. Durch sein im November 1992 beendetes Schachspiel gegen Boris Spasskij verstieß er gegen die im Juni 1992 von Präsident Bush erlassenen Sanktionsbestimmungen, nach denen "geschäftliche Beziehungen mit Jugoslawien" untersagt sind. Fischer wurde am 15.12.1992 von einem Bundesgericht in Washington angeklagt. Er ist der erste Mensch, der in den USA wegen Verstoßes gegen das "International Emergency Power Act" angeklagt wurde.[81] Das italienische Außenministerium verhinderte die Aufführung von Kafkas "Amerika" bei dem Theaterfestival in Cividale, weil die Theatergruppe aus Subotica (Vojvodina) gekommen wäre, und die Sanktionen gegen Restjugoslawien sich auch auf den Bereich der Kultur erstrecken. Dabei wäre die Aufführung unter dem moslemischen Regisseur Haris Pasović mit der aus allen Teilen der ehemaligen SFRJ stammenden Besetzung des von Ljubisa Ristić geleiteten serbisch-ungarischen Theaters ein Zeichen gegen den Nationalismus gewesen.[82]

Bewertung der Interventionsdiskussion

Ob es bei der dargestellten Debatte tatsächlich um eine Lösungsfindung gegen den Krieg in Bosnien ging, ist sehr zweifelhaft. Zeigen doch viele Debattenbeiträg, daß eher politische Grundsatzfragen, die eigene Weltanschauung, die Diffamierung oder Verteidigung des Pazifismus, (inner-)parteiliches (Macht-)Kalkül oder die Profilierung der eigenen Person durch "interessante" Positionen am Beispiel Bosnien abgehandelt wurden.

Interessant an der gesellschaftlichen Debatte oder vielleicht doch besser der veröffentlichten Debatte zur Militärintervention ist die gewichtige Rolle, die dabei die früher alternative "taz" (die tageszeitung) und die Partei Die Grünen spielen. Die Zeitschrift ak kommentiert das unter der Überschrift "Mobilmachung im Kulturteil" so: "Soll niemand sagen, die taz habe verlernt gegen die Strom zu schwimmen. Zu einem Zeit-

---

[80] vgl. Kollros 1994.

[81] vgl. FOF 1992; 964 B2. Fischer gewann durch seinen 10. Sieg in 30 Spielen gegen den gesundheitlich angeschlagenen Spasskij. Fischer gewann 3.35 mio $, Spasskij 1.65 mio $. Spasskij, der aus Rußland stammt, ist französischer Staatsbürger. Das Preisgeld hatte der Bankier Vasiljević gestiftet. vgl. FOF 1992; 887 E2, LeBor 1992.

[82] vgl. Klunker 1992.

punkt, als die Bundesregierung ihre Ablehnung »militärischer Abenteuer« in Restjugoslawien bekundete - und damit offen von den Kriegshetzern in CDU/CSU, FDP und SPD abrückte - startete die Berliner »Alternativzeitung«, einstmals Sprachrohr der Antiraketenbewegung, eine Kampagne besonderer Art. Unter dem Arbeitstitel »Europa im Krieg« begann am 08.08.1992 eine Debatte pro und contra Intervention mit dem erklärten Ziel,»das Schweigen des Verstandes« zu brechen. [...] Wer nicht gegen Fischers Warnung vor einem »neuen grünen Glaubensstreit nach dem Motto abstrakter Pazifismus gegen Weltpolizei-Option« verstoßen will, muß dann eben versuchen, Pazifismus und Weltpolizei unter einen Hut zu bringen. Diesen komplizierten Prozeß, der »für die Glaubwürdigkeit und die Konsistenz grüner Außenpolitik enorm wichtig ist« (taz-Redakteur Jürgen Gottschlich, 19.08.1992) will die taz auf keinen Fall stören. Grüne RepräsentantInnen mit abweichender Meinung - wie Angelika Beer und Jürgen Trittin - werden deshalb allenfalls mit Halbsätzen zitiert [... und] müssen sich gefälligst andere Publikationsorgane suchen".[83]

Im Gegensatz zur Diskussion innerhalb der politischen Öffentlichkeit, im voradministrativen Bereich, ist die Diskussion innerhalb der für einen möglichen militärischen Schlag verantwortlichen Gremien sehr viel deutlicher von verdecktem oder offenen politischen Kalkül geleitet. Nach dem Motto: Es ist gut, daß wir darüber sprechen (das bringt eine weitere Legitimation für das - deutsche - Militär und die neue deutsche Rolle in der Weltpolitik bzw. der UNO), aber wir können da aus den und den Gründen nichts machen (das hat den Vorteil der nicht notwendigen politischen Konsequenz).

Die innenpolitische Funktion der Debatte

Eigentlich macht eine Debatte über eine Militärintervention ohne ein zumindest begrenztes Wissen der geschichtlichen und aktuellen Ursachen der Kriege im ehemaligen Jugoslawien (zuerst Kroatienkrieg, dann Bosnienkrieg) keinen richtigen Sinn. Trotzdem haben sich in der gesellschaftlichen Debatte viele zu Wort gemeldet, die die konkreten Ursachen des Jugoslawienkonflikts nicht kennen. Oder deutlicher ausgedrückt, die gar keinen Bezug zum Krieg auf dem Balkan haben. Das zeigt, daß diese Debatte außer der konkreten Sorge um das Überleben von bedrohten Menschen auch noch andere Funktionen erfüllt. Bei manchen der sich in der Debatte zur Wort meldenden ist recht deutlich, daß ihr Debattenbeitrag vor allem zur Profilierung der eigenen Person dient. Besonders deutlich wurde dies bei Conny Jürgens, einer Angestellten der GAL-Fraktion in der Hamburger Bürgerschaft, die durch ihre Position zu einem

---

[83] Mobilmachung im Kulturteil 1992.

berühmten Spiegel-Auftritt gelangte und damit erstmals bekannt wurde.[84]

Die Diskussion ist nicht eine Diskussion um die beste Möglichkeit, das Massaker auf dem Balkan zu beenden, sondern es ist eine Debatte, die hauptsächlich aus innenpolitischen Gründen geführt wird. Insbesondere die Protagonisten der Parteien in der Bundesrepublik sind eifrig am Diskutieren, ob militärisch interveniert werden soll. Nach dem Willen von CDU/CSU, FDP und SPD soll die innenpolitische Diskussion um eine militärische Intervention in Ex-Jugoslawien oder eine deutsche Beteiligung an UNO-Aktionen in Somalia in der Bevölkerung eine Akzeptanz oder stufenweise Gewöhnung an die nach dem Urteil des Bundesverfassungsgerichts jetzt möglichen weltweiten kampfeinsätze der Bundeswehr zu schaffen. Strittig ist lediglich, innerhalb welchen Rahmens und mit welcher Intention deutsche Soldaten außerhalb der Bundesrepublik eingesetzt werden sollen: Die CDU/CSU verlangt schon seit langem die deutsche Beteiligung auch an Kampfeinsätzen außerhalb des NATO-Territoriums, nicht nur innerhalb der UNO, sondern auch im Rahmen von NATO und WEU. Die FDP will über den Jugoslawienkrieg die Tür für den internationalen Einsatz deutscher Truppen öffnen. Immer wieder deutlich machte dies der jetzige Außenminister Klaus Kinkel, auch vor der Vollversammlung der UNO in New York. Die SPD hat ihre frühere Positionen durch ihre Petersberger Beschlüsse weiter aufgeweicht. Jetzt will sie Blauhelmeinsätze - unter der Voraussetzung einer reformierten UNO - mittragen. Diese Einschränkung dürfte im Ernstfall auch noch wegfallen. Nach dem Urteil des Bundesverfassungsgericht vom 12.07.1994, das eine Klage der SPD-Bundestagsfraktion gegen die Einsätze der Bundeswehr im Zusammenhang mit der Überwachung von Embargo und Flugverbot im wesentlichen abwies, reicht nun eine einfache Mehrheit im Bundestag aus, um Auslandseinsätze der Bundeswehr, auch Kampfeinsätze, zu beschließen. Diese Mehrheit wird immer häufiger zustandekommen. Die SPD hat inzwischen den Einsätzen der Bundeswehr auf Schiffen in der Adria und in AWACS-Aufklärungsflugzeugen, gegen die sie zuvor noch geklagt hatte, zugestimmt.[85] Auch bei den Grünen nehmen Stimmen zu, die einen militärischen Einsatz in Kriegsgebieten befürworten. Die Bundestagsfraktion Bündnis 90/Die Grünen hat einen Bundestagsantrag eingebracht, der eine deutsche Beteiligung an sogenannten UN-Peace-Keeping-Einsätzen vorsieht.

Pazifistische Ansätze, die nicht - wie bei den Parteien - von der falschen Prämisse ausgehen, Frieden mit militärischen Mitteln erreichen zu können, werden von verschiedenen Organisationen der Friedensbewegung aktiv vertreten. So etwa von Uli Beer-Bercher im Namen der

---

[84] vgl. Der Spiegel; 6/1993; 76f.

[85] vgl. Jach/Schrotthofer 1994, Süddeutsche Zeitung; 16.07.1994; 1.

DFG-VK Baden-Württemberg in einem offenen Brief an die Grünen Baden-Württemberg. Diese pazifistischen Ansätze werden in den Friedensorganisationen (DFG-VK, Ohne Rüstung Leben, Komitee für Grundrechte und Demokratie u. a.) meist verbunden mit ganz konkreter Friedensarbeit auch vor Ort im Kriegsgebiet im ehemaligen Jugoslawien. "Militärische Interventionen haben Kriege und Konflikte nicht beendet, meist eskalierten die Konflikte nach Abzug der jeweiligen Interventionstruppen wieder oder schwelten weiter".[86] Interessant ist, daß von den verschiedenen Seiten ein Bezug zum Golfkrieg und der dortigen Debatte zwischen "Bellizisten" und Pazifisten gezogen wird. Sofern es nicht um den konkreten Krieg im ehemaligen Jugoslawien geht, sondern um die Frage, inwieweit der Einsatz militärischer Mittel legitim ist, und inwieweit nicht, lassen sich durchaus Parallelen ziehen. Um mit dem Spiegel zu sprechen, es geriet bei beiden Konflikten in der gesellschaftlichen Diskussion "das politische Koordinatensystem zunehmend durcheinander".[87]

1991 wurde diskutiert, ob Deutschland nicht zu Militärhilfe gegenüber Israel verpflichtet sei, weil es vom Irak im Zuge des zweiten Golfkrieges angegriffen wurde. Schon damals fanden sich eine Reihe von "Kronzeugen", die zuvor dem Umfeld der Friedensbewegung zugeordnet worden waren, bereit, sehr deutlich militärische Hilfe in Form von Lieferungen von Kriegswaffen (Patriotraketen) und auch militärische Einsätze der Bundeswehr zugunsten von Israel zu fordern.[88] Schon damals war die überwiegende Anzahl dieser BellizistInnen bekannte Mitglieder der Grünen oder SympathisantInnen der Grünen (später Bündnis 90/Die Grünen). Hauptdebattenmedium war beidesmal die früher als alternativ geltende taz.

Auch im Falle des Jugoslawienkonfliktes sind die ProtagonistInnen des Bellizismus um die Grünen herum zu finden. Insofern kann die Diskussion nicht ohne die Einbeziehung der Diskussion bei den Grünen geführt werden. Die DFG-VK merkte zu den Grünen, bei denen eine Befürwortung von Militäraktionen stetig zunimmt, an: "Nicht die bisherige grüne Friedenspolitik ist historisch überholt, aber vielleicht die Grünen als Träger dieser Politik".[89] Es entsteht der Eindruck, als ob viele ehemaligen PazifistInnen aufgrund eines direkter erlebten Krieges ihre pazifistischen Überzeugungen über Bord würfen. Nur wenige sagen offen, daß sie schon länger nicht mehr an die Umsetzung pazifistischer Ansätze geglaubt haben. Der Jugoslawienkrieg wird, genauso wie zuvor der zweite Golfkrieg, von diesen Menschen nur benutzt, um ihre neuen

---

[86] Beer-Bercher 1992.

[87] zit. n. Der Spiegel; 35/1992; 66f.

[88] Zur Golfkriegsdebatte vgl. u. a. Bernard/Gronauer 1994, Schönberger/Köstler 1992.

[89] Beer-Bercher 1992.

Positionen zu veranschaulichen. Die Theologin Dorothee Sölle schrieb in der "Weltbühne": "Ich kann mich des Eindrucks nicht erwehren, daß der Bürgerkrieg im Balkan einigen bei uns sehr willkommen kam. Gelegenheit macht Diebe, und so läßt sich auch diese Katastrophe instrumentalisieren im Interesse der Gewaltbereitschaft. [...] Die Instrumentalisierung des Balkankriegs bietet innenpolitisch die Gelegenheit, mit dem Pazifismus aufzuräumen, in deutschester Tradition."[90]

Oft stellt sich die Frage, ob überhaupt ein Interesse am eigentlichen Konflikt besteht. Der wesentliche Punkt scheint, daß sich die Herangehensweise der Menschen, die sich neuerdings für Militäreinsätze aussprechen, offensichtlich geändert hat oder ihr tatsächlicher Politikansatz erst jetzt deutlich wird: Es wird nicht mehr gefragt nach der Handlungsebene für die eigene Person oder für die Gruppe mit der zusammen man/frau politisch handelt. Gefragt ist neuerdings nur noch der politische Ansatz, der danach fragt, welche Rolle eine deutsche Regierung spielen sollte. Oder anders ausgedrückt: Viele BellizistInnen vergessen über ihrem Denken in Kategorien einer Ersatz-Regierung ganz ihre eigenen konkreten, lokalen Möglichkeiten politischen Friedenshandelns. Der Wunsch zur "Mitgestaltung" der deutschen Außenpolitik ist enorm hoch. Grüne Menschen wollen eine Koalitionsfähigkeit mit der - von Godesberg nach Petersberg weiter angepaßten - SPD oder auch mit der asylhetzenden CDU (wie angebändelt in Baden-Württemberg) möglich machen, um an die "Macht" zu kommen. In den Medien werden Menschen, die jetzt (endlich, so die vorherrschende Meinung) sich für militärische Aktionen einsetzen aus Gruppen, die dem Spektrum der Friedensbewegung (noch) zugeordnet werden, deutlich mehr beachtet, als wenn sie auf dem "alten" politischen Pazifismus bestehen.

Voll im Trend: Auch eine Unterstützung des Rechtsrucks

Die derzeitige Diskussion um eine Entsendung deutscher Truppen außerhalb des NATO-Gebietes paßt - rein innenpolitisch - voll in die derzeitige Rechtsentwicklung in der Bundesrepublik. Militärs und eine ganze Reihe von PolitikerInnen haben ein entschiedenes Interesse, daß Deutschland eine militärisch wie wirtschaftlich deutlichere Rolle in der Welt spielt. Konkret heißt es dazu in einem Planungspapier der Bundeswehrführung: "Eine ausschließlich auf Deutschland und Europa konzentrierte Betrachtungsweise wird der Sicherheit Deutschlands und den zukünftigen Herausforderungen nicht gerecht. Schon heute sind Gefährdungen der Sicherheit und Stabilität Europas auch in außereuropäischen Regionen, wie in Nordafrika oder im Nahen und Mittleren Osten festzustellen. Die Beurteilung des Risikospektrums muß daher zwar aus europäischer

---

[90] Sölle 1993; 643f.

und Bündnissicht, aber stets mit weltweiter Perspektive erfolgen. Entsprechend muß die politische Handlungsfähigkeit Deutschlands im Rahmen der verschiedenen kollektiven Systeme stärker den weiteren Horizont zukünftiger Krisen- und Konfliktbewältigung berücksichtigen. Dies schließt die Streitkräfte als Instrument zur Sicherheitsvorsorge ein. In diesen Zusammenhang gehört die baldige klarstellende Verfassungsergänzung im Hinblick auf deutsche militärische Beiträge zur kollektiven Sicherheitsvorsorge außerhalb der NATO".[91] Später wird diese Sichtweise in den verteidigungspolitischen Richtlinien und dem neuen Weißbuch der Bundesregierung vertieft.

Damit soll die Bundeswehr aus ihrer Legitimationskrise geführt werden. Nur durch die neuen konstruierten Bedrohungsszenarien aus dem Süden kann die Bundeswehr (und mit ihr die allgemeine Wehrpflicht) weiterhin bei der Bevölkerung Akzeptanz finden. Die rassistischen und antiislamistischen Aspekte dieses neuen Feindbildes "Islam" seien an dieser Stelle nur angedeutet und nicht weiter ausgeführt. Weiterhin liegt der Verdacht nahe, daß um einen militärischen Einsatz im ehemaligen Jugoslawien auch deshalb so hart gestritten wird, weil viele das Land kennen, viele Bekannte oder sogar Freunde haben, die aus dem ehemaligen Jugoslawien kommen, und - weil es ein Land ist, das in Europa liegt. Das ist deutlicher Euro-Zentrismus, auch hier gibt es wieder eindeutig rassistische Elemente. Im Gegensatz zum Jugoslawienkonflikt fand der Bürgerkrieg und die unvergleichliche Hungerkatastrophe in Somalia lange Zeit kaum und die Hungerkatastrophe und der Krieg im Sudan praktisch keine Beachtung in Europa.

Daß Cohn-Bendit nicht auf die Idee kam, ein militärisches Eingreifen in Ruanda zu fordern, wo nach Schätzungen von Hilfsorganisationen in nur zwei Monaten rund 500 000 Menschen getötet wurden,[92] also weit mehr als in Bosnien in zwei Jahren Krieg, liegt wohl nicht daran, daß er sich bisher nicht entscheiden konnte, ob er für die Hutu oder die Tutsi Partei ergreifen soll, sondern an der Hautfarbe der beiden Bevölkerungsgruppen: Auf der Außerordentlichen Bundesversammlung von Bündnis 90/Die Grünen im Oktober 1993 hatte Cohn-Bendit seine Interventionsforderung damit begründet, daß die bosnischen Moslems "liberale Moslems", "Europäer", "Menschen von unserem Blute" seien.

Rein pragmatisch: Militäreinsätze beenden den Konflikt nicht.

Dieter S. Lutz hat sich einmal die Mühe gemacht, rein militärisch Pro und Contra einer militärischen Intervention im Bosnienkrieg zu

---

[91] Militärpolitische und militärstrategische Grundlagen 1992.
[92] vgl. Frankfurter Rundschau; 13.06.1994; 2.

beleuchten.[93] Militärisch gesehen spricht nach seinen Angaben folgendes für eine militärische Intervention:

1. Die geringe Landfläche Bosnien-Hercegovinas.
2. Die geringe Zahl und schlechte Ausrüstung der bewaffneten Gegner.
3. Die "Befreier" können mit der Unterstützung großer Teile der Bevölkerung rechnen.
4. USA und NATO bzw. WEU-Staaten haben in der Nähe (Frankreich, Italien, Türkei, Adria) riesige, quantitativ und qualitativ überlegene Militärapparate stationiert.

Militärisch gesehen sprechen aber die nachfolgend genannten Gründe gegen eine militärische Intervention:

1. Es müßte nach Schätzungen des ehemaligen Befehlshabers der UNO-Truppen in Ex-Jugoslawien, General Philippe Morillon, mit bis zu 100 000 Toten allein auf Seiten der Alliierten gerechnet werden.
2. Hohe Opfer auf Seiten der Zivilbevölkerung, ökologische Schäden durch Sabotageakte.
3. Lange Fortdauer eines Partisanenkriegs.
4. Mögliches Wiederaufleben des Kriegs und der "ethnischen Säuberungen" nach dem Abzug der Alliierten.
5. Ausweitung des Krieges auf Serbien, Montenegro und den Kosovo.
6. Eskalation durch Überspringen des Kriegs auf Ungarn, Albanien, Bulgarien, die Türkei und Griechenland.

Militärs spielen eine mögliche Intervention am Balkan konkret durch: Trotz der wohl eindeutigen Überlegenheit der Luftstreitkräfte der potentiellen Verbündeten bei einer Balkanintervention rechnet der US-General McGaffrey (ein Mitarbeiter des ehemaligen US-Generalstabschef Colin Powell) mit 400 000 Soldaten, die ungefähr ein Jahr bei einer Intervention nötig wären. General Lewis MacKenzie, zeitweise Chef der UNO-Truppen von Sarajevo, veranschlagt gar 1 000 000 Soldaten für eine "effektive Militäraktion". Doch die Einschätzung zu Interventionen in Jugoslawien soll sich nicht auf Militärs berufen, nur weil von dort einmal militärische Aktionen abgelehnt werden. Es ist nur festzustellen, daß rein militärisch gedacht eine Intervention in Bosnien auch eher skeptisch zu beurteilen ist.

Militärische Einsätze im ehemaligen Jugoslawien hätten also eher eskalierenden Charakter. Mit den intervenierenden Truppen gäbe es neue Kriegsparteien. Die dem Kriegskonflikt zugrundeliegenden Ursachen

---

[93] vgl. Lutz 1992. Wir halten allerdings die Punkte Pro 2 und Pro 3 für zweifelhaft.

(Bevorzugung und Benachteiligung von Menschen aufgrund ihrer religiösen bzw. "ethnischen" Zuordnung) wären damit nicht gelöst. Auch wird allgemein erwartet, daß bei einem militärischen Einsatz Verhältnisse wie beim Vietnamkrieg entstehen könnten, in denen Guerilla- und Partisanenkämpfe dominieren würden. Selbst hochgerüstete Armeen hätten nicht die Chance eines "schnellen Sieges". Die von vielen erträumte und gewünschte "schnelle Lösung" (seit dem Golfkrieg scheint das in vielen Köpfen herumzugeistern) gibt es beim Krieg in Ex-Jugoslawien nicht.

Grundsätzlich fraglich: Frieden durch Militär?

Ob mit militärischen Mitteln ein friedlicher Umgang zwischen Menschen erreicht werden kann, ist grundsätzlich zu bezweifeln. Militärische Mittel führen zu Gesellschaften mit permanenter struktureller Gewalt. Militärische Konflikte sind immer männerdominiert und patriarchalisch. Militärische Strukturen implizieren hierarchische (Befehls-)Strukturen; demokratische Partizipation, das Einbringen der Interessen aller in Entscheidungsprozesse ist unter militärischen Bedingungen unmöglich. Doch wer einmal eine Machtstellung durch militärische Operationen, andere gewaltsame Mittel oder auch unter direktem oder indirektem Druck formaldemokratisch erreicht hat, wird diese Machtstellung unter zivileren Bedingungen kaum mehr hergeben wollen. Der militärisch geformte Umgang der Menschen und die verschiedenen militärischen Unterdrückungsmechanismen setzen sich später fort. Aus diesen Gründen sind gewaltsam herbeigeführte Gesellschaftsveränderungen (Revolutionen, aber auch Interventionen) immer Veränderungen, die eine anschließende Unterdrückung Andersdenkender schon fast logisch folgen lassen. Marxistisch-leninistisch veränderte Gesellschaften wie China oder die Sowjetunion haben uns das eindrücklich vor Augen geführt. Kriege bringen eine Verrohung der betroffenen Menschen mit sich, wie auch die Zunahme "ziviler" Morde in Kroatien und Bosnien seit Kriegsbeginn zeigen. Die schrecklichen Begleiterscheinungen von Kriegen, wie etwa Folter, Massaker an Zivilisten, Vergewaltigungen von Frauen, Morde an Kindern gibt es in allen Kriegen und kriegerischen Auseinandersetzungen des Globus. So hat die Vertreterin von Amnesty International in der Anhörung des Bundestages zu den Massen- und Dauervergewaltigungen insbesondere bosnischer Frauen durch serbische Četnici eindrucksvoll darauf hingewiesen, daß "das Thema sexuelle Gewalt gegen Frauen in der Haft oder in militärischen Konflikten leider nicht neu [ist]. Amnesty international weist seit Jahren darauf hin, daß Frauen ebenso wie Männer Menschenrechtsverletzungen unterliegen, daß ihnen aber zusätzlich und in vielen Fällen sehr viel intensiver als Männern auch ganz besondere, direkt auf ihr Geschlecht abzielende Grausamkeiten drohen. Vergewaltigung und sexuellen Mißbrauch riskiert jede Frau, die in einem repressiven Staat bzw. bei militärischen Auseinandersetzungen in die Gewalt eines männlich dominierten Sicherheitsapparates gerät. Es ist das Überlegenheitsgefühl der Männer und der Machtrausch der Sieger gegenüber den Unterlegenen, die Folter an Frauen häufig auch in sexuelle Übergriffe übergehen lassen". Amnesty International nennt Beipiele aus Kuwait, Birma und Indien, Beispiele der peruanischen und der israelischen Armee, aus Nordirland und Griechenland sowie aus der Türkei. Beteiligt an den systematischen Vergewaltigungen sind "Soldaten, Polizisten oder Paramilitärs".[94]

Auch Gruppen, die sich selbst als Befreiungsbewegungen bezeichnen, sind nicht ausgenommen: Es sind systematische Vergewaltigungen in Gefangenenlagern des peruanischen "Sendero Luminoso" bekannt geworden. Auch Truppen von im Westen hoch angesehenen Staaten wie die der Türkei oder auch die israelischen Besatzungstruppen foltern und vergewaltigen systematisch. Selbst in Gefangenenlagern des südafrikanischen ANC, so hat Amnesty International festgestellt, wurde gefoltert. Auch wenn eine militärische Gegenwehr gegen unterdrückende Regime als legitim bezeichnet wird - ein unterstützendes oder verurteilendes Urteil aus dem Westen dazu ist immer zu leicht und meist theoretischer Natur -: ebenfalls unterdrückerische, ja unfreie (auch wenn dieses Wort durch die so scheinheilige westliche Propaganda diskreditiert ist) Gesellschaften der unterstützten Kriegseite sind schon impliziert. Sammlungen von Geld für Waffen für El Salvador, Afghanistan oder eben Bosnien-Hercegovina stärken immer militaristische (und damit immer unterdrückerische, hierarchische und patriarchalische) Strukturen und sie töten.

Dieter Lutz faßt die Problematik durch Militär Frieden und die Einhaltung von Menschenrechten zu erreichen, so zusammen: "Recht verstanden, ist der Einsatz bewaffneter Streitkräfte zur Wahrung von Menschenrechten eine contradictio in ipso, ein Widerspruch in sich. Menschenrechte besitzen eine zivile Logik: Menschen und ihre Rechte dürfen nicht im Namen der Menschenrechte militärisch vernichtet oder verletzt werden".[95]

Die Unterscheidung zwischen intervenierenden Polizeitruppen und Militär ist problematisch: Die militärischen Befehls- und Gehorsamsstrukturen beider Organisationen sind dieselben. Interventionen, Militär und Krieg können deshalb kein Mittel zur Herstellung von Frieden sein.

---

[94] AI-Info 1/1993.

[95] Lutz 1992; 91.

6.2. Pazifistisch intervenieren.

Die alten Militaristen und die neuen "Kriegstreiber mit blutenden Herzen"[96] versuchen sich in der Öffentlichkeit als diejenigen zu profilieren, "die etwas tun"; der Friedensbewegung werfen sie Passivität vor. So Tilman Zülch: "Die Friedensbewegung nimmt den ersten Völkermord seit fünfzig Jahren fast nicht zur Kenntnis." Doch was tun die Interventionsbefürworter? Sie diskutieren, geben Interviews, halten Reden und stecken ihr Geld in großformatige Anzeigen in der taz.[97] Was die Friedensbewegung tut, wird in der Öffentlichkeit in Deutschland weniger wahrgenommen, aber: Durch die Arbeit von einzelnen und Gruppen der Friedensbewegung wird den Menschen im Kriegsgebiet konkret geholfen. "Es bringt doch nichts, in Bonn gegen Milošević und Karadžić zu demonstrieren" entgegnet Klaus Vack, seit Jahrzehnten engagierter Pazifist auf die Frage, wo denn die Friedensbewegung sei. Er selbst hilft Flüchtlingen, unterstützt die Friedensbewegung in Zagreb und Beograd, bringt Hilfsgüter ins Kriegsgebiet.[98]

Die Interventionsdiskussion hingegen ist, gerade auch für die Opfer des Krieges, nur kontraproduktiv. "Wer sich unter diesen Umständen immer wieder mit dem Ruf nach dem großen Militärschlag hervortut, darf sich nicht einbilden, den Opfern des Krieges in Jugoslawien etwas Gutes zu tun. [...] Wer, wie sie, Unmögliches fordert, entbindet die Verantwortlichen von der Pflicht, zumindest nach dem Möglichen zu suchen."[99]

Statt Militäreinsätze zu fordern, die Dank unserer Geschichte ja sowieso andere durchführen müßten, kann auch jeder einzelne praktische Hilfe leisten. Eine Reihe von Organisationen leisten bereits Hilfe auf verschiedenen Gebieten.

Humanitäre Hilfe. Ein großer Teil der Bevölkerung Bosnien-Hercegovinas ist derzeit auf die Versorgung mit Hilfsgütern angewiesen. Der UNHCR bringt auf dem Landweg Hilfsgüter nach Bosnien-Hercegovina, zwischen Februar 1993 und März 1994 wurden auch 17 561 t Hilfsgüter aus der Luft abgeworfen.[100] Weitere Hilfsgüter werden von Hilfsorganisationen aus verschiedenen Ländern gebracht. Am sinnvollsten ist es, Geld zu spenden, mit dem die Organisationen die Hilfsgüter selbst kaufen können. Wenn Nahrungsmittel palettenweise transportiert

---

[96] Binder 1993.
[97] z. B. am 14.03.1994. vgl. Narr/Vack 1994.
[98] vgl. Kurbjuweit 1993.
[99] Schneider 1993b.
[100] vgl. Frankfurter Rundschau; 29.03.1994; 2.

Im April 1993 in der Hercegovina: Zwei HVO-Soldaten durchwühlen einen Hilfskonvoi. (Photo: Pflüger)

werden, sind die Kontrollen wesentlich unkomplizierter. Einzelne handgepackte Pakete werden von Straßenkontrollen häufig geöffnet, die das Einschmuggeln von Waffen verhindern sollen. Auf keinen Fall dürfen Pakete die Adressen von Privatpersonen enthalten, da sie sonst sicher beschlagnahmt werden. Wenn Nahrungsmittel oder Medikamente gespendet werden, ist darauf zu achten, daß diese noch mehrere Monate haltbar sein müssen (manchmal kommen Konvois wegen Kämpfen einige Monate lang nicht durch) und einen mehrtägigen Transport bei großer Hitze überleben sollten. Neben der Vereinfachung des Transports haben Geldspenden noch den Vorteil, daß keine Kosten für die Lagerung bis zum Transport bestehen und die Hilfsorganisation genau das einkaufen kann, was im Moment am dringendsten benötigt wird.[101]

```
IPPNW
Körtestr. 10, 10967 Berlin
tel 030-6930244, fax -6938166
SSK Gaggenau (66551290) 50000918
```

Die deutsche Sektion der "Internationalen Ärzte zur Verhütung des Atomkriegs" organisiert Medikamenten- und Hilfsgütertransporte und unterstützt Kliniken und Ärztegruppen, die sich für Versöhnung aussprechen.

```
Internationaler Friedensdienst Tübingen e. V.
Kelternstr. 6, 72070 Tübingen
tel 07071-22187, fax -27245
KSK Tübingen (64150020) 488330
```

Der Internationale Friedensdienst Tübingen e. V. organisiert Hilfsgütertransporte nach Sarajevo, Zenica, Tuzla und in kroatische Flüchtlingslager. Er unterstützt die Kinderbotschaft in Split/Kroatien, archiviert Berichte aus dem Krisengebiet und führt Infoveranstaltungen durch.

```
Münchener Friedensrunde für Kroaten, Serben, Muslime
 und Deutsche
Hans Löhr, ESG an der Universität, Friedrichstr. 25,
 80801 München
tel 089-341066, fax -341067
SKB-Bank Nürnberg (76060561) 101401823
Stw "Kriegsopferhilfe"
```

Die "Friedensrunde" sammelt und lagert Hilfsgüter für die ex-jugoslawischen Krisengebiete, bietet Deutschkurse für Flüchtlinge, organisiert den "runden Tisch" für Menschen aus allen früheren jugoslawischen Republiken und unterhält persönliche

---

[101] Eine jeweils aktuelle Liste von Hilfsorganisationen für Jugoslawien kann für 2 DM + 3 DM Versand angefordert werden bei: Netzwerk Friedenskooperative, Römerstr. 88, 53111 Bonn, tel 0228-692904, fax -692906. Die auf den folgenden Seiten abgedruckten Adressen und Beschreibungen stammen zum großen Teil aus der Liste vom 01.06.1994, die rund 170 Organisationen enthält.

Kontakte zu verschiedenen Friedensgruppen.

```
International Workers Aid for Bosnia
Hermann Niehls, Postfach 303965, 10726 Berlin
tel 030-2176530
Nela Sljivljak, Michael Hägele, tel+fax 06221-400377
PGA Berlin (10010010) 2576666100
Stw "Bosnien"
```

Als die britischen Bergleute 1984/85 streikten, spendeten die Kumpels aus Tuzla ihre Taglöhne. Jetzt sammeln die BritInnen Geld für Hilfsgüter und setzen sich Gegen die Teilung Tuzlas und für die Errichtung eines Korridors für Hilfsgüter ein.

```
Hilfe für Frauen und Kinder im Krieg
Elke Oehme, Habsburgerstr. 9, 79104 Freiburg,
tel 0761-555744, fax -52173
Ökobank (50090100) 10179793
Stw "Bosnienhilfe, Fabrik e. V."
```

Traumatisierte Frauen werden im "Zentrum für Hilfe und Schutz Amica" in Tuzla, das "Hilfe für Frauen und Kinder im Krieg" unterstützt, behandelt und betreut.

```
Medica e. V.
Waisenhausgasse 65, 50676 Köln
tel 0221-314045, fax -693741
Sparkasse Bonn (28050000) 45000163
```

Der Verein unterstützt das von Dr. Monika Hauser in Zenica, Zentralbosnien gegründete Frauentherapiezentrum. Er organisiert den Einkauf und Transport von Hilfsgütern und sorgt für die finanzielle Absicherung des Zentrums. Längerfristiges Ziel ist die Errichtung eines Netzes von Betreuungszentren in Bosnien-Herzegowina. Das Frauentherapiezentrum betreut im Krieg traumatisierte und gefolterte Frauen und Mädchen medizinisch und sozial und bietet ihnen u. a. Wohn- und Ausbildungsmöglichkeiten.

```
Ärzte ohne Grenzen
Adenauerallee 50, 53113 Bonn,
tel 0228-914670, fax - 9146711
Sparkasse Bonn (38050000), 97097
```

Die internationale Hilfsorganisation schickt Ärzte, Pflegepersonal und Techniker nach Kroatien, Serbien und Bosnien-Herzegowina, wo sie neben der medizinischen Hilfe u. a. Medikamente- und Gerätelieferungen organisieren, psychologische Hilfsprogramme einrichten und dortige medizinische Kräfte weiterbilden. In Sarajevo organisierten die Ärzte ohne Grenzen ein Medizinisches Informationszentrum (MIC), bei dem aktuelle Informationen über die meisten Programme und Berichte über geplante Aktivitäten verschiedener Hilfsorganisationen abrufbar sind.

Demokratie- und Friedensbewegung. So wichtig die humanitäre Hilfe ist, kann sie doch nur die Situation für einen Moment verbessern, nicht aber den Krieg beenden. Für die Schaffung eines dauerhaften Friedens ist die Stärkung der demokratischen Opposition und der Friedensbewegung in den Nachfolgestaaten der SFRJ notwendig. Wir haben auf unserer Reise im Juli 1993 einige dieser Gruppen besucht und erlebt, wie diese trotz aller Schwierigkeiten eine beachtliche Arbeit leisten. Da das Überweisen von Spenden in die Nachfolgestaaten Jugoslawiens schwierig ist, sammeln Friedensgruppen in Deutschland Geld und leiten es weiter.

```
AK Mir
Ohne Rüstung Leben, Furtbachstr. 10, 70178 Stuttgart
tel 0711-6409620
e-mail: ak_mir@gaia.cl.sub.de
PGA Stuttgart (60010070) 111833700
```

Der AK Mir unterstützt Demokratie- und Friedensgruppen, z. B. in Rijeka (Kroatien) und Pančevo (Vojvodina). Daneben leistet er auch humanitäre Hilfe und vermittelt Kontaktwünsche von deutschen Friedensgruppen zu denen im ehem. Jugoslawien.

```
Komitee für Grundrechte und Demokratie
An der Gasse 1, 64759 Sensbachtal
tel 06068-2608, fax -3698
Volksbank Odenwald (50863513) 8024618
Stw "Helfen statt schießen!"
```

Das Komitee für Grundrechte und Demokratie unterstützt direkt und indirekt etwa 20 Zentren und Gruppen in Kroatien, Bosnien-Herzegowina und Serbien und liefert Medikamente in Flüchtlingslager, Waisenhäuser und Ambulanzen in fast von der Außenwelt abgeschnittene Gebiete. In Serbien unterstützt das "Komitee für Grundrechte" beispielsweise das "Zentrum für Antikriegsaktionen" Belgrad, die Frauen in Schwarz und die Koordination für Deserteure. Es unterstützt zudem ein Aufbauprojekt in Slowenien und finanziert die kroatische Antikriegszeitung ARKzin mit. Zugleich wendet sich das Komitee unter dem Motto "Helfen statt schießen" energisch gegen militärische Interventionen.

```
Fördergemeinschaft Friedensarbeit in Südniedersachsen
e. V.
Friedensbüro, Wiesenstr. 17, 37073 Göttingen
tel 0551-7702530
Sparkasse Göttingen (26050001) 584953
Stw "Initiative für Antikriegsgruppen"
```

Das "Friedensbündnis" möchte zwischen Kroaten und Serben vermitteln. Das unterstützte "Center for Peace" in Osijek arbeitet an vier verschiedenen Projekten.

```
Bund für Soziale Verteidigung
Friedensplatz 1a, 32423 Minden
tel 0571-29456, fax -23019
e-mail: soziale_verteidigung@bionic.zer.de
Sparkasse Minden-Lübbecke (49050101) 89420814
Stw "E-Mail", "Ex-Jugoslawien"
```

E-Mail: Ermöglichung der Kommunikation zwischen Friedensgruppen und unabhängigen Medien in den verschiedenen Nachfolgestaaten Jugoslawiens per electronic mail, da Telephon- und Postverbindungen nicht funktionieren. Bisher sind Kroatien, Serbien und Sarajevo angeschlossen, andere bosnische Städte, Slowenien und Makedonien sollen folgen.

Ex-Jugoslawien: Der Bund für Soziale Verteidigung (BSV) versucht zusammen mit dem "Zentrum für Antikriegsaktion Zagreb" und dem "Antikriegszentrum Belgrad" Strategien der gewaltfreien Konfliktlösung für den Wiederaufbau einer zivilen Gesellschaft zu erarbeiten und MultiplikatorInnen darin auszubilden. Er steht für Infoveranstaltungen darüber in Deutschland zur Verfügung.

Deserteursbetreuung. Tausende von Deserteuren sind nach Deutschland gekommen, um nicht an dem verbrecherischen Krieg in ihrer Heimat teilnehmen zu müssen. Bei ihrer Rückkehr drohen ihnen teilweise drakonische Strafen. Trotzdem sind viele von ihnen von der Abschiebung bedroht.

```
DFG-VK München
Alte Allee 48, 81245 München
tel 089-8342693, fax -8341518
PGA München (70010080) 74318804
Stw "Deserteure" oder "Ex-Jugoslawien"
```

Deserteure: Die DFG-VK berät und unterstützt Deserteure und Kriegsdienstverweigerer aus allen Republiken des ehem. Jugoslawien - insbesondere durch Beschaffung von Informationsmaterial über Bleibemöglichkeiten, Durchführung von Beratungsgesprächen, Zusammenarbeit mit RechtsanwältInnen und Beratungsstellen für Flüchtlinge sowie durch den Aufbau von Unterstützungs- und Deserteursgruppen.

Ex-Jugoslawien: Die DFG-VK unterhält diverse Kontakte zu Antikriegs- und Friedensgruppen in Zagreb, Beograd, Novi Sad, Trešnjevac u. a. und unterstützt deren Aktionen.

```
pax christi
Postfach 1345, 61103 Bad Vilbel
tel 06101-2073, fax -65165
PGA Karlsruhe (66010075) 948754
```

Die internationale katholische Friedensbewegung nimmt jugoslawische Kriegsdienstverweigerer auf und setzt sich für deren Bleiberecht ein. Sie betreut außerdem bosnische und kroatische Flüchtlingslager, unterstützt Friedensgruppen in Kroatien und

Rest-Jugoslawien und führt Hilfstransporte durch. In Deutschland vermittelt pax christi Gastunterkünfte für Kriegsflüchtlinge, Freiwillige für Arbeit in Flüchtlingslagern und setzt sich auf politischer Ebene für die Beendigung des Krieges ein.

Aufnahme von Flüchtlingen. In Kapitel 5.2. haben wir beschrieben, wie durch die Aufnahme eines Flüchtlings konkret geholfen werden kann.

```
Den Krieg überleben e. V.
Römerstr. 213, 53117 Bonn
tel 0228-687055, fax -687723
Bank f. Kirche u. Diakonie Duisbg (35060190) 1011936012
```

Etwa 3400 Menschen aus den serbisch und kroatisch besetzten Gebieten von Bosnien-Hercegovina hat der österreichische Journalist Martin Fischer die Flucht nach Deutschland ermöglicht. Die Aktion, die zunächst "Den Winter überleben" hieß, mußte inzwischen in "Den Krieg überleben" umbenannt werden. Fischer vermittelt in Zagreb Garantieerklärungen von dauerhaft in Deutschland lebenden Menschen, die bereit sind bei sich Flüchtlinge unterzubringen, an die Flüchtlinge weiter, damit diese ein Visum beantragen können.[102]

Unabhängige Informationen. An den Kiosken mit internationaler Presse in Deutschland sind unter den unabhängigen Zeitungen und Zeitschriften zu bekommen:
Borba, Beograd/Serbien, täglich
Feral Tribune, Split/Kroatien, wöchentlich
Vreme, Beograd/Serbien, wöchentlich
Die beiden serbischen Zeitungen werden als europäische bzw. internationale Ausgabe außerhalb Serbiens gedruckt (wegen des Embargos) und weichen teilweise in Umfang und Layout von den Originalen ab.

Darüberhinaus gibt es mehrere Informationsdienste, die zum größten Teil in englischer Sprache erscheinen. Sie richten sich an Journalisten ebenso wie an interessierte Privatleute und Organisationen.

```
AIM
13 Rue Gazan, F 75014 Paris
tel 0033-1-45898949, fax -45809940
Banque National de Paris 00711693
```

AIM ist ein Netzwerk unabhängiger Journalisten aus allen Teilen Jugoslawiens. Inzwischen arbeiten 60 Journalisten für AIM. Ihre Berichte werden von den unabhängigen Medien im ehemaligen Jugoslawien verbreitet. Alle zwei Wochen erscheint "AIM Review", eine Zusammenfassung ausgewählter Artikel in englischer Sprache, die per Fax oder Modem verschickt wird. Bezugspreis ab 200 Franc im Jahr.

---

[102] vgl. Rossig 1994a.

Para Pacem
c/o GSoA, Postfach 103, CH 8031 Zürich
tel 0041-1-2730100

Para Pacem erscheint monatlich und enthält Artikel in deutscher und englischer Sprache (u. a. englischsprachige Übersetzungen von Vreme-Artikeln sowie Berichte über Aktivitäten der Antikriegs-Bewegungen im ehemaligen Jugoslawien). Versand als Papierexemplar auf dem Postweg. Bezugspreis ab 130 Franken im Jahr. Möglich sind auch Archivrecherchen.

Vreme News Digest Agency
Narodnog Fronta 45, YU 11000 Beograd
tel 0038-11-642743, fax -657454
e-mail: vreme_bg@zamir-bg.ztn.zer.de

Die Zeitschrift Vreme verschickt wöchentlich einige Artikel in englischer Übersetzung per Fax oder Modem.

Balkan War Report Bulletin (incorporating YUGOFAX)
Institute for War and Peace Reporting
1 Auckland Street, GB London SE11 5HU
tel 0044-71-7937930, fax -7937980
e-mail: warreport@gn.apc.org

Das Balkan War Report Bulletin enthält Übersetzungen von Artikeln aus unabhängigen Zeitungen und Zeitschriften sowie eigene Artikel in englischer Sprache. Es kann in Papierform oder per Modem oder Fax bezogen werden.

Was kommt nach dem Krieg?

Diskussion zwischen den Autoren.

JUNG: Jugoslawien ist durch die Aufteilung und den Krieg weit zurückgefallen, nicht nur wirtschaftlich. "Die Lage der Südslawen illustriert aufs schlagendste den alten Widerspruch zwischen Geschichte und Geographie. Ein weites Gebiet, das geographisch eine natürliche Einheit bildet und von einer homogenen Bevölkerung mit einheitlicher Sprache bewohnt wird, ist durch ein unfreundliches Schicksal in eine große Anzahl künstlich gebildeter Bruchstücke zersplittert."[1] Dieses Zitat des britischen Historikers Seton-Watson stammt aus der Zeit kurz vor dem Ersten Weltkrieg. Es könnte von heute sein. Die nationalistischen Politiker hatten den Menschen versprochen, ihnen durch die Teilung Jugoslawiens Freiheit und Wohlstand zu bringen. Inzwischen ist vielen klar, daß sie getäuscht wurden. Doch die Mehrheit reagiert nicht mit Protest sondern mit Apathie. "Bald werden die Menschen sagen, daß Tito nur einem Fehler begangen hat - überhaupt zu sterben." Dieser Satz aus der unabhängigen Beograder Zeitschrift "Vreme"[2] mag vielleicht Erstaunen hervorrufen. Doch Tito war nicht einfach nur ein Staatspräsident, er war die ideale Integrationsfigur für alle jugoslawischen Bevölkerungsgruppen. Er war der Sohn eines kroatischen Bauern und desser slowenischer Frau, er heiratete eine Serbin. Er sprach serbokroatisch mit slowenischem Akzent, und vermischte serbische und kroatische Dialektwörter.[3] Er wurde von allen Bevölkerungsgruppen geachtet, es entstand ein regelrechter Personenkult. Die Frage, ob Tito Serbe, Kroate oder Slowene war, wäre unsinnig gewesen. Zumindest einen weiteren Fehler hat Tito gemacht. Er hat zuwenig Vorsorge für die Zeit nach seinem Tod getroffen. Edvard Kardelj, der ein würdiger Nachfolger hätte werden können, starb 1979 im Alter von 69 Jahren nach einem langen Krebsleiden. Die Entscheidung, die Präsidentschaft nach einem Republikenproporz rotieren zu lassen, hat dazu geführt, daß gefragt wurde, regiert ein Kroate, ein Moslem, ein Serbe...? Das Ziel, die Einzelnationalismen zu überwinden, zu erreichen, daß die Menschen ihre Nationalität selbstverständlich mit "Jugoslawe" angeben, wie das in der Volkszählung 1981 immerhin 1.2 Millionen Menschen getan haben, rückte damit wieder in weite Ferne.

PFLÜGER: Aber eine einzelne Person kann nie allein integrierend wirken, es sei denn die Integration findet so oberflächlich statt wie im Jugoslawien unter Tito. Die alten nationalistischen Konflikte kochten

---

[1] Seton-Watson 1913; 429.

[2] zit. n. Oschlies 1992a; 26.

[3] vgl. Ðilas 1980; 17.

unter der Decke weiter. Die Integration durch die Person Tito war zu Beginn auch eher eine Integration durch Repression. Später wurde dann im Tito-Jugoslawien immer mehr den nationalistischen Bestrebungen nachgegeben. Die Kriegsverbrechen, die im ehemaligen Jugoslawien begangen wurden, haben einen tiefen - Generationen prägenden - Graben zwischen den verschiedenen "jugoslawischen" Gruppen entstehen lassen. Das Leben der Angehörigen der Überlebenden dieses Krieges ist bis an deren Lebensende durch diesen Krieg geprägt. Alle Kriegsverbrecher müssen bestraft werden, doch wer macht sie alle ausfindig? Auch Unschuldige werden zu Schuldigen gemacht, weil ganze Gruppen zu Kriegsverberchern erklärt werden. Von allen Gruppen aus "Jugoslawien" können sehr viele nicht mehr in ihre Heimat zurück, insbesondere bosnische Muslime sind über die ganze Welt verstreut und werden nicht mehr in ihre Heimat zurückkehren können. Diese "innerjugoslawischen" Kriegsfolgen prägen die Situation sehr.

JUNG: Natürlich reicht eine Integrationsfigur alleine nicht aus. Auch wirtschaftliche Hilfe und vieles andere wird nötig sein. Ich glaube nicht, daß man die Integration in Jugoslawien als oberflächlich bezeichnen kann, nur weil der Nationalismus dort nie völlig ausgestorben ist (vgl Kapitel 3.3.). Einen gewissen Prozentsatz nationalistischer Idioten gibt es doch in jedem Land. Natürlich gab es in Jugoslawien Repression, aber die gibt es auch jetzt in Kroatien, der "BRJ" und Bosnien-Hercegovina.[4] Die Teilung Jugoslawiens wurde von den heutigen repressiven Machthabern betrieben, um an der Macht zu bleiben (Milošević) oder an die Macht zu kommen. Falls diese Regimes eines Tages verschwinden, hat auch die Teilung keinen Sinn mehr. Die Integration in Jugoslawien hat sogar erstaunlich gut funktioniert, wenn man bedenkt, was zwischen 1941 und 1945 passiert ist. Der damalige Krieg war, so schwer man sich das vielleicht vorstellen kann, noch wesentlich brutaler als der heutige. Massaker durch Četnici und Ustaše, Lager, massenhafte Vergewaltigungen, alles das gab es schon damals. Tito hat es später versäumt, eine Aufarbeitung des Krieges zu ermöglichen, und die heutigen nationalistischen Politiker benutzen die damaligen Verbrechen natürlich, um den Haß zu schüren. Eben deshalb denke ich, Jugoslawien wird Politiker brauchen, die die Menschen wieder an das jahrzehntelange friedliche Zusammenleben erinnern.

PFLÜGER: Meine These lautet, daß die Teilung Jugoslawiens bleiben wird und ein einiges "Jugoslawien" unwiederbringlich ist. Das hat liegt neben den oben genannten "innerjugoslawischen" Gründen vor allem an der Außenpolitik der umliegenden Staaten. Denn heute ist es im Gegen-

---

[4] Der jugoslawische Schriftsteller und Übersetzer Ivan Ivanji schrieb: "Sage ich, zu Titos Zeiten habe es keinen Haß zwischen den Völkern gegeben, hält man mir entgegen, er sei nur durch die Repression verdeckt gewesen. Ich erwidere, wenn das so ist, hätte ich mir eine noch viele Jahrzehnte dauernde Repression gewünscht." (Ivanji 1991.)

satz zur Zeit nach dem 2. Weltkrieg so, daß der politische Druck der dominanten (europäischen) Staaten nicht mehr in Richtung einer Einigung "Jugoslawiens" geht, sondern in Richtung der Zuteilung der jeweiligen neuen (wirtschaftlichen) Rolle im neuen Europa. In Europa gibt es schon heute eine Aufteilung in einerseits (wirtschaftlich) dominante Staaten, die innerhalb der Europäischen Union (EU) zusammengeschlossen sind und eine ganze Reihe von wirtschaftlich schwächeren Staaten in der Peripherie der EU. Auch innerhalb der EU gibt es dieses Zentrum-Peripherie-Gefälle. Meine These ist nun, daß es zunehmend eine Aufteilung geben wird in Staaten, die noch in diese westeuropäische Hemisphäre (Europäische Union oder enge Kooperation damit) integriert werden und Staaten, die nur wenig oder nicht direkt zu diesem prosperierenden Wirtschaftsraum gehören werden. Diese Aufteilung wird vor allem wirtschaftlich sein, aber sich in internationelen Bündnissen - auch Militärbündnissen - wiederspiegeln wie z. B. der WEU (Westeuropäische Union). In Europa wird das weltweite Nord-Süd-Problem quasi im kleinen ebenfalls immer mehr sichtbar. Um EU-Europa bilden sich zusehens für Nichtangehörige der Europäischen Union Mauern. Flüchtlinge werden aus den EU-Staaten ferngehalten. Doch diese Mauer ist nicht ein einzelner harter Schnitt, sondern eine vielschichtige stufenweise Mauer. Bestimmte Länder außerhalb der Europäischen Union werden noch teilintegriert, wie beispielsweise Tschechien. Im Gegensatz dazu wird die Slowakei von der Wirtschaftsregion EU immer mehr abgehängt. Man könnte dafür den Begriff EU-Europa und sein Fettgürtel benutzen. Von den neuen Staaten auf dem Gebiet der früheren Republik Jugoslawien werden derzeit beispielsweise von der deutschen Bundesregierung insbesondere Slowenien und Kroatien gefördert, dorthin fließt nach Angaben des bundesdeutschen Botschafters in Zagreb, Dr. Weisel, umfangreiche Wirtschaftshilfe. Serbien und Montenegro stehen nach wie vor unter einem Handelsembargo, beide Staaten werden mit verantwortlich gemacht für die Kriegstaten der bosnisch-serbischen Truppen. Mit Wirtschaftshilfe werden beide Staaten wohl längerfristig nicht rechnen dürfen. Auch hat "die internationale Gemeinschaft" noch nie Positivsanktionen verhängt, d.h. gegen bestimmte wirtschaftliche Hilfe müssen bestimmte politische oder militärische Gegenleistungen vollbracht werden. Der Staat Makedonien wird im Gegensatz zu den beiden nördlicheren Staaten sehr viel weniger wirtschaftlich gefördert. Es läßt sich also sagen, daß Kroatien und Slowenien noch als Länder in der direkten Peripherie der EU wirtschaftlich gefördert werden, daß sie noch eine enge wirtschaftliche Kooperation mit dem Westen bekommen werden. Die anderen Staaten werden eher ausgegrenzt. Das Problem für diese Grenzziehung ist wieder einmal Bosnien-Hercegovina. Wohin soll es geschlagen werden? Klar ist, daß die jeweils serbisch oder kroatisch eroberten Teile Bosnien-Hercegovinas den Weg ihres jeweiligen Mutterlandes gehen werden. Die politische Konföderаtion zwischen der bosnisch-kroatischen Regierung und der bosnisch-muslimisch dominierten Regierung, die durch "Vermittlung" der USA zustande gekommen ist, deutet darauf hin, daß zumindest die US-Regierung den muslimischen Teil Bosniens noch "im Westen" haben will...

JUNG: Ich sehe auch die Gefahr, daß ein Teil Jugoslawiens mit Ungarn und der Tschechischen Republik ins "zivilisierte EU-Europa" integriert und der andere Teil mit Rumänien und Bulgarien auf dem Balkan liegengelassen wird. Mit Slowenien mag die Integration vielleicht auch gehen. Sobald aber Kroatien und Bosnien-Hercegovina teilweise mit integriert und damit Grenzen festgeschrieben werden, wird jede Chance zerstört, dieses Gebiet politisch zu stabilisieren. Und es kann wohl kaum im Interesse der EU liegen, ein dauerhaftes Bürgerkriegsgebiet zu integrieren. Umgekehrt wird gerade dadurch, daß sich mit der EU ein Wirtschaftsgigant in Europa entwickelt, die Notwendigkeit einer Zusammenarbeit der kleinen Länder außerhalb der EU immer größer. Eine solche "Südost-EG", die nach Ansicht des ehemaligen BRD-Botschafters in Jugoslawien Horst Grabert kommen wird,[5] könnte dann auch ein Schritt zu einer politischen Einigung sein. Grabert warnt die Jugoslawen: "Es wäre ein Fehler, jetzt Grenzen aufzurichten - dann werden Sie später schießen müssen, um diese zu verändern."[6] Milan Panić ist optimistisch: "Der zweite Weltkrieg endete. Die Konflikte zwischen Deutschen und Franzosen endeten. Und was hat Westeuropa vereint? Es war die Wirtschaft. Ich glaube an die Vereinigten Staaten des Balkan."[7]

PFLÜGER: Eine politisch gemeinsam agierende "Südost-EG" oder ein "Jugoslawien", das wieder zusammenkommt, mögen wünschenswert sein, beides - vor allem ein "einiges Jugoslawien" - ist aber vollkommen unrealistisch und reine Theorie. Neben den schlimmen Kriegsfolgen und den klar in Richtung "Teilung" gehenden außenpolitischen Interessen "wichtiger Staaten" (s. o.) darf der aufgestachelte Nationalismus in allen Regionen des ehemaligen Jugoslawien nicht unterschätzt werden. Immer mehr Menschen aus dem ehemaligen Jugoslawien, leider auch viele, die hier in Deutschland leben, werden davon erfaßt. Man muß auch die Region "Jugoslawien" und die dort lebenden Menschen kennenlernen, um zu verstehen, was geschehen ist.

---

[5] vgl. Grabert 1993b.

[6] Grabert 1992; 44.

[7] Panić 1992.

Literatur.

Adams, James
1994: Iran guns tilt balance for Bosnia Muslims. in: The Sunday Times; 03.07.1994; 1/19.

Albrecht, Ulrich
1992: Parteinahme für eine Seite. in: Krieg a. d. Balkan 1992.

Alexander, Stella
1982: Religion and national identity in Yugoslavia. in: Religion and national identity. Edited by Mews, Stewart. Oxford 1982.

Allen, Arthur
1994: Wer verschuldete das Massaker? in: Der Tagesspiegel; 15.02.1994.

Andrejevich, Milan
1993: The Bosnian Muslim Leader Fikret Abdic. in: RFE/RL Research Report; 08.10.1993; 16-20.

Anić de Osona, Marija
1990: Die erste Anerkennung der DDR. Der Bruch der deutsch-jugoslawischen Beziehungen 1957. Baden-Baden 1990 (zugl. Dissertation München 1989).

Anthony, Robert
1992: Instant Ordnance. Embattled Croatia Pulls An Arms Industry Out of Her Hat. in: Soldier Of Fortune; 12/1992; 50-53.

Antonaros, Evangelos
1994: Athen zwingt Skopje in die Knie. in: Die Welt; 18.02.1994; 4.

Axt, Heinz-Jürgen
1992: Der "Islamische Bogen" vom Balkan bis nach Zentralasien. Die Türkei als neue Regionalmacht? in: Südosteuropa; 1992; 546-557.

Bahr, Egon
1992: Kompletter Wahnsinn. in: die tageszeitung; 11.07.1992.

Balić, Smail
1991: Das unbekannte Bosnien. Europas Brücke zur islamischen Welt. Köln 1991.

Banac, Ivo
1988: With Stalin against Tito. Cominformist Splits in Yugoslav Communism. Ithaca NY 1988.

Bartl, Peter
1985: Grundzüge der jugoslawischen Geschichte. Darmstadt 1985.

Baučić, Ivo
1975: Die jugoslawische Auswanderung im Lichte des Nord-Süd-Konflikts. in: Europäische Peripherie. Zur Frage der Abhängigkeit des Mittelmeerraumes von Westeuropa. Tendenzen und Entwicklungsperspektiven. Hrsg. v. Leggewie, Claus u. Nikolinakos, Marios. Meisenheim 1975.

Bauer, Helmut
1941: Ein Vielvölkerstaat zerbricht. Werden und Vergehen Jugoslawiens. Leipzig 1941.

Beaver, Paul
1992: Divided we stand, divide we fall. in: Jane's Defence Weekly; 18.07.1992; 27f.
1993: Yugoslavian defence industry regrouped and rejuvenated. in: Jane's Defence Weekly; 28.08.1993; 20.
1993x: Bosnia "regularly breaking no-fly zone". in: Jane's Defence Weekly; 11.09.1993; 22.

Bebber, Hendrik
1993: Schwäbische Gewehre für Serben? in: Schwäbisches Tagblatt; 31.12.1993; 1.

Bebler, Anton
1991: The armed forces in the Yugoslav conflict. in: International Defense Review; 1991; 306-309.

Beckmann-Petey, Monika
1990: Der jugoslawische Föderalismus. München 1990.

Beelman, Maud
1994: Trotz Embargo der größte Waffenmarkt der Welt. in: Schwäbisches Tagblatt; 01.08.1994; 1.

Beer-Bercher, Uli
1992: Betrifft Gewaltfreiheit. Offener Brief an Die Grünen. in: Grüne Blätter; 4/1992.

Beeston, Richard
1992: Holy warriors irritate Bosnia's Muslims. in: The Times; 06.11.1992; 14.

Beham, Mira
1994: Der Jongleur von Sarajevo. Bosniens muslimischer Präsident Alija Izetbegovic betreibt eine zwielichtige Politik. in: Die Woche; 26.05.1994; 19.

Beljajev, Jurij Aleksandrovič
1994: Interview in: Trud; 01.09.1993. (Fragen: Dmitrij Stružencov) zit. n. Osteuropa; 1994; A 67f.

Bernard, Jutta; Gronauer, Claudia
1994: "Heiliger Georg, wir harren der letzten Ölung!" Religiöse Dimensionen des Golfkrieges in der Berichterstattung zweier Tageszeitungen. in: Islam in den Medien. Hrsg. v. Medienprojekt Tübinger Religionswissenschaft. Gütersloh 1994.

Bertram, Christoph
1993: Die Agonie der Generäle. Westliche Militärs warnen vor einer Intervention in Bosnien - und bereiten sie gleichzeitig vor. in: Die Zeit; 07.05.1993; 7.

Biberaj, Elez
1989: Yugoslavia. A continuing crisis? London 1989.

Binder, David
1993: Die kuriosen Kriegstreiber mit den

blutenden Herzen. Von der Schwierigkeit, sich von einmal gefaßten Meinungen wieder zu trennen. Die Suche nach dem Frieden in Bosnien. in: Die Weltwoche; 11.02.1993; 3.

Böhm, Andrea
1994: US-Abgeordnete. Waffen für Bosnien. in: die tageszeitung; 11.06.1994; 8.

Bogataj, Mirko
1989: Die Kärntner Slowenen. Klagenfurt 1989.

Bogdanović, Dimitrije
1992: Kosovo. Vergangenheit und Gegenwart. Lausanne 1992.

Bohmann, Alfred
1969: Menschen und Grenzen. Band 2. Bevölkerung und Nationalitäten in Südosteuropa. Köln 1969.

Bonač, Vladimir
1976: Jugoslawien. Überarbeitete Neuauflage. Hannover 1976.

Bošković, Milo
1985: Šesta Kolona. Nastanak, organizacija i delovanje antijugoslovenske fašističke emigracije. <Sechste Kolonne. Entstehung, Organisation und Wirkung der antijugoslawischen faschistischen Emigration.> Zagreb 1985.

Bošković, Ratko; Vulić, Tonko
1993: Prve hrvatske rakete na tvorničkoj traci. <Die erste kroatische Rakete vom Fließband.> in: Globus; 23.04.1993; 11.

Boyes, Roger
1992a: Gun influx triggers fears of bloodbath. in: The Times; 03.03.1992; 11.
1992b: Tudjman exploits fascist heritage. in: The Times; 30.06.1992; 10.
1993: West snared in Balkan tangle. in: The Times; 21.05.1993; 9.

Brand, Joel; Prentice, Eve-Ann
1994: Belgrade bows to Moscow and cuts its protégé adrift. in: The Times; 05.08.1994; 12.

Braun, Andreas
1989: Porträt der Woche. Janez Drnovšek. in: Stuttgarter Zeitung; 13.05.1989; 4.

Brey, Thomas
1991: Jugoslawien. Der Vielvölkerstaat zerfällt. in: Osteuropa 1991; 417-430, 709-724.
1992: In Bosnien bereits 40 000 Tote und 1,4 Millionen Flüchtlinge. in: Kölnische Rundschau; 23.06.1992.

Brock, Peter
1994: Bosnien: So logen Fernsehen und Presse uns an. Verdrehung der Tatsachen, mangelnde Sorgfalt, einseitige Kommentierung - im Balkankonflikt hat der Journalismus versagt. in: Die Weltwoche; 20.01.1994; 7-10.

Brownmiller, Susan
1978: Gegen unseren Willen. Vergewaltigung und Männerherrschaft. Frankfurt 1978.

Brunner, Georg
1989: Die Stellung der Muslime in den föderativen Systemen der Sowjetunion und Jugoslawiens. in: Die Muslime in der Sowjetunion und in Jugoslawien. Hrsg. v. Kappeler, Andreas; Simon, Gerhard; Brunner, Gerhard. Köln 1989.

Buchalla, Carl E.
1990a: Schwere Vorwürfe gegen Milizionäre. "Kosovo-Albaner gezielt erschossen". in: Süddeutsche Zeitung; 05.02.1990; 9.
1990x: Späte Abrechnung mit Josip Broz Tito. Immer heftigere Angriffe serbischer Nationalisten auf den toten Regenten Jugoslawiens. in: Süddeutsche Zeitung; 31.03.1990; 10.
1990b: Im Profil: Franjo Tudjman. Kroatiens neuer "starker Mann". in: Süddeutsche Zeitung; 26.04.1990; 4.

Büschenfeld, Herbert
1981: Jugoslawien. Stuttgart 1981.

Cerović, Stojan
1992: Uspeh evropske misije. <Erfolg der europäischen Mission.> in: Vreme; 12.08.1991; 16f. zit. n. Osteuropa 1992; A 139ff.

Chant, Christopher
1987: A Compendium of Armaments and Military Hardware. London 1987.

Chazan, Yigal; Traynor, Ian
1992: Serbs in Croatia renounce claim. in: The Guardian; 22.07.1992; 8.

Clissold, Stephen
1979: Croat Separatism: Nationalism, Dissidence and Terrorism. London 1979.

Cohen, Roger
1994: For Bosnian Army, Time Is a New Ally. in: International Herald Tribune; 14.05.1994; 2.

Cohn-Bendit, Daniel
1993: Versager aller Länder, verteidigt Euch! Europa und die bosnischen Muslime. in: die tageszeitung; 24.06.1993; 10.
1994: Was haben wir getan! in: die tageszeitung; 20.04.1994.

Collinson, Christopher
1993: Bosnia this Winter - A Military Analysis. in: Jane's Intelligence Review; 1993; 547-550.
1994: Bosnian Army Tactics. in: Jane's Intelligence Review; 1994; 11ff.

Cuvalo, Ante
1990: The Croatian National Movement 1966-1972. New York 1990.

Cvrtila, Vlatko
1991: Tko je što u armiji? <Wer ist was in der Armee?> in: danas; 05.02.1991; 16f. zit. n. Osteuropa; 1991; A 481f.

Ćosić, Dobrica
1991: Velika obmana srpskog naroda. <Die große Täuschung des serbischen Volkes.> in: Politika; 20.01.1991. zit. n. Osteuropa; 1991; A 592-A 596.

Darby, H. C.
1966a: Bosnia and Hercegovina. in: A short history 1966.

1966b: Serbia. in: A short history 1966.
Deckwerth, Sabine
1994: Die Namensschlacht kommt Berlin teuer zu stehen. in: Berliner Zeitung; 28.02.1994; 15.
Dedijer, Vladimir
1970: Stalins verlorene Schlacht. Erinnerungen 1948 bis 1953. Wien 1970.
1988: Jasenovac - das jugoslawische Auschwitz und der Vatikan. Freiburg 1988.
Dehoust, Peter
1991a: Stärker als Panzer. in: Nation und Europa; 6/1991; 3.
1991b: Das kroatische Lehrstück. in: Nation und Europa; 10/1991; 3f.
Denitch, Bogdan Denis
1976: The Legitimation of a Revolution. The Yugoslav Case. New Haven 1976.
Deschner, Karlheinz
1965: Mit Gott und den Faschisten. Der Vatikan im Bunde mit Mussolini, Franco, Hitler und Pavelić. Stuttgart 1965.
Djeković-Sachs, Liliana
1993: Die Nachfolgestaaten Jugoslawiens zwischen Stabilisierung und Zusammenbruch. in: Südosteuropa-Mitteilungen 1993; 25-34.
Donia, Robert J.
1986: Review of Džaja 1984. in: The American Historical Review; 1986; 958f.
Doornbos, Harald
1993: Auf zum "Heiligen Krieg". in: Neues Deutschland; 20.02.1993; 3.
Drašković, Vuk
1991: Interview in: Kommune 8/1991; 27.
1992: Interview in: die tageszeitung; 29.05.1992.
Dresler, Adolf
1942: Kroatien. Essen 1942.
Dugan, Michael
1992: Interview in: Der Spiegel; 52/1992; 135ff.
Đilas, Milovan
1977: Der Krieg der Partisanen. Memoiren 1941-1945. Wien 1977.
1980: Tito. Eine kritische Biographie. Wien 1980.
1983: Jahre der Macht. Kräftespiel hinter dem eisernen Vorhang. Memoiren 1945-1966. München 1983.
Đurić, Rajko; Bengsch, Bertold
1992: Der Zerfall Jugoslawiens. Berlin 1992.
Džaja, Srećko M.
1984: Konfessionalität und Nationalität Bosniens und der Herzegowina: Voremanzipatorische Phase 1463-1804. München 1984.
Ebbing, Martin
1994: Dramatische Hauspost am East River. Jeder Tag UNPROFOR vergrößert das Finanzdebakel der Vereinten Nationen. in: Freitag; 05.08.1994; 7.

Ege, Konrad
1992: Der Mythos von der vierten Gewalt. US-Medien und Golfkrieg. in: Blätter für deutsche und internationale Politik; 1992; 1366-1374.
Erzeren, Ömer
1992: "Kreuzzug gegen den Islam". in: Krieg a. d. Balkan 1992.
Evans, Michael
1993: Weapons pour in for Zagreb. in: The Times; 27.01.1993; 11.
Eyal, Jonathan
1993: Erst das Konzept, dann die Truppen. in: Wochenpost; 18.02.1993; 9.
Eykyn, George
1993: Muslim soldier admits taking part in Christmas massacre of Serbs. in: The Times; 23.09.1993; 12.
Flottau, Heiko
1983a: Belgrads Nationalitätenprobleme. Neuer Bannstrahl gegen den Propheten. in: Süddeutsche Zeitung; 15.02.1983; 3.
1983b: Eine Warnung, die zum Wagnis wird. in: Süddeutsche Zeitung; 23.08.1983; 3.
1992: Den Tod schicken, damit die Feindschaft lebt. Sarajevo. Die Tragödie eines aufgezwungenen Krieges. in: Süddeutsche Zeitung; 24.06.1992; 3.
1993: Eine Hauptstadt verliert ihr Gesicht. in: Süddeutsche Zeitung; 22.01.1993; 3.
Foss, Christopher F.
1987: Jane's AFV Recognition Handbook. London 1987.
Frank, Michael
1987: Ein Schulbeispiel auf Kärntner Art. in: Süddeutsche Zeitung 06.02.1987; 3.
1992: Flucht in die Hände der Papierkrieger. in: Süddeutsche Zeitung; 25.06.1992; 3.
Fregiehn, Claudia
1993: Zwischen nationaler Identität und Solidarität. in: die tageszeitung; 30.04.1993.
Fritz, Herbert
1992: Jugoslawiens Zerfall besiegelt. Ein Sieg des Selbstbestimmungsrechts der Völker. in: Deutsche National-Zeitung; 06.03.1992; 5.
Fromm, Rainer
1993: Am rechten Rand. Lexikon des Rechtsradikalismus. Marburg 1993.
Gabanyi, Anneli Ute
1992: Rumänien und die jugoslawische Krise. in: Südosteuropa; 1992; 647-664.
Gack, Thomas
1993: Nato-Militärs warnen vor dem Eingreifen auf dem Balkan. in: Stuttgarter Zeitung; 13.01.1993; 4.
Gačanović, B.
1991: Etničko čišćenje bračnih kreveta. <Die ethnische Säuberung der Ehebetten.> in: Borba; 18.10.1990. zit. n. Osteuropa; 1991; A 528-A 530.

Gaserow, Vera
1994: Gnadenfrist für Flüchtlinge. in: die tageszeitung; 11.02.1994; 5.
Gelhard, Susanne
1992: Ab heute ist Krieg. Der blutige Konflikt im ehemaligen Jugoslawien. Frankfurt 1992.
Gellner, Ernest
1983: Nations and nationalism. Ithaca NY 1983.
Gersuny, Karl
1993: Tudjman bestreitet Existenzrecht Bosniens. in: die tageszeitung; 16.10.1993.
Giakoumis, Pantelis
1992: Hellas und die Makedonische Frage. in: Südosteuropa; 1992; 443-459.
Glaise von Horstenau, Edmund
1988: Ein General im Zwielicht. D. Erinnerungen Edmund Glaises von Horstenau. Eingel. u. hrsg. v. Broucek, Peter. Bd. 3. Deutscher Bevollmächtigter General in Kroatien und Zeuge des Untergangs des "Tausendjährigen Reiches". Wien 1988.
Glenny, Misha
1993: Jugoslawien. Der Krieg der nach Europa kam. Mit einem Vorwort von Glotz, Peter. München 1993.
1994: West forced to back its former foe as Serb turns on Serb. in: The Times; 05.08.1994; 12.
Glotz, Peter
1992: Die deutsche Lesart. Vorläufige Bemerkungen über Krieg und Medien am Beispiel der bosnischen Tragödie. in: die tageszeitung; 22.08.1992.
1993a: Vorwort. in: Glenny 1993.
1993b: Wer kämpfen will, soll vortreten. in: Die Zeit; 15.01.1993; 3.
Gow, James
1992: The Remains of the Yugoslav People's Army. in: Jane's Intelligence Review; 1992; 359-362.
Gow, James; Pettifer, James
1993: Macedonia - Handle with Care. in: Jane's Intelligence Review; 1993; 387f.
Grabert, Horst
1992: Interview in: Duga; ca. Anfang September 1992. zit. n. Oschlies 1992; 42ff.
1993a: Das Rätsel Jugoslawien. in: Zieht die Linke 1993; 111-120.
1993b: Interview in: Freitag; 12.02.1993; 3. (Fragen: Marina Achenbach)
Grässlin, Jürgen
1994: Den Tod bringen Waffen aus Deutschland. Von einem, der auszog, die Rüstungsindustrie das Fürchten zu lehren. München 1994.
Grdešić, Ivan
1993: The Dynamics of Croatian Electorate. in: Südosteuropa; 1993; 289-300.
Gregorić, Danilo
1943: So endete Jugoslawien. Leipzig 1943.

Gruber, Rudolf
1994a: Die bosnischen Serben bringen Milošević in Bedrängnis. in: Stuttgarter Zeitung; 01.03.1994; 5.
1994b: Sloweniens Verteidigungsminister entlassen. in: Stuttgarter Zeitung; 29.03.1994; 5.
1994c: Spannungen um Istrien verschärfen sich. in: Stuttgarter Zeitung; 02.05.1994; 4.
Gunston, Bill
1984: Modern fighting aircraft. London 1984.
Gustenau, Gustav E.
1994: Die Neuordnung des südslawischen Raumes. in: Österreichische Militärische Zeitschrift; 1994.
Haas, Hans; Stuhlpfarrer, Karl
1977: Österreich und seine Slowenen. Wien 1977.
Hahn, Dorothea (1)
1993: Kohl kämpft für Waffenhilfe. in: die tageszeitung; 23.06.1993; 8.
Hahn, Uschi (2)
1994: Amtsschimmel stellt sich Kriegsopfern in den Weg. in: Schwäbisches Tagblatt; 10.02.1994.
Handke, Peter
1991: Abschied des Träumers vom Neunten Land. Eine Wirklichkeit, die vergangen ist: Erinnerung an Slowenien. Frankfurt 1991.
Hardten, Eggert; Stanisavljević, André
1992: Krieg um Kosovo? Die Gefahr der Ausweitung des Konflikts auf dem Balkan. in: Krieg a. d. Balkan 1992.
Harris, Paul
1993: "Ich bin da, wo Serben Hilfe brauchen". in: die tageszeitung; 17.02.1993.
Haugen, Einar
1966: Dialect, Language, Nation. in: American Anthropologist; 1966; 922-935.
Hauptmann, Ludmil
1944: Die Kroaten im Wandel der Jahrhunderte. Berlin 1944.
1956: Die Frühzeit der West- und Südslawen. in: Historia mundi. Fünfter Band: Frühes Mittelalter. Hrsg. v. Valjavec, Fritz. Bern 1956.
Hecht, Heidi
1992: "Warum sieht das kein ausländischer Reporter?" Im jugoslawischen Krieg leiden auch viele Serben, ohne daß die Welt daran Anteil nimmt. in: Süddeutsche Zeitung; 13.11.1992; 9.
1993: Das "Kriegsglück" hat sich gewendet. Die Serben in der bosnischen Stadt Bratunac leben in der Furcht vor dem Einmarsch der Muslime. in: Süddeutsche Zeitung; 12.02.1993; 11.
Hegel, Georg Wilhelm Friedrich
1971: Werke in zwanzig Bänden. Frankfurt 1971.

Helwig, Maggie; Thompson, Danny
1994: Giving up the fight. in: New Statesman & Society; 03.06.1994; 16f.

Herbert, Gabriele
1982: Das einfache, das schwer zu machen ist. Selbstverwaltung in Jugoslawien. Ein Beispiel für die Probleme von Übergangsgesellschaften. Frankfurt 1982. (zugl. Dissertation Frankfurt 1980).

Herre, Sabine
1992: Bis zum allerletzten Haus. in: die tageszeitung; 11.08.1992.

Hirsch, Helga
1993: Das Pendel schlägt zurück. Seit Wochen werden kroatische Zivilisten von Muslimen aus Zentralbosnien vertrieben. in: Die Zeit; 13.08.1993; 5.

Hitchens, Christopher
1994: Letter from Macedonia. in: New Statesman & Society; 15.04.1994; 11.

Hocke, Ernst; Berwald, Siegfried; Maurer, Heinz Dieter
1993: Außenwirtschaftsrecht. Gesetze, Verordnungen und Erlasse zum Außenwirtschaftsrecht mit Kommentar. Grundwerk und 1. - 55. Ergänzungslieferung. Heidelberg 1993.

Höges, Clemens
1992: "Und morgen schon tot". in: Der Spiegel 39/1992; 235-246.

Hofmann, Frank
1994: Rechtsbeugung verhindert Einreise. in: die tageszeitung; 03.06.1994; 5.

Hofwiler, Roland
1992a: Armeen, Milizen, Marodeure. in: Krieg a. d. Balkan 1992.
1992b: Kroaten erpressen Moslems. in: die tageszeitung; 09.09.1992; 7.
1992c: Der Waffenhandel mit Serbien floriert. in: die tageszeitung; 19.11.1992; 8.

Hogg, Andrew
1993: UN says Muslim fighters hid ammunition on mercy convoy. in: The Sunday Times; 11.04.1993; 1/1, 1/3.

Hooper, John
1994: Rome set to veto Slovene EU hopes. in: The Guardian; 25.04.1994; 9.

Hoskins, Eric
1993: The first casualties of war. in: New Statesman & Society; 29.01.1993; 16f.

Huebbenet, Georg von
1989: Streit über Tito in der KP Jugoslawiens. in: Stuttgarter Zeitung; 28.10.1989; 5.
1990a: Slowenisch-kroatische Flitterwochen vorbei. Jugoslawische Teilrepubliken auf nationalistischem Kurs. in: Stuttgarter Zeitung; 28.04.1990; 4.
1990b: Zerbricht Jugoslawien unter dem Sturm der Nationalisten? in: Stuttgarter Zeitung; 21.09.1990; 4.

Hummel, Manfred
1992: Zoll stellt NVA-Kriegsmaterial sicher. in: Süddeutsche Zeitung; 31.07.1992; 26.

Isby, David C.
1991: Yugoslavia 1991 - Armed Forces in Conflict. in: Jane's Intelligence Review; 1991; 394-403.

Ivanji, Ivan
1991: "Ihr Leid ist schrecklich". Der Bruderkrieg zwischen Serben und Kroaten. in: Der Spiegel; 31/1991; 124.

Izetbegović, Alija
1983: The Islamic Declaration. A Programme for the Islamicisation of Moslems and Moslem Peoples. in: South Slav Journal; 1/1983; 56-89.
1991: Interview in: Der Spiegel; 30/1991; 118.

Jach, Michael; Schrotthofer, Klaus
1994: Bonner Scheinfrieden. Wegen der Wahlen vertagen Union und die Liberalen ihren Streit um das Karlsruher Urteil. in: Focus; 30/1994; 22.

Jakobs, Walter
1994: Heuchler. Zur geplanten Abschiebung von Deserteuren und Kriegsdienstverweigerern aus Restjugoslawien. in: die tageszeitung; 10.03.1994; 10.

Jakovljević, Ivo
1992: Bankrot vojne industrije. <Der Bankrott der Kriegsindustrie.> in: danas; 13.08.1991; 30. zit. n. Osteuropa; 1992; A 465-A 468.

Jalusić, Vlasta
1994: Antipolitischer Extremismus. in: Ost-West-Gegeninformationen; 2/1994; 17f.

Jireček, Constantin
1911: Geschichte der Serben. Gotha 1911.

Jouvenel, Renaud de
1952: Tito, Marschall der Verräter. Ostberlin 1952.

Judah, Tim
1991: Creation of Islamic buffer state discussed in secret. in: The Times; 12.07.1991; 10.
1992a: Kaleidoscope of militias fights over Bosnia. in: The Times; 30.05.1992; 9.
1992b: Bosnian Serbs block aid to Muslim enclave. in: The Times; 26.11.1992; 11.
1993: Gang violence grips Belgrade. in: The Times; 26.10.1993; 11.

Jung, Martin; Pflüger, Tobias
1993: Reise durch ein geteiltes Land. in: Friedensblätter; September 1993; 6-9.

Kaiser, Robert J.
1990: The Equalization Dilemma in Yugoslavia. in: Geoforum; 1990; 261-276.

Kalmann, Michael
1992: Kommentierte Chronik des Jugoslawien-Konflikts (Aktualisierung 8/92). Hrsg. v. Forschungsinstitut für Friedenspolitik e. V. Weilheim 1992.

Kaps, Bettina
1994: "Europa beginnt in Sarajevo". in: die tageszeitung; 28.05.1994; 9.

Kasapović, Mirjana
1994: Od pašaluka i enklave ne može se načiniti bosanska država. <Aus Paschaluks und Enklaven läßt sich kein bosnischer Staat machen.> in: Globus; 08.10.1993; 4. zit. n. Osteuropa; 1994; A 229-A 232.

Kassebeer, Friedrich
1992: Der Papst zwischen mehreren Feuern. Johannes Paul II. hat nicht zum militärischen Eingreifen aufgerufen. in: Süddeutsche Zeitung; 12.08.1992; 4.

Kjossef, Dino G.
1953: Tito ohne Maske. Ostberlin 1953.

Klunker, Heinz
1992: Absurde Sanktion. Beim Friauler "Mittelfest". in: Frankfurter Rundschau; 21.07.1992; 5.

Kollros, Norbert
1994: Konkurrenz zeigte Busunternehmen an. in: Stuttgarter Nachrichten; 24.02.1994; 7.

Komlenović, Uros
1994: <Juka of Sarajevo.> in: Vreme; 14.01.1994. (10/17?)

Konrad, György
1992: An Europas Horizont kichert der Wahnsinn. in: die tageszeitung; 08.08.1992.

Kostede, Norbert
1992: Pragmatischer Pazifismus. in: Die Zeit; 10.07.1992.

Kračun, Davorin
1993: Slowenien. Auf dem Wege zur wirtschaftlichen Erfolgsstory? in: Südosteuropa-Mitteilungen 1993; 14-24.

Križan, Mojmir
1992: Nationalismen in Jugoslawien. Von postkommunistischer nationaler Emanzipation zum Krieg. in: Osteuropa 1992; A 121-A 140.

Kruse, Kuno; Scheytt, Stefan; Schwelien, Michael
1992: Krieg ist kein Asylgrund. in: Die Zeit; 10.07.1992; 9f.

Künzli, Arnold
1968: Opium Nationalismus. in: Praxis; 1968; 299-312.

Küppers, Bernhard
1993a: Kosaken reiten für Milosevic. in: Süddeutsche Zeitung; 06.03.1993; 14.
1993b: Belgrads Sparer bangen um ihre Devisen. in: Süddeutsche Zeitung; 13.03.1993; 14.
1993c: Im Profil. Fikret Abdić. "Präsident der Autonomen Provinz Westbosnien". in: Süddeutsche Zeitung; 18.11.1993; 4.

Kurbjuweit, Dirk
1993: Frieden mit aller Gewalt. in: Die Zeit 05.02.1993; 13-16.

Kutter, Kaija
1993: Zwangspässe für Bosnier. in: die tageszeitung; 21.12.1993.

Le Gloannec, Anne-Marie
1992: The Implications of German Unification for Western Europe. in: The New Germany and the New Europe. Ed. by Stares, Paul B. Washington 1992.

LeBor, Adam
1992: Fischer spits fury on chess comeback. in: The Times; 02.09.1992; 1, 14.

Lederer, Edith
1992: Jede Menge Rüstungsnachschub aus "dritter Hand". in: Stuttgarter Nachrichten; 11.08.1992; 3.

Leggewie, Claus
1992: Wir sind alle bosnische Muslime. in: die tageszeitung; 10.08.1992.

Leonhard, Wolfgang
1955: Die Revolution entläßt ihre Kinder. Köln 1955.

Lešnik, Doroteja
1994: Flüchtlingspolitik: Rechtsextreme als Vorwand. in: Ost-West-Gegeninformationen; 2/1994; 19f.

Lettmayer, Martin
1994: Da wurde einfach geglaubt, ohne wirklich nachzufragen. in: Die Weltwoche; 10.03.1994; 4f.

Libal, Wolfgang
1991: Das Ende Jugoslawiens. Chronik einer Selbstzerstörung. Wien 1991.

Lippelt, Helmut
1993: Intervenieren in Jugoslawien? in: Zieht die Linke 1993; 129-140.

Lippelt, Helmut; Roth, Claudia
1992: Nie wieder Faschismus - nie wieder Krieg! in: die tageszeitung; 20.08.1992.

Loyd, Anthony
1994: Smuggled munitions tilt balance in favour of Muslims. in: The Times; 10.06.1994; 13.

Lutz, Dieter S.
1992: Interventionen, Krieg als Ultima ratio? in: Krieg a. d. Balkan 1992.

Mackley, J. P.
1993: In 30 Tagen Bosnien aufräumen. Eine US-Militärintervention gegen die Serben ist möglich. in: die tageszeitung; 09.03.1993.

MacLean, Fitzroy
1957: Disputed Barricade. The Life and Times of Josip Broz-Tito. London 1957.

Manolić, Josip; Mesić, Stipe
1994: Interview in: die tageszeitung; 21.04.1994. (Fragen: Erich Rathfelder)

Manousakis, Gregor M.
1991: Mächte und Minderheiten auf dem Balkan. in: Criticón; 1991; 223-226.

Mappes-Niediek, Norbert
1994a: Leise Stimme der Vernunft - Sozialdemokraten in Kroatien. in: Vorwärts; 1/1994; 6f.
1994b: Erhard vom Balkan. in: Die Zeit; 01.07.1994.

Matesić, Josip
1987: Über die Sprachbenennung bei den

Kroaten, Serben, Montenegrinern und Muselmanen. in: Südosteuropa-Mitteilungen; 1987; 29-37.

Maur, Gilbert in der
1936: Die Jugoslawen einst und jetzt. Leipzig 1936-1938 (3 Bde).

McElvoy, Anne
1991: Austria calls for action by Europe. in: The Times; 28.08.1991; 11.

Meier, Viktor
1956: Das neue jugoslawische Wirtschaftssystem. Winterthur 1956. (zugl. Dissertation St. Gallen 1956).
1987: Milošević und seine Kohorten. in: Frankfurter Allgemeine; 30.09.1987; 14.
1993a: Von der UN erhofft sich Skopje mehr als von der EG. in: Frankfurter Allgemeine; 19.01.1993; 6.
1993b: Bedroht von zwei Seiten. Mazedonien in Gefahr. in: Frankfurter Allgemeine; 22.01.1993; 14.
1993c: Tudjman gerät in Bedrängnis. in: Frankfurter Allgemeine; 14.06.1993.

Miglio, Gianfranco
1992: Interview in: Der Spiegel; 52/1992; 148ff.

Mihelić, Marian
1984: Jugoslawische Jugendliche. Intraethnische Beziehungen und ethnisches Selbstbewußtsein. München 1984.

Milošević, Slobodan
1990: Les annees decisives. <Jahre der Entwirrung.> Lausanne 1990.

Mitrović, Milutin
1994: Zatvoren kavez. <Geschlossener Käfig.> in: Republika; 16.09.1993; 6f. zit. n. Osteuropa; 1994; A 219f.

Narr, Wolf-Dieter; Vack, Klaus
1994: Aufruf zum gerechten Krieg. Bemerkungen ketzerischer Pazifisten. in: links; 4/1994; 7f.

Neubacher, Hermann
1957: Sonderauftrag Südost 1940-1945. Bericht eines fliegenden Diplomaten. 2. dgs. Aufl. Göttingen 1957.

Newhouse, John
1992: Bonn, der Westen und die Auflösung Jugoslawiens. Das Versagen der Diplomatie - Chronik eines Skandals. in: Blätter für deutsche und internationale Politik; 1992; 1190-1205.

Nicolaus, Peter
1991: Vierzig Jahre Genfer Flüchtlingskonvention und die deutsche Asylrechtsprechung. in: Archiv des Völkerrechts; 1991; 270-294.

Niroumand, Mariam
1994: J'abuse! Bernhard-Henry Lévy hat seinen Film "Bosna!" in Berlin vorgestellt. in: die tageszeitung; 11.07.1994; 15.

Nordhausen, Frank
1993: Scientology bittet Moslems um Geld. in: die tageszeitung; 13.08.1993.

Novak, Peter
1992: Faschisten aller Länder treffen sich in Kroatien. in: analyse&kritik; 16.12.1992; 5.

Obolensky, Dmitri
1948: The Bogomils. Cambridge 1948.

Omrčanin, Ivo
1960: Dokumente über Greueltaten der Tschetniken und Kommunisten in Kroatien (1941-1945). München 1960.
1985: Forced Conversions of Croatians to the Serbian Faith in History. Washington 1985.

Oschlies, Wolf
1992a: Einführung oder: Jugoslawien - Nekrolog auf ein unsterbliches Land. in: Krieg a. d. Balkan 1992.
1992b: Es gibt keine Unschuldigen - nur Kandidaten für Anklagebänke. Zum Bürgerkrieg in Jugoslawien. in: Gewerkschaftliche Monatshefte; 1992; 678-690.
1994a: Republik Makedonien. Teil 2. Politische und wirtschaftliche Koordinaten. in: BBoiS; 10/1994.
1994b: Republik Makedonien. Teil III. Land ethnischer Koexistenz. in: BBoiS; 14/1994.

Paczian, Werner
1994: Es ist Krieg, und keiner geht hin. in: Wochenpost; 23.06.1994; 32f.

Panić, Milan
1992: Interview in: Die Zeit; 28.08.1992.

Paraga, Dobroslav
1989a: Interview in: Süddeutsche Zeitung; 18.07.1989; 7. (Fragen: Bonsen, Elmar zur).
1989b: Interview in: Frankfurter Rundschau; 24.07.1989; 2. (Fragen: Glauber, Ulrich).
1989c: Interview in: die tageszeitung; 17.08.1989; 4. (Fragen: Felica, Anica).
1992: Interview in: Der Spiegel; 39/1992; 246ff.

Paris, Edmond
1962: Genocide in Satellite Croatia, 1941-1945. A record of Racial and Religious Persecutions and Massacres. 2. Aufl, Chicago 1962.

Pattee, Richard
1953: The Case of Cardinal Aloysius Stepinac. Milwaukee 1953.

Peranić, Dražena
1993: Alarm u predsjedništvu. <Alarm bei der Regierung.> in: Danas; 28.05.1991; 64. zit. n. Osteuropa; 1993; A 398f.

Petković, Ranko
1990: Die Haltung der Großmächte, der europäischen und insbesondere der Nachbarstaaten zur Wahrung der politischen Unabhängigkeit und Territorialen Integrität Jugoslawiens. in: Südosteuropa; 1990; 484-495.

Pfeifer, Karl
1994: Der Präsident, das KZ Jasenovac und die Juden. in: Ost-West-Gegeninformationen; 2/1994; 12-16.

Pflüger, Tobias
1993: Deutsche Söldner im Balkankrieg. in:

ami; 10/1993; 44-51.
Pomfret, John
1993: Tension invades Bosnian bastion of harmony. in: Washington Post; 21.11.1993; A 30.
Poulton, Hugh
1994: Trouble brewing in the south. in: Index on Censorship; 10/1993; 37f.
Promitzer, Christian
1994: Vom Krieg der Parteien zu Parteien im Krieg. in: Ost-West Gegeninformationen; 1/1994. zit. n. links; 5/1994; 31-34.
Puhovski, Žarko
1992: Die Intervention als Chance begreifen. in: die tageszeitung; 25.07.1992.
Quistorp, Eva
1993: Am runden Tisch mit Kriegsverbrechern? in: Die bosnische Tragödie. Gewalt, Vertreibung, Völkermord. Hrsg. v. Quistorp, Eva. Berlin 1993.
Rabitsch, Erich
1980: Die politische Erziehung in der jugoslawischen "Grundschule". Frankfurt 1980. (zugl. Diss. Augsburg 1979.)
Ramet, Sabrina P. (Ramet, Pedro)
1982: Jugoslawien nach Tito - zerbrechliches Gleichgewicht und Drang nach Legitimation. in: Osteuropa; 1982; 292-302.
1990: Yugoslavia's trobled times. in: Global Affairs; V/1 (Winter 1990); 78-95.
1992: Nationalism and federalism in Yugoslavia, 1962-1991. 2nd ed. Bloomington 1992.
Rathfelder, Erich
1992a: Die bosnische Tragödie. Der serbokroatische Aufteilungskrieg und die Eskalation der Gewalt. in: Krieg a. d. Balkan 1992.
1992b: Ivo Standeker ist tot. in: die tageszeitung; 18.06.1992.
1992c: Ein neues Trauma der Geschichte. Die Lager in Bosnien-Hercegovina fordern tiefgreifende Entscheidungen heraus. in: die tageszeitung; 08.08.1992; 10
1992d: Bosnien braucht Hilfe und Waffen. in: die tageszeitung; 07.12.1992; 10.
1993a: UNO schützt Konvoi für Tuzla. in: die tageszeitung; 12.06.1993.
1993b: "Wir sind doch Europäer!" in: die tageszeitung; 13.07.1993; 9.
1993c: Belgrads unsichere Kantonisten. in: die tageszeitung; 30.10.1993.
1993d: "Wir kämpfen für ein positives Ziel". in: die tageszeitung; 15.11.1993; 9.
1994a: Mehr als parlamentarische Turbulenzen. in: die tageszeitung; 25.05.1994; 8.
1994b: Krieg statt Frieden. in: die tageszeitung; 01.06.1994; 10.
Rauss, Uli
1992: Handlanger des Krieges. in: Stern; 35/1992; 110-113.
Reimold, Frieder
1994: Serben griffen Waffenfabrik "Brüderlichkeit" an. in: Die Welt; 01.03.1994; 3.
Reinkowski, Jodok
1994: Geht der Strafantrag ins Leere? in: Schwäbische Zeitung; 20.01.1994.
Reißmüller, Johann Georg
1990: Siegreicher General. in: Frankfurter Allgemeine; 27.04.1990; 16.
1992: Der Krieg vor unserer Haustür. Hintergründe der kroatischen Tragödie. Stuttgart 1992.
1993: Dienst an Serbien. in: Frankfurter Allgemeine; 10.07.1993; 10.
Reiter, Norbert
1987: Das Problem "Einzelsprache" dargestellt am Mazedonischen. in: Südosteuropa-Mitteilungen; 1987; 51-55.
Rendulić, Lothar
1952: Gekämpft, gesiegt, geschlagen. Heidelberg 1952.
Reuter, Jens
1987a: Politische Gefangene in Jugoslawien. in: Südosteuropa; 1987; 297-308.
1987b: Zivildienst oder uneingeschränkte Wehrpflicht. Eine Diskussion bewegt die jugoslawische Öffentlichkeit. in: Südosteuropa; 1987; 195-201.
1990a: Das Kosovo-Problem im Kontext der jugoslawisch-albanischen Beziehungen. in: Albanien im Umbruch. Hrsg. v. Altmann, Franz-Lothar. München 1990.
1990b: Die Auswirkungen der Golfkrise auf Jugoslawien. in: Südosteuropa; 1990; 496-499.
1990c: Jugoslawiens Stellung in Europa. in: Südosteuropa; 1990; 350-367.
1991a: Der teure Traum der Autonomie. Anmerkungen zur wirtschaftlichen Überlebensfähigkeit Sloweniens. in: Jugoslawien 1991.
1991b: Zerfall oder neue Konföderation? in: Das Parlament; 28.06.1991; 19.
1993a: Politik und Wirtschaft in Makedonien. in: Südosteuropa; 1993; 83-99.
1993b: Wirtschaftliche und soziale Probleme im neuen Jugoslawien. in: Südosteuropa; 1993; 257-266.
Rhodes, Tom
1993: Shelling may herald start of Serbs' final offensive. in: The Times; 16.07.1993; 11.
Riegger, Daniel
1994: Verweigerern droht Todesstrafe. Pax Christi warnt vor Abschiebungen nach rest-Jugoslawien. in: Frankfurter Rundschau; 04.03.1994.
Rogel, Carole
1977: The Slovenes and Yugoslavism 1890-1914. New York 1977.
Rogers, Anthony
1991: British dogs of war recoil from Croatian horror. in: The Sunday Times; 01.12.1991; 1/23.

Roggemann, Herwig
1993: Krieg und Frieden auf dem Balkan. Historische Kriegsursachen. Wirtschaftliche und soziale Kriegsfolgen. Politische und rechtliche Friedensvoraussetzungen. Berlin 1993.
Rossig, Rüdiger
1994a: Hilfe für Bosnier ist möglich. in: die tageszeitung; 05.04.1994; 11.
1994b: Keine Millionenhilfe, nur Tausende Flüchtlinge. Kroatien hat sich von der Bundesregierung über den Tisch ziehen lassen. in: die tageszeitung; 02.06.1994.
1994c: Friede um jeden Preis. in: die tageszeitung; 04.06.1994; 10.
1994d: Flüchtlinge in der Falle. Kroatien verweigert Muslimen aus der "Serbischen Republik" die Durchreise. in: die tageszeitung; 02.07.1994; 9.
1994e: Belgrad will keine Embargo-Kontrolle. in: die tageszeitung; 10.08.1994; 8.
Rüb, Matthias
1994: Der Spagat Zagrebs zwischen Livno und Sarajevo. Die Spaltung zwischen hercegovinischen und bosnischen Kroaten vertieft sich. in: Frankfurter Allgemeine; 16.02.1994; 5.
Rühe, Volker
1994: Interview in: Bild; 09.02.1994. (Fragen: Ute Brüssel)
Rüpeli, Theo jr.
1994: Bosnische Kroaten wählen Hardliner. in: die tageszeitung; 14?.07.1994.
Sachs, Lyndall
1993: Vergessene Flüchtlinge. in: Flüchtlinge; 12/1993; 31ff.
Sander, Helke
1993: Prolog. in: Massenvergewaltigung 1993; 7-14.
Sartorius, Peter
1993: Begierden, Beschwörungen und ein Menetekel. Makedonien. Wann wird aus dem Krieg der Worte ein Krieg der Waffen? in: Süddeutsche Zeitung; 13.01.1993; 3.
Schleicher, Harry
1980: Sein Werk reicht weit über Jugoslawien hinaus. Der Tod Josip Broz Titos ist ein schwerer Schlag für sein Land und für die internationale Politik. in: Frankfurter Rundschau; 06.05.1980; 11.
1990: Ungewohnt harmonische Töne in Sarajevo. in: Frankfurter Rundschau; 15.11.1990; 8.
Schmid, Thomas
1992: Sarajevo im Fadenkreuz von Heckenschützen. in: die tageszeitung; 20.07.1992.
Schmidt, Fabian
1994: The Former Yugoslavia. Refugees and War Resisters. in: RFE/RL Research Report; 24.06.1994; 47-54.

Schmidt-Šakić, Bärbel
1993: Zur Situation von Frauen im ehemaligen Jugoslawien. in: Osteuropa; 1993; A 396ff.
Schmidtchen, Gerhard
1973: Protestanten und Katholiken. Soziologische Analyse konfessioneller Kultur. Bern 1973.
Schmolke, Schorsch
1993: Töten für eine Handvoll Dollar. in: Neues Deutschland; 20.02.1993; 3.
Schmückle, Gerd
1992: Rühe übernehmen Sie. in: der Spiegel; 33/1992; 22.
Schneefuß, Walter
1942: Die Kroaten und ihre Geschichte. Leipzig 1942.
Schneider, Jens
1993a: Im Profil. Vojislav Šešelj, Tschetnik-Führer. in: Süddeutsche Zeitung; 12.01.1993; 4.
1993b: Nichts wird geschehen. in: Süddeutsche Zeitung; 17.03.1993; 4.
1993c: Ein Panzer für eine Handvoll Dollar. in: Schwäbisches Tagblatt; 08.12.1993.
1994: "Mindestens zwanzig Jahre Krieg". Die UN warnt vor einem Wiederausbrechen der Kämpfe in Bosnien auf breiter Front. in: Süddeutsche Zeitung; 30.06.1994; 4.
Schnoor, Herbert
1994: Interview in: die tageszeitung; 09.03.1994; 3. (Fragen: Walter Jakobs)
Schönberger, Klaus; Köstler, Claus
1992: Der freie Westen, der vernünftige Krieg, seine linken Liebhaber und ihr okzidentaler Rassismus. Hrsg. vom Autonomen Zentrum Marbach e. V. Tübingen 1992.
Schröder, Dieter
1991: Der deutsche Alleingang. in: Süddeutsche Zeitung; 21.12.1991; 4.
Schwartz, Mladen
1992: Die Presselandschaft in Kroatien. Nach der Unabhängigkeit. in: Criticón; 1992; 116-119.
1994: Der Kampf um Bosnien. in: Criticón; 141=1/1993; 53f.
Schwelien, Michael
1994: "Gebt uns Zeit, ein bis zwei Jahre". Hunderttausende Flüchtlinge sollen aus Deutschland nach Kroatien abgeschoben werden. Wie sieht es dort aus? in: Die Zeit; 28.01.1994; 2.
Seewald, Peter; Euteneier, Alexander
1991: "Lernen, daß das Leben wertvoll ist". in: Süddeutsche Zeitung Magazin; 08.11.1991; 12-20.
Seton-Watson, Robert William
1913: Die Südslawische Frage im Habsburger Reiche. Berlin 1913.
Shelah, Menachem
1989: The Catholic Church in Croatia, the Vatican and the Murder of the Croatian

Jews. in: Holocaust and Genocide Studies; 1989; 3; 323-339.
Siegler, Bernd
1992: Verbale Munition gegen Liberalismus und Multikultur. in: die tageszeitung; 22.07.1992; 3.
Siegler, Bernd; Mägerle, Anton
1992: Schwarze Legion für die "weiße Rasse". Söldner in kroatischen Diensten. in: die tageszeitung; 22.07.1992; 3.
Simić, Predag
1993: Bürgerkrieg in Jugoslawien. Vom lokalen Konflikt zur europäischen Krise. in: Südosteuropa-Mitteilungen 1993; 35-49.
Singleton, Fred
1973: The economic background to tensions between the nationalities in Yugoslavia. in: Probleme des Industrialismus in Ost und West. Festschrift für Raupach, Hans. Hrsg. v. Gumpel, Werner u. Keese, Dietmar. München 1973.
1985: A Short History of the Yugoslav Peoples. Cambridge 1985.
Sölle, Dorothee
1993: Zuviel Helm im Kopf. in: Die Weltbühne; 1993; 643-646.
Sokolović, Džemal
Zwölf Stunden Demokratie. in: Ost-West-Geneninformationen; 1/1994. zit. n. links; 5/1994; 28ff.
Spuler, Bertold
1986: Rezension zu Džaja 1984. in: Die Welt des Islams; 1986; 188f.
Stark, Klaus
1993: Die Opfer sind ihnen egal. Im Hintergrund. Deutsche Söldner. in: Frankfurter Rundschau; 10.05.1993; 2.
Stephen, Chris
1992: Doing it for love. in: New Statesman & Society; 10.01.1992; 12f.
Stiglmayer, Alexandra
1993: Vergewaltigungen in Bosnien-Herzegowina. in: Massenvergewaltigung. Krieg gegen die Frauen. Herausgegeben von Stiglmayer, Alexandra. Freiburg 1993.
1994: Das Leid der Opfer hat eine Zahl. Die Massenvergewaltigungen muslimischer Frauen sind überprüfbar. in: Die Weltwoche; 10.02.1994; 34.
Ströhm, Carl Gustav
1990: Im Gespräch: Franjo Tudjman. Kroatiens Freiheit. in: Die Welt; 23.04.1990; 2.
Sudetic, Chuck
1994: Bosnia Debates Draft-Dodger Amnesty. in: International Herald Tribune; 15.07.1994; 2.
Sundhaussen, Holm
1982: Geschichte Jugoslawiens 1918-1980. Stuttgart 1982.
1993: Experiment Jugoslawien. Von der Staatsgründung bis zum Staatszerfall. Mannheim 1993.
Szuchanek, Friedrich
1990: Die Luftstreitkräfte in der Sozialistischen Föderativen Republik Jugoslawien. in: Truppendienst; 1990; 116-122.
Škerlj, B.
1938: Zur Rassenkunde der Jugoslawen. in: Zeitschrift für Rassenkunde und die gesamte Forschung am Menschen; 1938 (7. Band); 145-181.
Šuvar, Stipe
1984: Nacionalizmi su na sceni. <Die Nationalismen sind auf der Szene.> in: Komunist; 13.05.1983; 5. zit. n. Osteuropa; 1984; A 260-A 263.
Švarm, Filip
1993: <Drei Tage von Arkan.> in: Vreme; 18.10.1993.
Tajfel, Henri
1982: Gruppenkonflikt und Vorurteil. Entstehung und Funktion sozialer Stereotypen. Bern 1982.
Taube, Friedrich Wilhelm von
1777: Historische und geographische Beschreibung des Königreiches Slavonien und des Herzogthumes Syrmien, soviel nach ihrer natürlichen Beschaffenheit, als auch nach ihrer itzigen Verfassung und neuen Einrichtung in kirchlichen, bürgerlichen und militarischen Dingen. Leipzig 1777 (2 Br).
Thompson, Mark
1992: A paper house. The ending of Yugoslavia. London 1992.
Thumann, Michael
1993: Votum gegen den Westen. in: Die Zeit; 01.01.1993; 8.
1994: Er setzt auf Gewehre, nicht auf Genf. Der bosnische Ministerpräsident Haris Silajdžić wähnt sich auf der Siegerstraße. in: Die Zeit; 28.01.1994; 2.
Tišma, Aleksandar
1992: Wiederkehr der Geschichte. in: Europa im Krieg. Die Debatte über den Krieg im ehemaligen Jugoslawien. 1992.
Trevisan, Dessa
1991: Yugoslavs arm for all-out war. in: The Times; 01.08.1991; 10.
Tudman, Franjo
1986: Die Nationalitätenfrage im heutigen Europa. 1986.
Vasiljković, Dragan
1993: Interview in: Politika; 16.08.1992. zit. n. Osteuropa; 1993; A 46ff.
Vego, Milan
1992: Federal Army Deployments in Bosnia and Herzegovina. in: Jane's Intelligence Review; 1992; 445-449.
1993a: The Croatian Navy. in: Jane's Intelligence Review; 1993; 11-16.
1993b: The Army of Bosnia and Herzegovina. in: Jane's Intelligence Review; 1993; 63-67.

1993c: The Army of Serbian Krajina. in: Jane's Intelligence Review; 1993; 438-445.

1993d: The New Yugoslav Defence Industry. in: Jane's Intelligence Review; 1993; 502-505, 541-546.

1994a: The Navy of the Federal Republic of Yugoslavia. in: Jane's Intelligence Review; 1994; 104-108.

1994b: The Muslim Defence Industry in Bosnia and Herzegovina. in: Jane's Intelligence Review; 1994; 213f.

Verseck, Keno
1993: Beispiel Deutschland. Ungarn muß nun auch die Grenzen abschotten. in: die tageszeitung; 14.08.1993; 19.

Victor, Peter
1993: UK firm linked to £65m Bosnia arms shipment. in: The Sunday Times; 18.07.1993; 1/9.

Voelkel, Richard; Drechsler, Thomas
1992: Deutsche Politiker fordern Waffen für Bosnien. in: BILD Stuttgart; 04.08.1992; 2.

Volmer, Ludger
1992: Weltinnenpolitik als Utopie, Pazifismus als Aufgabe. in: Krieg in Europa. Journal Nr. 2. Hrsg. v. die tageszeitung. Berlin 1992.

Vulliamy, Ed
1992a: Shame of camp Omarska. in: The Guardian; 07.08.1992; 1, 20.

1992b: Croat camp guards its secret. in: The Guardian; 15.08.1992; 1.

Waldron, Karl
1992: Spin doctors of war. in: New Statesman & Society; 31.07.1992; 12f.

Wallensteen, Peter; Axell, Karin
1993: Armed Conflict at the End of the Cold War. in: Journal of Peace Research; 1993; 331-346.

Wendel, Hermann
1925: Der Kampf der Südslawen um Freiheit und Einheit. Frankfurt 1925.

Wieselmann, Bettina
1993: Land zahlt künftig Großteil der Kosten für Bürgerkriegsflüchtlinge. in: Schwäbisches Tagblatt; 27.10.1993.

Willier, Dietrich
1993a: Die Tragödie als Millionengeschäft. in: Der Tagesspiegel; 04.03.1993; 3.

1993b: Die letzten Tage von Sarajevo. in: Die Zeit; 23.07.1993; 2.

Wolf, Frieder Otto
1992: Ein nüchterner Pazifismus ist angesagt. in: die tageszeitung; 22.08.1992.

Wolff, Reinhard
1994: UNHCR fordert Abschiebestopp. in: die tageszeitung; 03.06.1994; 8.

Zakosek, Nenad
1994: In gefährlicher Nähe zur Macht. in: Ost-West-Gegeninformationen; 2/1994; 8-11.

Zec, Stevan
1991: Srbija će brinuti o svakom Srbinu ma gde on živeo. <Serbien kümmert sich um jeden einzelnen Serben, wo immer er auch lebt.> in: Politika; 20.02.1991. zit. n. Osteuropa; 1991; A 601-A 603.

Zimmermann, Friedrich
1989: Asylbewerber im Jahr 1988. Erklärung des Bundesministers des Innern. in: Bulletin des Presse- und Informationsamtes; 1989; 26f.

Zumach, Andreas
1992: Die Kroaten gehen "etwas dezenter" vor. in: die tageszeitung; 29.08.1992.

1993: Die vergessenen Gefangenenlager Bosniens. in: die tageszeitung; 08.07.1993; 3

1994a: Gestatten. Dr. Death. in: Die Woche; 17.03.1994; 24.

1994b: Kein Geld für Bosnien. UNHCR muß Hilfskonvois einstellen. in: die tageszeitung; 02.07.1994; 9.

Zwerenz, Gerhard
1992: Was geht uns Jugoslawien an? in: die tageszeitung; 23.07.1992.

A short history.
1966: of Yugoslavia from early times to 1966. Edited by Clissold, Stephen. Cambridge 1966.

Auszüge aus der neuen Verfassung
1992: der ehemailgen jugoslawischen Teilrepublik Makedonien. in: Südosteuropa 1992; 729-732.

BeFreier und Befreite
1992: Hrsg. v. Sander, Helke; Johr, Barbara. München 1992.

Der Medien-Plan.
1993: in: Süddeutsche Zeitung Magazin; 11/1993; 13-20.

Die Ethnostruktur der Länder
1993: Südosteuropas aufgrund der beiden letzten Volkszählungen im Zeitraum 1977-1992. Zgst. v. Seewann, Gerhard. in: Südosteuropa; 1993; 78-82.

Die Verfassung der SFR Jugoslawien.
1979: Eingeleitet von Roggemann, Herwig. Westberlin 1979.

Eine politische Wüste
1992: Ein Bosnier, ein Serbe und ein Kroate über den Krieg auf dem Balkan. in: NZZ-Folio 9/1992; 32-35.

Fadilas Liste
1994: Von Gehrmann, Wolfgang; Kruse, Kuno; Rückert, Sabina; Zumach, Andreas. in: Die Zeit; 25.02.1994; 15-19.

Gegen den doppelten Mißbrauch
1993: der Frauen. Zu den Massenvergewaltigungen in ehemaligen Jugoslawien. in: analyse & kritik; 10.03.1993; 16f.

Jugoslawien.
1989: von 1980 bis 1989. in: Weltgeschehen II/1989. Sankt Augustin 1989.

1991: Ein Staat zerfällt. Hrsg. v. Furkes, Josip und Schlarp, Karl-Heinz. Reinbek 1991.

1992: Klassenkampf - Krise - Krieg. Hrsg. v. Osteuropaarchiv. Berlin 1992.
Jugoslawien Handbuch.
1987: Hrsg. vom Bundessekretariat für Information. Beograd 1987.
Konfession - eine Nebensache?
1984: Politische, soziale und kulturelle Ausprägungen religiöser Unterschiede in Deutschland. Stuttgart 1984.
Krieg auf dem Balkan.
1992: Hrsg. v. Rathfelder, Erich. Reinbek 1992.
Massenvergewaltigung
1993: Krieg gegen die Frauen. Hrsg. v. Stiglmayer, Alexandra. Freiburg 1993.
Militärpolitische und militärstrategische Grundlagen
1992: und konzeptionelle Grundrichtung der Neugestaltung der Bundeswehr. Hrsg. v. Bundesministerium für Verteidigung. Bonn 1992.
Mobilmachung im Kulturteil
1992: Wie die taz über Jugoslawien diskutieren läßt. in: ak; 21.10.1992; 36.
Österreichische außenpolitische Dokumentation.
1992: Sonderdruck Jugoslawische Krise. Wien 1992.
Yugoslavia.
1982: Prisoners of conscience. An amnesty international report. London 1982.
1985: amnesty international briefing. London 1985.
Zieht die Linke
1993: in den Krieg. Beiträge zur Debatte um Kampfeinsätze aus rot-grüner Sicht. Hrsg. v. Fuchs, Katrin; Oertzen, Peter von; Volmer, Ludger. Köln 1993.
Zum Krieg im ehemaligen Jugoslawien
1993: Reden - Anträge - Presseerklärungen der Bundestagsgruppe Bündnis 90/Die Grünen Juli 1992 bis September 1993. Hrsg. v. Bündnis 90/Die Grünen im Bundestag. Bonn 1993.
AI-Info. Hrsg. v. AI, Sektion der BRD e. V.
ak (analyse & kritik). [Hamburg]
American Anthropologist. [Washington, DC]
ami (antimilitarismus-informationen).
Archiv der Gegenwart (ADG). [Bonn]
Archiv des Völkerrechts. [Tübingen]
ARKzin. Hrsg. v. Anti-Ratne-Kampanjia [Zagreb]
Berichte des Bundesinstituts für ostwissenschaftliche und internationale Studien (BBoiS). [Köln]
Berliner Zeitung. [Ost-Berlin]
Bild Stuttgart-Ausgabe. [Hamburg]
Blätter für deutsche und internationale Politik.
Bulletin des Presse- und Informationsamtes der Bundesregierung der BRD. [Bonn]
Criticón. [Weiden]
Das Parlament. [Bonn]
Der Spiegel. [Hamburg]
Der Tagesspiegel. [West-Berlin]
Deutsche National-Zeitung. [München]
Deutsche Wochenzeitung. [München]
Deutsches Allgemeines Sonntagsblatt. [Hamburg]
die tageszeitung. [West-Berlin]
Die Welt. [Hamburg]
Die Weltbühne. [Ost-Berlin]
Die Weltwoche. [Zürich]
Die Woche.
Die Zeit. [Hamburg]
Facts on File Yearbook (FOF). [New York, NY]
Flüchtlinge.
Frankfurter Allgemeine Zeitung. [Frankfurt]
Frankfurter Rundschau. [Frankfurt]
Freitag.
Friedensblätter. [Stuttgart]
General-Anzeiger. [Bonn]
Geoforum. [Oxford]
gewaltfreie aktion. [Bremen]
Gewerkschaftliche Monatshefte. [Köln]
Global Affairs. [New York, NY]
Globus. [Zagreb]
Grüne Blätter. [Stuttgart]
Harenberg Länderlexikon. [Dortmund]
Holocaust and Genocide Studies. [Oxford]
Index on Censorship.
International Defense Review. [London]
International Herald Tribune. [Paris]
Jane's Defence Weekly. [London]
Jane's Intelligence Review. [London]
Journal of Peace Research. [London]
Junge Welt. [Ost-Berlin]
Kölnische Rundschau. [Köln]
Kommune. [Frankfurt]
Le Monde. [Paris]
links. [Offenbach]
loyal. [Bonn]
Mediatus. [Weilheim]
Metzler Aktuell. [Stuttgart]
Munzinger-Archiv - Internationales Handbuch Zeitarchiv - Zeitgeschehen (Munzinger-IHZZ). [Ravensburg]
Nation und Europa. [Coburg]
Neue Zürcher Zeitung. [Zürich]
Neues Deutschland. [Ost-Berlin]
New Statesman & Society. [London]
NZZ-Folio. [Zürich]
Österreichische Militärische Zeitschrift.
Oslobodenje. [Ljubljana, europ. Wochenausg.]
Ost-West-Gegeninformationen. [Graz]
Osteuropa. [West-Berlin]
Praxis. [Zagreb]
RFE/RL Research Report.
Rheinischer Merkur. [Bonn]
Schwäbisches Tagblatt. [Tübingen]
SIPRI Yearbook. [Oxford]
Soldier Of Fortune. [Boulder, Col.]
Statistisches Jahrbuch für die Bundesrepublik Deutschland. [Stuttgart]
Statistisches Jahrbuch für die Republik

Österreich. [Wien]
Stern. [Hamburg]
Stuttgarter Nachrichten. [Stuttgart]
Stuttgarter Zeitung. [Stuttgart]
Süddeutsche Zeitung. [München]
Süddeutsche Zeitung Magazin. [München]
Südosteuropa. [München]
Südosteuropa-Mitteilungen. [München]
The American Historical Review. [New York, NY]
The Annual Register. [London]
The Economist.
The Guardian. [London]
The Military Balance. [London]
The Sunday Times. [London]
The Times. [London]
Truppendienst. [Wien]
Verhandlungen des Deutschen Bundestages - Drucksachen (VDB-D). [Bonn].
Verhandlungen des Deutschen Bundestages - Stenographische Berichte (VDB-S). [Bonn]
Verhandlungen des Landtags von Baden-Württemberg - Verzeichnis der Beilagen zu den Sitzungsprotokollen (VLBaWü-D). [Stuttgart]
Vierte Welt Aktuell. Hrsg. v. Gesellschaft für bedrohte Völker. [Hamburg]
Vorwärts. [Bonn]
Vreme. [Beograd]
Washington Post.
Welt des Islams.
Weltgeschehen.
Wochenpost.
Zeitschrift für Rassenkunde und die gesamte Forschung am Menschen. [Stuttgart]

Register

Abdi, Faik 62
Abdić, Fikret (1940-) 57f
Abdul-Razek, Hussein Ali 78
Adelung, Johann Christoph (1732-1806) 90
Alexander (1888-1934) 15f
Alexander der Große (-356--323) 59
Altenburg, Wolfgang (1928-) 141f
Aquino, Corazón (1933-) 11
Artuković, Andrija (1899-1988) 19
Asis, Abu Abdel 87
Avramović, Dragoslav (1919-) 45
Aziz Ibn Baz, Abdal 87
Babić, Milan 37, 41f
Badinter, Robert (1928-) 65
Bagić, Aida 71
Bahr, Egon (1922-) 135
Baker, James A. (1930-) 63
Bautzmann, Georg 146
Beaver, Paul 114
Bebel, August (1840-1913) 92
Beer, Angelika 157
Beer-Bercher, Uli 158
Beljajev, Jurij Aleksandrovič 88
Bešlagić, Selim 58
Bindig, Rudolf (1940-) 84
Birzele, Frieder (1940-) 121
Bismarck, Otto von (1815-1898) 92
Boban, Mate (1940-) 47f, 50, 52
Bogdanović, Dimitrije (1930-1986) 32
Bokan, Dragoslav (1961-) 80
Boljkovac, Josip 41
Boraš, Franjo 57
Bossi, Umberto (1941-) 95
Boucher, Richard 67
Brežnev, Leonid Iljič (1906-1982) 91
Broek, Hans van den (1936-) 38, 66
Bruns, Anna 128
Bubis, Ignatz (1927-) 6
Budiša, Dražen 41
Büchner, Andreas 87
Bülow, Andreas von (1937-) 139
Bulatović, Momir (1956-) 46
Bush, George Herbert W. (1924-) 156
Buxhovi, Jusuf 71
Carrington, Peter Alexander R. (1919-) 47
Cerić, Mustafa 57
Cerović, Stojan 89
Ciano, Galeazzo (1903-1944) 16
Clinton, Bill (1946-) 115
Cohn-Bendit, Daniel (1945-) 135, 148, 151f, 161
Covington, Harold (1953-) 86

Crvenovski, Branko (1962-) 61
Cutilheiro, José 47
Cvetković, Dragiša (1893-1969) 16
Cvijan, Stanko (1951-) 27
Čanak, Nenad (1959-) 34
Čurkin, Vitalj Ivanovič (1952-) 88
Ćosić, Dobrica (1921-) 24, 44, 70, 93
Çetin, Hikmet (1937-) 150
Çiller, Tansu (1946-) 150
Dabčević-Kučar, Savka (1923-) 23, 41, 89
David, Michael 87
De Michelis, Gianni (1940-) 38
De Winter, Filip (1962-) 86
Dedaković, Mile "Jastreb" 38
Degen, Silvije 41
Delić, Rasim 48, 53, 81
Demirel, Süleyman (1924-) 150
Dimitrov, Filip (1955-) 105
Dimitrov, Georgij Mihajlovič (1882-1949) 21
Divjak, Jovan 48, 79, 81
Dolanc, Stane (1925-) 91
Drašković, Janko (1770-1856) 14
Drašković, Milorad (1873-1921) 15
Drašković, Vuk (1946-) 27, 43ff, 53
Dregger, Alfred (1920-) 145
Dreković, Ramiz 58
Dreßler, Rudolf (1940-) 142
Drnovšek, Janez (1950-) 36f, 71
Dugan, Michael (1937-) 148
Dyba, Johannes (1929-) 150f
Đapić, Ante 40
Đilas, Milovan (1911-) 22, 38
Đinđić, Zoran (1952-) 27
Đodan, Šime (1927-) 51
Đurić, Ivan (1947-) 44
Džaja, Srećko M. 12
Ermacora, Felix (1923-) 63
Esterajher, Josip 121
Faci-Leloup, Michel 83
Fecci, JoMarie 88
Filipović, Miroslav 18
Fischer "Joschka" (1948-) 144, 157
Fischer, Martin 171
Fischer, Robert James "Bobby" (1943-) 156
Flores, Eduardo 85
Frank, Josip (1844-1911) 40, 95
Franz Ferdinand (1863-1914) 14
Frey, Gerhard (1933-) 63, 86
Fuchs, Katrin (1938-) 108
Fux, Herbert 152
Gaj, Ljudevit (1809-1872) 14

Gandhi, Mohandas Karamchand "Mahatma" (1869-1948) 33
Ganić, Ejup 57
Gansel, Norbert (1940-) 63, 65, 138
Garić, Jozo (-1946) 19
Gaunt, Steven 85
Geldern, Wolfgang von (1944-) 149
Gellner, Ernest André (1925-) 92
Genscher, Hans-Dietrich (1927-) 38, 63, 66, 71
Georgievski, Ljupčo 61
Gerster, Johannes (1941-) 135, 137, 140
Ghali, Boutros-Boutros (1922-) 42, 148, 154
Glaise von Horstenau, Edmund (1882-1946) 18, 51
Glavaš, Branimir 41
Gligorov, Kiro (1917-) 61f
Gligorov, Vladimir 38
Glotz, Peter (1939-) 148
Glück, Gebhard (1930-) 139
Gorkij, Maksim (1868-1936) 92
Gottschlich, Jürgen 157
Gow, James 106
Grabert, Horst (1927-) 62, 176
Gračanin, Petar (1923-) 24
Grässlin, Jürgen (1957-) 110
Guberina, Ivan 19
Gutman, Roy 76
Hackl, Reinhard (1960-) 97, 121, 129
Haider, Jörg (1950-) 149
Hainke, Thomas 83
Halilović, Šefer 81
Hallstein, Walter (1901-1982) 63
Handke, Peter (1942-) 63
Hauser, Monika 168
Hegel, Georg Wilhelm F. (1770-1831) 96
Heine, Heinrich (1797-1856) 92
Hermann, Winfried (1952-) 71
Herre, Sabine 141
Hitler, Adolf (1889-1945) 17f, 51, 95
Hodžić, Sead 118
Höll, Barbara (1957-) 115
Hofer, Andreas (1767-1810) 86
Hogan, John L. 88
Hogg, Douglas (1945-) 125
Hopmeier, Fritz (1930-) 151
Hornhues, Karl-Heinz (1939-) 150f
Horvat, Branko (1928-) 41
Husain, Saddam (1937-) 151
Ilešič, Fran (1871-1942) 14
Ilić, Ivan 121
Intini, Ugo (1941-) 95
Isaković, Antonije (1923-) 24, 43
Ivanji, Ivan (1929-) 174
Izetbegović, Alija (1925-) 27, 43, 47-50, 52f, 57f, 70ff, 79ff, 152

Izetbegović, Bakir 80
Janša, Janez (1958-) 35f
Jelpke, Ulla (1951-) 126
Jenks, Paul (-1992) 85
Johannes Paul II (1920-) 24, 67, 137
Johnston, Russell (1932-) 65
Jones, Mark "Jaffa" 85
Jović, Borislav (1928-) 27
Jović, Mirko (1959-) 80
Jürgens, Conny 157
Jung, Martin (1971-) 5f
Jung, Thomas 117
Kafka, Franz (1883-1924) 156
Kaplan, David (-1992) 78
Karađorđević, Aleksandar (1924-) 44
Karadžić, Radovan (1945-) 48, 50, 52f, 66, 79, 148, 165
Kardelj, Edvard (1910-1979) 22, 173
Karl der Große (747- 814) 59
Kinkel, Klaus (1936-) 140, 145, 147, 158
Klose, Hans-Ulrich (1937-) 137
Klujić, Stjepan 52
Kohl, Helmut (1930-) 64f, 71, 140, 149
Konrad, György (1933-) 138
Kontić, Radoje (1937-) 45
Koppelin, Jürgen (1945-) 150
Kordić, Darijo 52
Kostić, Branko 46
Kovač, Mirko (1938-) 141
Krainer, Josef (1930-) 63
Krajišnik, Momčilo 50
Kraljević, Blaž (-1992) 48
Krammel, Ewald 86
Kreisky, Bruno (1911-1990) 63
Kristan, Etbin (1867-1953) 14
Kučan, Milan (1941-) 24, 27, 35f, 67
Kühnen, Michael (1955-1991) 83
Küssel, Gottfried 84f
Kvaternik, Eugen 95
Kvaternik, Slavko (1878-1947) 17
Lafontaine, Oskar (1943-) 142
Lamers, Karl (1935-) 66, 135
Lauck, Gary Rex 84
Le Gloannec, Anne-Marie (1951-) 64
Le Pen, Jean Marie (1928-) 83, 86
Lederer, Andrea (1957-) 84, 87, 123, 132
Leggewie, Claus (1950-) 140
Lévy, Bernard-Henry (1948-) 149
Lilić, Zoran (1953-) 45
Lippelt, Helmut 143ff, 151
Lorković, Mladen (-1944) 19
Luburić, Max (-1969) 23
Luise Auguste W. (1776-1810) 92
Lummer, Heinrich (1932-) 149
Lutz, Dieter S. (1949-) 161, 164
Ljubičić, Nikola (1916-) 91

MacKenzie, Lewis (1940-   ) 77, 162
Mackley, J. P. 148
Maček, Vladimir (1879-1964) 17
Madi, Tomislav "Chicago" 85
Maier, Jürgen 145f
Manolić, Josip (1920-   ) 41, 108
Marcos, Ferdinand Edralin (1917-1989) 11
Marković, Ante (1924-   ) 25-28, 35, 47
Marković, Mihailo (1923-   ) 24
Martić, Milan 41f
Maur, Gilbert in der 95
Mazowiecki, Tadeusz (1927-   ) 81
McGaffrey 162
McPeak, Merrill Anthony (1936-   ) 153
Meier, Viktor (1929-   ) 22
Merčep, Tomislav 80
Mesić, Stjepan (1934-   ) 28, 35, 41, 67
Meyer, Heinz-Werner (1932-1994) 147
Mićunović, Dragoljub (1930-   ) 44
Miglio, Gianfranco (1918-   ) 95
Mihailović, Draža (1893-1946) 18, 21
Mijić, Dušan 42
Mikelić, Borislav 53
Mikulić, Branko (1928-   ) 25, 91
Milošević, Slobodan (1941-   ) 24f, 27, 32f, 35, 41-47, 50, 53, 60, 70f, 93, 120, 143, 147, 165, 174
Mišev, Konstantin 105
Mitsotakis, Konstantin (1918-   ) 60
Mladić, Ratko 53, 78
Mock, Alois (1934-   ) 135
Morillon, Philippe 149, 162
Mrkić, Cjelka 75
Müntefering, Franz (1940-   ) 147
Mugoša, Dragica 97
Muhić, Fuad 49
Murati, Xheladin 62
Nasser, Gamal (1918-1970) 22
Naumann, Klaus (1939-   ) 8, 137, 141
Nehru, Jawarharlal (1889-1964) 22
Nemanja, Stefan (~1130-1200) 12
Neubacher, Hermann (1893-1960) 17
Neubauer, Harald (1951-   ) 86
Neudeck, Rupert 152
Neusel, Hans (1927-   ) 84
Nevzorov, Aleksandr (1957-   ) 87
Nikolić, Nikola (1910-   ) 17
Nobilo, Mario 70
Odendahl, Wolfgang 74
Omrčanin, Ivo (1913-   ) 19
Oschlies, Wolf (1941-   ) 91
Ostrić, Zoran 122
Owen, David (1938-   ) 51, 72
Panić, Milan (1929-   ) 44f, 83, 176
Panić, Života 109
Paraga, Dobroslav 40f, 70, 85, 106

Pašić, Nikola (1845-1926) 15f
Pasović, Haris 156
Paul (1883-1976) 16
Pausch, Gunther 108
Pavelić, Ante (1889-1959) 16-19, 41
Pavelić, Mirjana 41
Pekić, Dušan (1921-   ) 91
Pelivan, Jure 50
Perez de Cuellar, Javier (1920-   ) 38, 71
Perišić, Momčilo 53
Peron, Juan Domingo (1895-1974) 19
Perović, Slavko 46
Pešić, Vesna (1940-   ) 43
Petrač, Božidar 86
Pflüger, Tobias (1965-   ) 5f, 70, 85, 109, 142
Pichler, Vesna 86
Pirker, Pero (1927-1972) 89
Pitsch, Otakar 126
Pius XII (1876-1958) 18f
Poppe, Gerd (1941-   ) 132, 145
Powell, Colin (1937-   ) 162
Prazina, Jusuf "Juka" (-1993) 75, 80
Promitzer, Christian 92
Puhovski, Žarko (1946-   ) 43, 136
Quistorp, Eva (1945-   ) 151
Račan, Ivica 41
Račić, Puniša (-1944) 16
Radić, Stjepan (1871-1928) 16
Rajk, László (1909-1949) 21
Ranke-Heinemann, Uta (1927-   ) 150
Ranković, Aleksandar (1909-1983) 22, 44
Rasenack, Jürgen 107
Rathfelder, Erich (1947-   ) 138, 141, 152
Ražnatović, Željko "Arkan" (1952-   ) 44, 79
Rehor, Mario 87
Reißmüller, Johann Georg (1932-   ) 40, 65f
Rendulić, Lothar (1887-1971) 18, 51
Reuter, Edzard (1928-   ) 109, 115
Ribbentrop, Joachim (1893-1946) 17
Ridgeway, Andrew 53
Rifkind, Malcolm Leslie (1946-   ) 139
Ristić, Ljubiša (1947-   ) 156
Rose, Michael 53
Roth, Claudia 143
Rühe, Volker (1942-   ) 138ff, 145, 147
Rühl, Lothar (1927-   ) 139
Rugova, Ibrahim (1945-   ) 33
Rullmann, Hans-Peter (1933-   ) 152
Rushdie, Salman (1947-   ) 57
Samaras, Antonis (1951-   ) 60
Schäuble, Wolfgang (1942-   ) 140
Schimanek, Hans-Jörg 84
Schleicher, Harry 62
Schmähling, Elmar 8, 142
Schidt, Jürgen "Jure" 87f
Schmieder, Jürgen (1952-   ) 121

Schmückle, Gerd (1917-) 8, 140
Schnaitmann, Monika (1952-) 39, 118f, 123, 127
Schnoor, Herbert (1927-) 123
Schodruch, Hans-Günter 86
Schwarz, Stefan (1959-) 151f
Schwarz-Schilling, Christian (1930-) 150
Schwenninger, Walter (1943-) 131
Seiters, Rudolf (1937-) 127
Sesok, Dušan (1953-) 27
Seton-Watson, Robert William (1879-1951) 173
Silajdžić, Haris (1945-) 50, 57, 81
Simović, Dušan (1882-1962) 17
Sölle, Dorothee (1929-) 160
Solms, Hermann Otto (1940-) 137
Spasskij, Boris Vasiljevič (1937-) 156
Spranger, Carl-Dieter (1939-) 147
Stalin, Josif Vissarionovič (1879-1953) 21, 93
Stambolić, Ivan (1936-) 24, 43
Standeker, Ivo (-1992) 78
Starčević, Ante (1823-1896) 14
Stepinac, Alojzije Viktor (1898-1960) 18f
Stiglmayer, Alexandra (1964-) 75
Stojadinović, Milan (1888-1961) 16
Ströhm, Carl Gustaf (1930-) 40
Šarić, Ivan (1871-1960) 19
Šeks, Vladimir (1943-) 41
Šešelj, Vojislav (1954-) 34, 42ff, 60, 70, 75, 79f, 88, 97
Šiber, Stjepan 48
Štrosmajer, Josip Jurai (1815-1905) 14
Šušak, Gojko (1945-) 41, 53
Šuvar, Stipe (1936-) 25
Taci, Menduh 62
Tadić, Duško 81, 123
Tajfel, Henri (1919-1982) 92
Teufel, Erwin (1939-) 129, 139
Thatcher, Margret (1925-) 138
Tišma, Aleksandar (1924-) 79
Tito, Josip Broz (1892-1980) 18, 21ff, 25, 62, 90f, 93, 173f
Topalović, Musan "Caco" 80f
Tripalo, Miko (1926-) 89
Trittin, Jürgen (1954-) 157
Trumbić, Ante (1864-1938) 14f
Tuđman, Franjo (1922-) 19, 35, 38-43, 46f, 50f, 53, 63, 66f, 70f, 86, 106, 150
Tuš, Anton 41
Vack, Klaus 165
Van den Eynde 86
Vance, Cyrus (1917-) 51, 109
Vasić, Radivoje 88
Vasiljević, Jezdimir 81f, 156
Vasiljković, Dragan 78f
Veesenmayer, Eduard von (1904-) 17f
Verheugen, Günter (1944-) 66

Verreycken, Wim 86
Veselinov, Dragan (1950-) 43
Vlasi, Azem (1948-) 33
Vokić, Ante (-1944) 19
Volmer, Ludger (1952-) 147
Vranitzky, Franz (1937-) 71
Vraz, Stanko (1810-1851) 14
Vrhovec, Josip (1926-) 91
Vučinić, Siniša 80
Vukojević, Vice 41
Vulliamy, Ed 73
Waigel, Theodor (1939-) 72
Wegner, Konstanze (1938-) 129
Weisel, Horst (1934-) 155, 175
Weizsäcker, Richard Freiherr von (1920-) 70
Westerwelle, Guido (1961-) 123
Wilhelm, Rolf (1956-) 122
Williams, Mike 88
Wolf, Frieder Otto (1943-) 144
Wolf, Hanna (1936-) 74
Wollenberger, Vera (1952-) 145
Worch, Christian 83f
Würtenberg, Christian (-1992) 85
Würzbach, Peter Kurt (1937-) 139, 142, 151
Xhaferi, Arben 62
Zdovc, Edvin (-1976) 23, 69
Zimmermann, Friedrich (1925-) 120
Zubak, Kresimir 52
Zülch, Tilman (1939-) 151, 165
Zulfikarpašić, Adil (1921-) 50
Zwerenz, Gerhard (1925-) 136
Žirinovskij, Vladimir V. (1946-) 96
Žukov, Dmitrij Anatolevič 88

Aérospatiale, Paris, Frankreich 110
Agrokomerc, Velika Kladuša, Jugoslawien 58
Agusta, Milano, Italien 105
Antonov, UdSSR 104
Banco Promet, Sarajevo, Jugoslawien 82
Bell, Niagara Falls NY, USA 105
Bratstvo, Novi Travnik, Jugoslawien 113
Canadair, Kanada 104
Cenex, Sarajevo, Jugoslawien 82
CNIAR, Craiova, Rumänien 103
Crvena Zastava, Kragujevac, Jugoslawien 109
Daimler Benz AG, Stuttgart, BRD 105, 115
Dassault-Breguet, Frankreich 104
De Dietrich, Niederbronn, Frankreich 110
Deutz (KHD), Köln, BRD 103
Đuro Đaković, Bosanski Brod, Jugoslawien 116
Elmech, Zagreb, Jugoslawien 106
Epicon, London, Jugoslawien 108
FAP Famos, Jugoslawien 110
FIAT, Torino, Italien 109

Gates Learjet Corporation, Tucson AZ, USA 104
Genex 110f
Heckler&Koch, Oberndorf, BRD 88, 105, 108, 111, 115, 131
Hill and Knowlton, USA 83
Ian Greer Associates, Großbritannien 83
International Transservice 117
Jugoimport Asia, Singapur 116f
Jugoskandik, Beograd, Jugoslawien 81
Kalašnikov, UdSSR 106, 115
Krušik, Valjevo, Jugoslawien 109
Leupold & Stevens Inc., Beaverton OR, USA 106
Martin-Baker, Uxbridge, Großbritannien 104
Mauser, Oberndorf, BRD 115
MBB (Messerschmidt-Bölkow-Blohm), München, BRD 105, 115
McDonnell Douglas, St. Louis MO, USA 153
Mercedes-Benz, Stuttgart, BRD 109f
Messier-Hispano-Bugatti, Velizy Cedex, Frankreich 104
MiG (Mikojan-Gurjevič), UdSSR 103, 105, 109f
Mil, UdSSR 111, 113
Oerlikon-Contraves AG, Zürich, Schweiz 111
Pakistani Ordnance Factories, Pakistan 113
Pilatus, Stans, Schweiz 104
Pobjeda, Goražde, Jugoslawien 113
Remington, USA 106
Rolls-Royce, Großbritannien 103f
Ruder and Finn, Washington DC, USA 83
Rudi Čajavec, Banja Luka, Jugoslawien 116
Slavko Rodić, Bugojno, Jugoslawien 113
SOKO, Mostar, Jugoslawien 103f, 106
Toyota, Japan 113
UTVA, Pančevo, Jugoslawien 106, 110
Württembergische Handelsbank, Stuttgart, BRD 114
14 Oktobar, Kruševac, Jugoslawien 109
21 Maj, Rankovica, Jugoslawien 110

Martin Jung Verlag Tübingen

Zur Kritik von Nationalismus, Nation, (National-)Staat und nationaler Identität. Autonomes Zentrum Marbach a. N.

In diesem Band wird der Versuch unternommen, unter Berücksichtigung der veränderten weltweiten Bedingungen das Phänomen des Nationalismus neu zu untersuchen. Ein Teil der Beiträge kreist um die Frage der "Erfindung von Nationen". Einen weiteren Schwerpunkt bilden die kritische Betrachtung des Negativen Nationalismus in der bundesdeutschen Linken. Im dritten Teil werden Fragen, die aus der Krise des klassischen Anti-Imperialismus resultieren, diskutiert. Dabei geht es zunächst einmal darum, überhaupt die richtigen Fragen zu stellen. Die hier unternommenen theoretischen Anstrengungen sollen für all diejenigen Anregungen bieten, die an der umfassenden Neubestimmung des politischen Projekts einer Neuen Linken interessiert sind.

DM 14.90, SFr 14.90, ÖS 116

ISBN 3-9803269-2-6